大国博弈 2050

王鸿刚——著

中信出版集团 | 北京

图书在版编目（CIP）数据

大国博弈 2050 / 王鸿刚著 . -- 北京：中信出版社，
2021.5（2024.12重印）
ISBN 978-7-5217-2899-6

Ⅰ. ①大… Ⅱ. ①王… Ⅲ. ①国际政治－研究 Ⅳ.
① D5

中国版本图书馆 CIP 数据核字（2021）第 041803 号

大国博弈 2050

著　　者：王鸿刚
出版发行：中信出版集团股份有限公司
（北京市朝阳区东三环北路27号嘉铭中心　邮编　100020）
承 印 者：三河市中晟雅豪印务有限公司

开　　本：880mm × 1230mm　1/32	印　　张：10	字　　数：211 千字
版　　次：2021 年 5 月第 1 版	印　　次：2024 年12月第 6 次印刷	

书　　号：ISBN 978-7-5217-2899-6
定　　价：69.00 元

目 录

前言

基于人性的内在特征和人类社会一直以来的基本结构，博弈乃是国际关系的最惯常状态。自 500 多年前世界现代化进程启动以来，随着马克思所说的“世界历史”开启，世界各个部分开始打破彼此隔绝的状态，进入深度纠缠与激烈碰撞的新阶段，国与国之间的博弈变得比以往更广泛、更深刻、更激烈。从 16 世纪的葡萄牙、西班牙逐鹿到 17 世纪的荷兰崛起，再到 18 世纪的英法争霸和 19 世纪的“欧洲协调”，世界现代化进程就是一部纵横捭阖的大国博弈史。进入 20 世纪后，世界又相继经历了一战、二战以及美苏冷战——过去百余年的大国博弈变得比以往更为惨烈，影响也更为深远。

国际博弈本是个中性的概念，包含内修、妥协、合作、结盟、竞争、斗争甚至战争等多种不同的行为模式和关系状态。但过去几百年来西方列强之间的钩心斗角、尔虞我诈甚至血雨腥风，不免让博弈带有某种“形而下”的不崇高感，因此很多人对“博弈”的感觉多少有些复杂。自古以来，中国人尊崇儒家“克己复礼”“仁义至上”的道德修为，以及道家“与世无争”“不求而得”的处世方法，怀有“协和万邦”“天下大同”的世界愿景；中华文明自诞生以来，在自身所辐射范围内长期“一家独大”，习惯以

“天下思维”处理与周边国家的关系，鲜有与另一个同等规模大国相争斗的历史经验。可以说，国际博弈或者说大国博弈，在中国的传统主流文化中并不多见。

然而，在封建生产方式退出历史舞台、世界现代化进程开启之后，国际博弈乃是主权国家之间关系的常态。主权国家之间既深度联系又相互制约，战略取向各异，利益界限分明，这决定了它们之间必然要发生这样那样的互动和纷争。放眼全球，在国土面积、人口规模、经济军事实力方面堪比中国的其他大国，同样是世界现代化进程中的重要角色，它们有着各不相同的利益诉求和国际秩序愿景，必然要为维护本国利益和塑造世界发展方向而展开博弈。大国博弈，对投身于世界现代化洪流、想要成为世界强国的中国而言，是无论如何都回避不了的。

半殖民地半封建时期的中国，就被裹挟到大国博弈之中。那时，“人为刀俎，我为鱼肉”，中国只能被迫腾挪于列强之间，忍辱负重以求得国脉存续。新中国成立后，仍不得不在两大阵营对抗的环境中运筹中美苏“大三角”，以维护主权独立与国家安全。改革开放 40 多年来，在中国奉行的“大国是关键、周边是首要、发展中国家是基础、多边是舞台”对外方针中，大国博弈仍是核心内容，只不过这一时期的大国博弈更多地强调合作而非竞争。

2008 年金融危机后，国际体系渐趋失衡，各国内部矛盾加剧，大国博弈中的竞争性色彩越来越重。而此时的中国经过几十年励精图治，经济规模坐二望一，各方面影响快速拓展，不可阻挡地进入大国博弈的核心地带，成为大国博弈的头号角色和世界格局中具有系统重要性的最大变量。这既让中国感受到了久违的万众瞩目，也让中国的安全挑战骤然增多，能力赤字越发凸显。尤其是特朗普政府上台后，美国对中国发起贸易战并使用各种手段极限施压，更让国人对首次参与大国高端战略博弈感触良多。这种局面迫使中国更深入地思考如何看待和应对大国博弈的问题。

关于大国博弈，至少有四个问题摆在中国面前。

一是如何摸清大国博弈的历史规律。欧美诸国在大国博弈竞技场上历练了几百年，现代中国成为大国博弈的主角却是第一次。作为刚刚站在国际舞台中央的“新手”，中国要掌握博弈主动权，必须摸清现代化进程中的大国博弈基本规律。要摸清博弈规律，一个很重要的方法，就是端起历史的望远镜，在过去几百年世界现代化滚滚向前的历史长河中，探寻现代国家兴衰起伏的秘密和国际权力转移的机理，准确定位当前时空坐标。

二是如何确定大国博弈的主要领域。从大国博弈历史和当前一系列迹象看，这一轮大国博弈不仅事关各国国家利益，而且将体现在国际秩序向何处去、国家形态向何处去、国际主流价值形态向何处去等有关世界形态的方方面面。要掌握博弈主动权，除了端起历史的望远镜回看，还必须运用时代的显微镜近观，在对当前各类全球性危机的深入分析中，辨明症结所在、抓住主要矛盾，准确界定未来大国博弈的焦点议题，确保我们能够未雨绸缪、集中精力、精准发力。

三是如何准确评估大国博弈的未来走向。目前看似混沌不明的大国博弈形势，已经开始隐隐地影响人们的情绪和行为方式，一些不自信的、非建设性的行为正逐步形成势头。世人都在追问：在新一轮大国博弈下，世界将变得更加交融还是更加对立？更加繁荣还是更加凋敝？更加安全还是更加纷乱？各国之间将更趋平等还是等级越发固化？更重要的问题是：这一轮大国博弈是否与历史上争夺霸权的大国博弈有所不同？全球化和各国之间休戚与共的紧密联系，将如何影响这一轮大国博弈的方向？这是中国作为新兴大国和新型大国必须拿出定见的问题。

四是如何制定中国的大国博弈战略。大国博弈是推动世界历史演进的动力。当历史把推进时代进步的接力棒交到中国手里的时候，我们不应彷徨和逃避——这是中国的时运使然，更是中国应该担当的历史使命。中国显然不想取代旧霸权成为新霸权。这不仅是因为21世纪的世界形势已不允许霸权继续存在，而且是因为中国的战略文化中没有“霸权基因”。中国的宏愿，是运用自己不断增长的影响力，把世界往好的方向引领；用百余年前孙中山的话来说，待中国强大起来，必须“济弱扶倾”，“对于世界负一个大责任”。由此而来的问题是：中国作为一个始终坚守和平发展的国家，应制定怎样的新型博弈战略，既维护和拓展本国利益，又有效纠正国际体系失衡，推动世界现代化正向推进，实现世界各国共同发展？既然中国被寄予厚望，那么中国应为构建更先进的世界形态提供怎样的“中国智慧”和“中国方案”，我们应怎样讲好关于世界现代化的“中国故事”？

受上述四个问题牵引，在本书写作过程中，有几个关键词始终萦绕在笔者的头脑之中，并成为本书各篇的主线和灵魂。这几个关键词是历史规律、世界形态、新型战略博弈、新型博弈战略、中国使命等。

本书第一篇写的就是大国博弈的历史规律。本篇以世界现代化进程的开启与西方诸强对世界市场的争夺为逻辑起点和历史起点，概要总结出历史上大国博弈呈现出的七大特征，并简要列出新一轮大国博弈的重点领域。本篇力争阐明：国家间博弈尽管很残酷，但不全然是坏事，它充当着世界现代化进程持续演进的不竭动力。在国际博弈中，先进的国际秩序安排总是取代落后的国际秩序安排，各国的国家形态总是在主动或被动中不断改进，人们的思想意识持续不断地得到启蒙，为实现世界上绝大多数人的更充分解放和更全面发展提供条件。

第二篇写的是金融领域的大国博弈。这是新一轮大国博弈的核心议题之一，事关未来 30 年的世界经济形态。这一篇的写法同样偏重于从历史中探寻规律和确定性——回顾 500 多年大国金融博弈的历史，并沿着历史一直写到现在：写到美国金融霸权是如何确立和强化的，写到 2008 年金融危机如何演变成美国金融霸权的危机，写到美国为维护金融霸权所采取的举措，写到美国金融霸权衰落的必然性，写到未来的国际金融形态，以及建立更先进金融形态所必需的颠覆性技术和变革性力量等。

第三篇写的是亚洲的地缘博弈。本书认为，全球地缘格局的重塑是新一轮大国博弈的另一核心议题，事关未来 30 年的世界政治与安全形态。亚洲作为全球战略重心，自然是大国地缘博弈的重中之重。在这一篇中，笔者对亚洲的光明前景与重大隐忧做了一分为二的分析，并剖析了对亚洲地缘格局具有重要影响的美国、俄罗斯和印度等国的亚洲秩序观。以此为基础，本篇最后对亚洲的未来做出展望，阐释了“亚洲命运共同体”是亚洲秩序演进正确方向的原因。

第四篇写的是关于国家形态的博弈。如何通过改革使本国拥有更先进的国家形态，以及如何通过公开或隐蔽手段破坏他国谋求和发挥制度优势的努力，也是新一轮大国博弈的必选项。围绕制度竞争这一话题，本书在此篇勾勒了美国、俄罗斯、印度等国的国家治理困境或国家转型进程，美国通过“政治战”对苏联的国家治理实施干扰破坏的历史案例，以及中国的国家治理体系与治理能力现代化变革。

第五篇写的是国际主流价值形态的博弈。这是思想文化层面的博弈，看不见摸不着，但涉及人心所向和各国政治合法性，其重要程度丝毫不亚于前述三个领域。本篇认为，“公平正义”是当前各国绝大多数民众的最强烈渴求，理应成为新型国际主流价值形态的核心内容。同时，本篇还认为，要构建新的国际主流价值形态，为即将出现的新型世界形态奠定思想基础，必须进行新一轮广泛而深刻的全球思想启蒙和社会动员。具备特殊文化气质的中国应该在此领域有更大作为。

第六篇聚焦的是博弈背景下的中美关系走向。本篇认为，中美博弈将成为21世纪国际政治发展的主线，事关未来30年的世界整体面貌。本篇试图对中美全面战略博弈的特征和前景做出预测，认为中美矛盾广泛深刻，中美合作空间仍存，中国反对等级制、排他性和食利性的霸权体系安排与颐指气使的霸权作风，同时中国并不追求取代既有霸权而成为新的霸权，中国对国际秩序的愿景是推动构建“人类命运共同体”，这决定了中美之间不是传统零和博弈，而是一种新型战略博弈，需要中国制定新型博弈战略。

全书各篇一以贯之的核心观点是：未来30年的新一轮大国博弈，与过去几百年来的大国博弈既有相同之处，也有不同之处。相同之处在于，新一轮大国博弈与历史上的大国博弈一样，仍将严格遵循“先进取代落后”的历史铁律，并继续充当世界现代化向前演进的重要动力。不同之处在于，在21世纪的新形势下，大国博弈已不再是传统意义上的国际权力转移和新老霸权更替，而是权力在诸多国家之间的更均匀分配，以及权利与责任的更均衡匹配，由此推动形成更加先进的世界形态。新一轮大国博弈的焦点是：如何在吸收既有国际秩序合理成分的基础上，建立更平等、更包容、更普惠的国际政治经济安全新秩序？如何通过刀刃向内的大胆改革，建立政府、市场、社会、自然生态等多方面统筹兼顾的更先进国家形态？如何顺应全球民众的人心所向，确立以公平正义为核心的新型国际主流价值形态？唯有如此，世界才能向好发展，各国才能共同发展，世界上绝大多数人才能获得更全面发展。这是世界现代化演进的必然方向，所有国家，无论大小，在这一潮流面前都是顺之者必然昌盛、逆之者必然衰败。未来30年，各国做出怎样的制度选择、战略选择和价值选择，将决定它们的国家命运，也将决定新的世界格局。

笔者坚定地抱有这样的信念：在新一轮大国博弈中，困难挑战并不可怕。21 世纪的中国站在新一轮大国博弈前沿，是历史的安排，是时代的选择，是对中国气质情怀的又一次打磨历练，是为中国发展敞开的另一扇机会之窗。我们这一代中国人，应有更强的使命自觉和前途自信，不畏前路险阻，敢于迎难而上，着眼于实现民族复兴和维护全球公平正义，着眼于推动构建人类命运共同体，专心做好自己的事，积极照应身边的事，深入思考全人类的事，以正大光明的心态和舍我其谁的气魄，完成好时代赋予我们的使命。处在重大历史交汇点的我们，必须为实现“第二个一百年”奋斗目标做好全面准备。

这种信念，是推动笔者写作本书的初心和原动力。

第一篇 总是规律在起作用

导读

这是本书的总论，概括了全书的中心思想，即大国博弈贯穿于过去几百年间世界现代化的全程，是国际政治中最显著的现象，不必对此讳莫如深。大国博弈总是带来大规模的国际权力转移以及现代国家形态、现代国际秩序的持续演进，并展现出全面性、激烈性、长期性、必然性、变革性、局限性和统一性等特征，这是过去几百年大国博弈史的基本规律。如今，百年未有之大变局带来主要大国发展态势和相互之间实力对比变化，催生出新一轮全面激烈的大国战略博弈，并将伴随中华民族伟大复兴的全过程。

第一章　世界现代化进程中的大国博弈

自 15 世纪末“地理大发现”开始，世界范围内的不同地域、不同国家、不同文明、不同种族，开始主动或被动地脱离自我封闭和彼此隔绝状态，进入深度联系、广泛交往、激烈碰撞、共同演进的全新关系模式。世界现代化进程逐步开启，人类社会从此进入马克思所说的“世界历史”阶段。这是生产力发展的必然结果，是一个持续展开的整体性过程，并将对人类整体命运产生决定性影响。纵观过去几百年的世界现代化历程，除了目不暇接的生产发展和技术进步，令人印象最深刻的便是不同国家尤其是主要大国之间的激烈博弈。可以说，大国博弈是 500 多年来世界现代化进程中最显著的现象，而且恰恰是这种大国博弈又反过来推动了世界现代化不断向前发展。

世界历史的开启与世界市场的争夺

世界市场的拓展和资本主义突飞猛进带来的巨大商业机会，是催生大国博弈的历史性背景。而世界市场是以地理大发现为历史契机、以生产力发展和资本的扩张为基本动力而逐渐形成的。[1] 美洲和东印度航路的发现扩大了交往，使工场手工业和整个生产的发展有了巨幅高涨，进而推动世界市场不断扩展。新航路的开辟不仅促进了地中海、波罗的海、北海、大西洋沿岸等区域性贸易，而且带动了欧洲与美洲、欧洲与亚洲的跨洋贸易，商品交换的范围越发广阔。[2]这种市场机会的骤然增加，极大地刺激了资本主义的繁荣和全球扩张，工业革命又加速了铁路、轮船、电报电话和无线电通信技术的出现与普及。世界市场得以不断扩大深化，其结果是“欧洲各国以地球为战场进行的商业战争”。[3]过去几百年间，几大资本主义强国为争夺原材料、劳动力和市场而在全球范围内抢夺殖民地与势力范围，千方百计地为“过剩商品”和“过剩资本”寻找出路并展开长期激烈博弈，甚至频繁发动战争。直至目前，大国之间对世界市场的争夺依然未停。

“主导型国家”对国际政治经济事务的垄断或控制，是造成大国之间矛盾冲突的结构性原因。在特定时期内居于优势或霸权地位的“主导国”——17 世纪的荷兰、18—19 世纪的英国以及 20 世纪下半叶以来的美国等，它们要么利用抢先一步的便利，要么借助重要的制度创新和技术创新而拥有更强竞争力，在全球范围内占据了更多对其国家强盛至为重要的战略资源，并由此巩固甚至强化优势地位，将其他大国甩在后面，确立了一种事实上的等级化国际政治结构。这使得它有能力将一揽子规则强加于国际体系，以它认为明智的方式创建一种令其更加得心应手的霸权秩序。[4]

但是，主导国对国际政治经济事务的控制通常面临两类反抗：一类来自那些受其控制剥削并因此陷入贫穷落后的“边缘国家”，另一类则来自其他大国，因为主导国的优势地位意味着对其他大国的生存发展空间构成挤压。主导国希望维持对己有利的秩序安排，其他大国则迫切需要更加平等的政治地位和更大的发展空间。它们之间“挤压”与“反挤压”、“维持现状”与“改变现状”的博弈和冲突是必然要发生的。

重大国际危机与各国国内危机相互激荡，往往诱发大国博弈骤然升级甚至失控。世界现代化进程内在地蕴含着危机。其直接原因在于，世界市场的拓展速度通常赶不上资本扩张的速度，无法消化过剩商品与过剩资本；[5]其根本原因则在于，生产社会化与生产资料私有制之间的矛盾、世界经济一体化与国际政治无政府状态之间的矛盾始终无法解决。

自 1825 年英国爆发资本主义世界第一次经济危机以来，资本主义经济危机就周期性地爆发，并随资本主义从自由竞争向垄断阶段过渡而程度更深、范围更广、破坏性更强，并在国家之间有极强的“传染性”。这种危机无论在一国国内还是在国际层面，通常首先从经济部门爆发，而后快速传导到政治、社会和安全领域，引发国家治理体系和国际体系系统性失衡，加剧国内阶级矛盾、国家治理困境和国际安全风险。

为缓解危机，主要大国不得不进一步强化对世界市场的争夺，进而引发大国博弈升级。危机对每个国家的影响不同，各国的应对方式也不同，可能最终改变国家发展态势和实力对比，改变既有秩序结构和现状平衡，这也成为大国博弈的重要动因。特别是主导国往往利用优势地位向其他国家转嫁危机，这常常招致其他国家的激烈反对。例如，20 世纪 30 年代的经济大萧条造成国际体系坍塌、各国内困加剧、大国博弈升级，并最终引发二战。

国际权力的大规模转移

正是由于上述背景和原因，大国博弈始终是世界现代化进程的主线与核心特征，并在此过程中伴随着国际权力的历史性转移。

过去500多年里，从伊比利亚半岛的葡萄牙和西班牙的殖民扩张与相互冲突，到荷兰崛起及其对西班牙统治的反抗，到群雄混战的“三十年战争”，再到英国、法国、德国、俄罗斯、美国等诸大国之间长达数百年的反复较量，直至20世纪的一战、二战及美苏冷战，大国博弈始终未停。大国兴衰起伏乃是常态，国际权力转移也是势之必然。

总体来看，具有全球意义的大规模国际权力转移有三次。

第一次国际权力转移是西班牙、葡萄牙衰落与荷兰崛起成为主导国。地理大发现后的16世纪，西班牙和葡萄牙虽然在对外殖民扩张中拔得头筹，与东方的香料贸易以及在美洲的银矿开发令它们暴富，但它们没有将财富转化为更先进的生产力，也从未取得对欧洲其他国家的支配权。因此，它们不是严格意义上的主导国，充其量只是地区霸权，而且它们的地区霸权地位注定难以长久。荷兰因工商业发展而快速崛起，西班牙对荷兰的长期控制终于引发革命。人类历史上的第一次资产阶级革命（“尼德兰革命”）催生出资产阶级共和国荷兰。荷兰依靠重大的金融制度创新、卓越的航海技能以及在国内生产中采用其他一些先进技术而确立优势地位，建立现代历史上第一个真正的经济金融霸权，成为国际体系的主导国。

第二次国际权力转移是荷兰衰落与英国崛起。荷兰的中心地位在17世纪达到顶峰，并一直维持到18世纪上半叶。英国后来居上，在政治上通过“光荣革命”建立资产阶级民主制度，经济上通过工业革命大大解放和发展了生产力，在经济、军事诸方面全面赶超荷兰，四次发动对荷战争，建立了前所未有的全球殖民帝国，并在近百年的英法竞争中击败法国。在18世纪后期和19世纪的大部分时间里，英国充当着世界经济霸权和主导国的角色。

第三次国际权力转移则是英国衰落和美国全球霸权地位确立。美国的经济规模和人均GDP（国内生产总值）在一战之前就超过英国。在20世纪上半叶，美国不仅耐心地看着衰落的英国与其他欧洲列强之间明争暗斗，而且千方百计地从欧洲列强留下的真空中寻找机会，直至二战后正式确立在西方世界的领导地位。

在此期间，每个主导国的兴衰都构成一个完整的霸权周期。在霸权周期的前半段，主导国依靠实力和信誉建立一套新的国际体系，推动和引领着国际体系运转，并在此过程中巩固和强化自身优势地位；在霸权周期的后半段，主导国的经济先进性、政治合法性和安全威慑力逐步消逝，其他后起大国的重大科技创新造成世界经济增长区域的迁移和增长方式的深刻变化，主导国的霸权根基不断受到后起大国的冲刷挑战，并最终在二者的冲突甚至战争中失去主导地位。[6]

世界现代化的演进动力

大国博弈和国际权力转移必然带来深远的国际政治影响。这一影响的核心方面是推动生产力不断进步，同时推动现代国家形态和现代国际秩序演进，几百年间的世界形态因之不断进步。

国家间竞争是推动世界体系发展的根本动力。[7] 在此过程中，世界范围内的各个国家竞相追赶，主动或被迫实行变革，封建制度逐步退出历史舞台，催生出更多数量的现代国家和更加健全的国家形态。现代经济体系、现代官僚体系、现代政党制度、现代社会组织逐步在各国确立，各国执政者不得不更加注重政府的运行效率与政治合法性。苏联作为世界上第一个社会主义国家，它的建立及在工业化方面取得的突出成绩，更加强化了现代国家形态的多元性。

现代国际秩序的演进亦是成就斐然。在各国的博弈磨合过程中，长达数百年的全球殖民体系土崩瓦解，取而代之的是全球市场体系，经济全球化越发铺展开来，国家间融合与合作的深度和广度不断提高。主权独立、各国平等、尊重人权、和平共处等基本理念越发成为共识，在国际事务中的接受度越来越高。大量政府间国际组织和国际非政府组织得以建立。这些因素在一定程度上缓解了国际政治中的无政府状态。

总之，世界现代化、大国博弈、国际权力转移这三个重大历史现象之间的逻辑关系是：当社会生产力发展到一定阶段时，人类的生产与交往方式发生深刻变化，世界现代化进程的开启成为必然。世界现代化进程催生出数量越来越多、能力越来越强的现代国家。这些现代国家尤其是主要大国的利己主义动机、它们之间的国家利益差异和国际政治的无政府状态等多种因素，又促成了数百年来从未间断的大国博弈。大国博弈造成现代国家的兴衰起伏和国际权力的不断转移，而权力转移造就了更具活力的大国循序登场，引领了特定时期的国家形态演进和国际秩序演进。

第二章　贯穿其中的历史规律

上述进程的发生绝不是偶然和随意的，而是体现出一贯的历史规律性。

全面性

大国博弈具有全面性特征，即大国博弈是各个领域深度互动和竞争的过程。

大国博弈是各个国家之间以维护国家生存为基础、以追求更多财富为动力、以谋取更高地位为目标的互动过程。这迫使各国极力在经济、政治、社会、文化、军事等诸多方面获得更大优势。虽然大国博弈主要表现为对世界市场的争夺，但其背后是一个相当综合和周密的运筹过程。而且，就现代国家运行的基本原理而言，由追求资本增值形成的经济活动、由追求扩大权力推动的政治活动、由维护自身权益构成的社会活动以及以塑造外部空间为目标的外交活动，四者之间存在不可分割的互动关系。

因此，对历史上的欧美诸大国而言，面对利润诱惑、国内不断增长的社会诉求以及外部的巨大竞争压力，执政者必须对经济与政治事务、安全与发展目标、精英与民众群体、国内与国际两个大局加以统筹安排，在发展问题上谋求全面发展，在发力过程中做到全面有效。尤其是在过去几百年来频繁出现的战争状态下，各国不得不在经济发展、社会动员、军事准备、对外交涉等各个方面保持高度专注状态。

激烈性

大国博弈具有激烈性特征，即大国博弈是一个残酷的过程。

由于涉及巨大利益和国家命运，参与博弈的主要大国通常奉行“利益至上”，在博弈中使用多种手段，并完全根据自身利益而频繁重塑与其他大国的联盟关系。大国博弈的方式十分多样，从协作、合作到结盟，从竞争、斗争到战争，从对立、对抗到对决，各种博弈形态在国际政治中频繁出现。大国博弈常常陷入安全困境，不断突破底线甚至最终走向失控。大国博弈的激烈性还突出体现在其暴力色彩上。一方面，这种暴力色彩体现为“主导国”对“边缘国家”的控制——欧洲列强为争夺殖民地和海外市场，往往对殖民地的人民实施残酷的剥削和压迫，奴隶贸易更是对人类基本权利进行的最粗暴的践踏；另一方面，这种暴力色彩体现为大国之间的博弈关系。战争作为博弈的最常用手段，往往带来对生产活动的巨大破坏和人员大量伤亡，特别是随着武器杀伤力的加强，这种暴力色彩越发凸显。在冷战中，美苏借足以数次毁灭地球的核武器相互威慑对方，一度威胁全人类的命运。

长期性

大国博弈具有长期性特征，即国际权力转移过程通常会比较曲折和漫长。

主导国的霸权地位一旦确立，它便可以利用这种优势获得更多财富和更大权力，在相当长的时期内为其国内发展创造更多有利条件，刺激更多科技创新和技术推广，进一步解放和发展生产力，有更多资源改善社会福利以增进政治合法性，并建设装备更加精良的军事力量。这显然有利于主导国长期维持自身优势。例如，现代金融制度的确立使荷兰的融资成本明显低于同时期的其他国家，令荷兰获得更快更好的发展；英国凭借强大的经济实力而维持庞大的海军，也是其霸权地位的重要支撑。而其他国家不得不受制于相对不利的发展环境，无论是制度形态的改进、重大技术的突破、反抗意识的觉醒还是崛起势头的集聚，都是长期的过程。

主导国所创建的国际体系之所以能够延续，是因为其在特定时期内符合生产力发展需求，具有一定的合理性，只要其他国家能在这一体系中谋得必要的利益，它们一般不会轻易且不计后果地反对这一体系。即便主导国开始走下坡路，其他大国冉冉升起，旧有国际体系的解体和新型国际体系的确立也耗时漫长，不会一蹴而就。所以，荷兰作为主导国对国际体系的主导长达百余年；英国的主导地位维持了近两个世纪；美国虽在 19 世纪末便成为头号经济大国，但确立西方霸主地位是在半个世纪后的二战结束之时；苏联耗时半个世纪试图建立另外一套平行体系以对抗美国霸权，却以失败告终。

必然性

大国博弈的必然性特征，体现为主导国的衰落及国际权力转移不可避免。

从长期看，那些使主导国兴盛的因素也同时为其衰败埋下种子。[1] 主导国虽利用其特殊优势不成比例地占据了更多财富，但通常在分配环节出现问题，财富难免越来越集中于少数人手中，国内贫富差距不断拉大。这种社会分化将缓慢但不可抑制地削弱其社会稳定性和政治合法性，造成巨大的内部制衡。而且，由于主导国处在全球产业链最高端，其国内中低端产业常常出现萎缩，高利润部门却过度膨胀，造成经济结构失衡。这种经济结构失衡往往又带来就业市场紊乱，使经济问题和社会问题深度纠缠在一起。

主导国以高昂代价维持军事力量、谋求对外控制的做法，也通常因过度扩张、力所不逮而变得不可持续。处于不利境地的其他大国则会急迫地模仿、借鉴主导国的技术创新和制度创新，其结果是全球化不可避免地引发多极化。[2] 主导国与其他大国之间的差距慢慢缩小，其他大国中追赶最为成功的国家逐步取代旧的主导国，确立由其建立和把控的新型国际体系。

变革性

大国博弈的结果具有变革性特征，即大国博弈的关键是哪个国家更顺应时代潮流、不断做出变革。

无论是不同的生产力形态、不同的国家形态还是不同的国际秩序形态，过去几百年间都始终遵循着“先进取代落后”的历史铁律。当时更先进的资本主义制度，必然会无情地在全球范围内摧毁业已陷入僵化低效的农业、游牧业和封建制度。即便是像葡萄牙、西班牙这样曾经一度领先的国家，也终因其国家政治制度中过强的封建主义特性而失去国际竞争力。

相比欧美列强奉行的以“殖民资本主义”为核心特征的国际秩序安排，美国引领的“市场资本主义”只要求各国开放商品和投资市场，避免对落后国家实施赤裸裸的殖民控制，因此后者注定比前者具有更强的生命力和更高的接受度。从一国的历史轨迹看，运行更高效、对民众更负责的政府形态也必然比那些缓慢迟钝的政府形态具有更强的合法性与持续性。因此，大国博弈的关键不是哪个国家在某一时期的实力是否最强。因为每个国家都有一个盛衰过程，实力强弱只是一时的，而实力之外的其他因素（内部动员能力、国家战略的选择、国际协调能力等）均对博弈的结果至关重要。

大国博弈的关键是哪个国家更能敏锐地捕捉时代潮流变化，并迅速进行自我调整，以顺应和引领潮流。这些有效做法包括应用更先进的科技成果，开创更先进的生产制度，建立更先进的国家形态，在对新潮流的开创和引领中实现本国国家利益最大化。后发大国若是做到这些，则很可能实现在能力和信誉方面由弱到强的巨大转变，成为新的“中心国家”。

局限性

大国博弈的结果还具有局限性特征，即过去几百年的现代历史演进中始终有些问题没有得到较好解决。

其一是“中心 – 次中心 – 边缘”的等级化国际体系依然没变。从荷兰到英国、从英国到美国之间权力转移的结果，均是新的“中心国家”取代旧的“中心国家”，新的“中心国家”依然靠不平等的政治与经济关系获取不正当权益，这导致全球范围内经济发展不平衡和各国之间地位不平等的问题长期存在。“中心国家”奉行霸权政治的结果是“中心国家”与其他国家之间矛盾突出、国际社会危机不断。

其二是完备的全球治理体系仍未建立起来。尽管经过长期努力，国际社会已初步建立以联合国为核心的全球治理体系，但不可否认，在全球治理体系中，治理客体的超国别性与治理主体的国别性之间的矛盾仍未解决，气候变化、恐怖主义、能源危机等事关人类存续的重大紧迫问题仍缺乏有效的解决手段。

其三是多数国家的国家形态和治理能力仍需优化提升。无论是欧美国家还是二战后陆续独立的后发国家，要确保政府的自主能动地位，处理好政府与市场、社会的互动关系，在国内事务与国际事务之间做好统筹协调，都是很不容易的事。

其四是人的异化问题。过去几百年间，世界范围内绝大多数作为个体的人，被裹挟着卷入机器大生产，成为资本增值过程的中间环节，人被当作“手段”而非“目的”，“人的发展”与“人的解放”未得到应有的重视。不同国家、不同种族、不同阶层背景下，人与人之间虽在经济上有分工合作，但常常存在严重的文化疏离和政治对立。当然，每一阶段历史演进遗留的局限性都可能成为下一阶段历史演进的契机和动能。

统一性

大国博弈还折射出世界体系的统一性特征，即整个世界现代化进程乃是一幅绵绵不绝、周密自洽、循环演进的浩瀚历史画卷。

在自然界，各类动植物之间既相互竞争又相互依赖，彼此互为对方生存的条件。不同的植物为争夺太阳的能量而不断向上生长，其根系为获取水分和养分不断扎向土壤深处；动物们为躲避天敌而变得奔跑速度更快、感知更加灵敏。物竞天择、适者生存的法则推动各个物种不断进化，整个生态系统也在“平衡—失衡—更高层次的平衡”的循环中确立更加高级的存在形态。

在人类社会，自进入马克思所说的“世界历史”阶段后，几个主要的地域打破彼此隔绝的状态，也逐步形成一套周密自洽的世界生态系统。就像自然生态系统一样，各个国家之间既相互依赖又彼此竞争，它们相互模仿、相互适应、相互促进、相克相生，世界现代化进程的展开激发了大国博弈，在大国博弈中先后实现几次大规模国际权力转移，权力转移的结果带来国家形态的进步和国际秩序的进步，这种具体进步又构成了世界现代化进程的整体进步，从而为社会生产力发展、现代国家形态的演进以及现代国际秩序的演进提供了不竭的动力。

第三章　新一轮大国博弈的焦点问题

进入 21 世纪，人类社会在经济全球化、政治多极化、社会信息化、文化多样化等方面取得了巨大成绩。但是，国家形态和国际秩序的演进仍存在较大局限性，面临巨大的“和平赤字”“发展赤字”“信任赤字”“治理赤字”（简称“四大赤字”）。对世界和平构成威胁的不稳定、不确定、不安定因素急剧增多，全球发展和各国内部发展的不平衡、不充分、不公正问题比较严重，全球治理和国家治理的目标不明、思路不新和能力不强等问题仍对各国构成持续困扰。

“四大赤字”与“东升西降”“南升北降”的大趋势共同作用，与贫富分化和人心不齐的客观现实共同作用，造成全球范围内“南北矛盾”“东西矛盾”“上下矛盾”“左右矛盾”升级发酵。不同发展阶段的国家之间、不同政治制度的国家之间、不同社会阶层的群体之间、不同价值取向的群体之间的对立冲突越发明显。尤其是作为“中心国家”的美国发起的与其他国家之间的矛盾冲突升级，世界现代化进程再次进入失衡状态，内在地需要一个从失衡到再平衡的重建过程。

2008 年以来，无论是在国际层面还是在各国国家层面，危机均沿着“金融危机—经济危机—政治危机—社会危机—安全危机”

的逻辑快速传导。这种系统性危机业已引发多国政治社会的激烈动荡，并导致国际热点问题更加纠缠难解。由世界经济失速、国际政治失衡、一些国家社会失稳、全球治理和部分国家治理失能、国际主流价值形态失焦而形成的百年未有之大变局，带来主要大国发展态势和相互之间实力对比的悄然变化，影响各国原有的战略认知和战略部署，加剧了新一轮大国博弈。

国际经济博弈

新一轮大国博弈将首先围绕如何重塑国际经济秩序展开。

冷战结束后，大批转型国家融入世界经济体系，极大地拓展了世界市场的范围，为世界经济增长提供了巨大动力。如今，这一红利基本消耗殆尽，世界经济长期停滞的风险笼罩，西方大国奉行保护主义的冲动抬头，贸易争端频发。在特朗普政府“美国优先”原则的指导下，美国同时对主要经济伙伴发起贸易争端，要求修订各种双边和多边贸易协定，强迫他国进一步开放本国市场，打压竞争对手的贸易优势。未来，通过制定新的贸易规则，最大限度地占据世界市场，为本国商品和资本寻找市场，将成为大国博弈的首要内容。

同时，在新一轮科技革命呼之欲出的背景下，大国难免要在高科技领域展开激烈博弈。各国都已深知科技创新在推动经济发展和国家兴盛过程中的重要作用，因而在抢夺新一轮科技革命制高点方面必将倾尽全力。美国政府动用全政府手段对华为等高科技企业实施打压，在高科技领域对中国强化出口管制和投资限制，百般阻挠中国推进《中国制造 2025》。凡此种种均反映出大国高科技竞争的激烈程度。

特别是 2008 年金融危机暴露出国际金融体系的不可持续性，未来几十年里，为资本的全球运作制定怎样的规范，如何确定全球储备货币的权利与义务，如何搞好虚拟经济与实体经济之间的关系，新的国际金融中心将出现在哪里，如何利用最新科技改变金融活动形态，国际金融主导权到底花落谁家，未来的国际金融秩序到底是何模样，将成为大国之间最激烈、最胶着的博弈领域。

国际政治博弈

新一轮大国博弈还将聚焦于国际政治秩序尤其是亚洲地缘秩序的重塑。

既然全球联系和交往日益深化的趋势不可逆转，东升西降、南升北降的大势不可阻拦，主权国家的平等和自决意识不可抑制，那么，到底是继续维持以等级化为特征的霸权体系还是顺应多极化趋势并承认所有国家的政治平等，到底是继续维持排他性的安全同盟还是构建更加开放、不针对任何第三方的全球伙伴网络，到底是作为“中心国家”的美国对地区热点问题继续实施干涉还是更多地尊重地区国家的诉求和意愿，在国际事务中到底是奉行以大欺小、武力威慑的原则还是奉行平等对话、和平解决的原则，就成为未来重塑国际政治秩序的过程中必须做出的战略选择，也将是新一轮大国博弈的重要内容。

从目前的情况看，这种博弈将主要在亚洲展开。在亚洲这个包括东亚、南亚、中亚和西亚等各传统板块在内的广袤地区，汇集着中国、俄罗斯、美国、印度等全球主要战略力量和日本、澳大利亚等地区强国。阿富汗、叙利亚、伊朗、朝鲜等国牵动的全球政治秩序变迁的主要热点，也都属于亚洲的地区问题。而且，无论是在经济上还是在安全上，亚洲都已经毫无争议地成为 21 世纪的全球战略重心，吸引着各国纷纷对其加大关注和投入。亚洲地缘秩序的变迁将是全球政治秩序演进的缩影。[1] 美国为塑造对己有利的亚洲地缘秩序，先后推出“亚太再平衡战略”和“印太战略”，试图巩固和拓展联盟体系，抢夺地区事务话语权，加大对中国的军事威慑和地缘围堵，未来中美在亚洲的地缘博弈将更加激烈。

国家形态博弈

谁能确立更加先进的国家形态，也将是新一轮大国博弈的焦点。

后危机时代，美欧诸国出现严重的国家治理难题，经济竞争力、政治合法性、社会稳定性以及国家的综合安全程度出现不同程度的下降。处于社会上端的少数精英与为数众多的底层民众之间的怨恨有增无减，美欧国家民粹主义思潮和民粹主义运动不断向“左”“右”两个极端挺进。而且，由于过去几十年来各国采用的治理方略有些趋同，美欧国家的治理难题在各国都有不同程度的体现。如何理顺政府与市场的关系，既充分发挥市场活力又确保政府的自主性和能动性？如何优化政治制度并重塑政党形态，针对国内生产与社会活动已经高度一体化的现实，建立以协同为核心特征的政治架构，以便最大限度地提高执政效率、减少政治消耗？如何调整国家治理的核心原则，在兼顾效率与公平的前提下，真正确立以人的发展为目标的治国方略？如何处理本国利益与他国利益之间的关系，是坚持“本国优先”还是互利共赢？所有这些问题均成为各国在推动国家变革中不得不面对的共性问题。若是哪个国家能在新一轮国家形态更新和治理方略变革过程中引领潮流，不仅将推动全球范围内的新一轮世界现代化进程，而且其自身也将在此过程中获得巨大的战略优势。这毫无疑问将刺激主要大国展开全方位的激烈博弈。

价值形态博弈

确立怎样的国际主流价值形态，也是大国博弈绕不开的崭新议题。

伴随着各国内部的社会矛盾不断累积发酵，伴随着各国应对治理危机的举措深入展开，伴随着各国对新型国家治理方略的苦苦探寻，伴随着国际秩序和全球治理体系的循序变革，全球价值形态的导向也必然发生深刻变化，新旧价值形态的换挡已是势之必然。金融危机后，无论是国际社会还是美国内部，无论是学术界还是政治界，都掀起了对新自由主义价值形态的深刻反思和高度质疑。新自由主义作为过去几十年来的国际主流价值形态，其感召力和影响力正快速消退。相应地，国际主流价值形态处于缺失状态。未来几十年是怎样的国际主流价值形态主控人们的头脑，这将直接决定世界的整体面貌。主要大国势必要为此展开激烈博弈。

接下来，本书将围绕这些焦点议题展开进一步分析。

第二篇 国际金融秩序的变革

导读

过去几百年间，在经历了西班牙、荷兰、英国等国的金融兴替之后，美国在二战后开始把持国际金融主导权，确立了史无前例的金融霸权。正如历史上的其他金融大国一样，美国金融霸权也有难以克服的不稳定性，无法摆脱金融兴替的历史规律。2008 年金融危机后，美国金融霸权的根基出现动摇迹象。为维系霸权，焦虑的美国通过加紧内部改革、巩固“核心经济圈”、打压新兴大国等方式，试图维系其在国际金融领域“嚣张的特权”。这给世界经济体系带来更大的不公正和脆弱性，招致其他国家尤其是新兴大国的普遍不满和强烈抵制。未来几十年里，这种金融博弈必将引发国际金融秩序和国际经济秩序的深刻重塑。大国金融兴替的内在逻辑是什么？大国金融博弈的手段有哪些？美国的金融霸权还能撑多久？国际金融主导权将如何转移？随之将产生怎样的世界经济形态？中国在其中的风险、机遇和责任是什么？这是本篇要回答的问题。

第四章　五百年金融兴替

在现代世界经济体系中，金融意味着财富和实力，金融对现代国家的重要性，是无论怎样强调都不为过的。谁主导了国际金融，就等于主导了世界；一旦失去金融主导权，其国际优势地位就将土崩瓦解。过去几百年间的大国博弈，对国际金融主导权的争夺始终是其中头等重要和最为根本的方面，并由此决定了不同时期的世界经济面貌。可以说，波澜壮阔的世界现代化进程，很大程度上便是一部大国金融兴替史。透过杂乱的表象，人们可以发现，这种兴替过程并不是偶然的，它始终遵循着冷酷的内在规律。几个西方强国因之而兴，又不可避免地走向衰败。与此相伴随的是大国博弈和国际权力的历史性转移，以及新型国际金融秩序和国际经济秩序的形成。

英镑争得主导地位

16 世纪以来欧洲海外殖民的兴盛及国际贸易活动的繁荣，必然要求有广为接受的国际贸易结算工具作为支撑，国际货币应运而生，由此形成早期大国金融博弈的核心问题——国际货币由谁发行，或者说国际金融主导权的归属问题。

在欧洲，早期的国际货币是由金银等贵金属充当的。1492 年“地理大发现”后，较低成本的美洲金银开始大量流入西班牙，并随后通过贸易、走私、海盗和战争赔款等多条渠道灌注到欧洲主要国家的体脉之中，显著改变了欧洲的货币存量，有效缓解了因贵金属缺乏而造成的货币供给不足，大大刺激了欧洲资本主义的发展，为欧洲现代金融活动的产生以及其后一系列制度创新奠定了基础。[1]

在这一时期的金融博弈中，实力不济的西班牙只能沦为匆匆过客，荷兰有幸短暂地成为欧洲第一个金融赢家。借助美洲“新大陆”的发现和亚洲新航线的开辟，世界贸易中心由地中海转至大西洋，荷兰抓住机遇取代西班牙，成为世界贸易枢纽国家，赢得“海上马车夫”的美誉。为便于贸易结算和投融资，1609 年阿姆斯特丹银行和阿姆斯特丹证券交易所正式成立，荷兰的金融活动走向专业化并具备日益明显的国际特征，荷兰盾的信誉日趋巩固，股票债券随之出现，一系列交易技术、金融规则、金融机构与金融市场不断发展完善，初步开创出了现代金融制度。基于这些重大金融制度创新，并辅以国内先进的农业、制造业和军事力量以及相应的政治变革，荷兰成为多边支付体系的核心角色，掌控了 17 世纪的国际货币和国际金融主导权，享有铸造货币带来的巨大收益。[2]

这种制度创新并非荷兰的专利。荷兰能做的事，英国似乎做得更好。英国在荷兰主导的国际金融体系中处境不利，这迫使英国加快技术革新和能力建设，最终战胜荷兰而确立其他国家难以匹敌的霸权地位，其中自然包括国际金融主导权。

与荷兰类似，英国也通过制度创新、信誉维护、外围支撑和打压对手等方式，确立和维护其国际金融主导权。1688 年“光荣革命”后的英国借鉴荷兰经验，创建了英格兰银行、南海公司和联合东印度公司，形成了以中央银行、城市私人银行和地方银行为主体的银行网络以及健全的公共财政体系。伦敦金融市场的繁荣，确保了英国能以较低利率筹得更多资金用于军力建设。为维护英镑信誉，从 1717 年起英镑就开始按黄金来确定价格，1816 年英国制定《金本位制度法案》，率先实行金本位制，确保英镑本位制就等于黄金本位制。此后，随着黄金在国际收支中退居二线，英镑开始担当起国际货币的重任。除 1797—1819 年、1914—1925 年中断以外，英镑与黄金价格挂钩的制度一直延续至 1931 年。

英国无与伦比的经济和军事实力，亦是其货币信誉的基础。同时，围绕英国建立的多边贸易网络（尤其是与印度的经济关系），成为稳定大英帝国金融体系的重要因素。英国通过保持对帝国体系内部成员的贸易顺差，很大程度上消解了与美国及欧洲大陆的逆差。[3] 更重要的是，为打压竞争对手法国，从 1689 年开始，英国与法国进行了长达一个世纪的斗争，直至 1763 年英国取得胜利。[4]

这些努力可视为英国为推进英镑“国际化”而进行的金融博弈的一部分，尽管其中一些举措起初并没有那么强的金融目的性。[5] 英镑在国际贸易中的主导地位，既给英国带来特殊权益，为作为全球霸权的“日不落帝国”提供了强大的财富支撑，也在客观上为殖民资本主义的发展提供了稳定有利的国际金融环境，将世界大多数国家裹挟到充满暴力和贪婪的资本主义浪潮之中，开启了现代历史上“第一次全球化”进程。[6]

美元的崛起

英国的国际金融主导地位有内在不稳定性。这种不稳定性的根源在于英国推动的全球化进程。

全球化调动了各路强大的力量，逐渐侵蚀着英国至高无上的霸权。就像当年英国借鉴荷兰的制度创新而后来居上一样，美国、德国、日本等国作为那一时期的“新兴国家”，借助全球化中的“后发优势”，非常便利地从英国那里获得了工业发展所需的资本和尖端技术，免去了艰苦缓慢的自主探索过程，且均实行保护性的重商主义政策，以更快的速度实现了工业化。不仅如此，德国和美国甚至在技术创新方面超过了英国，很快获得与英国并驾齐驱的经济实力，最终英国的经济规模先后被美国和德国超越。相应地，英国在国际贸易中所占份额出现明显下降。全球化不可避免地导致了多极化。

在 19 世纪最后 30 年开始出现的这种多极化趋势，其直接结果是英国的信誉以及英镑的信誉不再那么坚如磐石。随之而来的是，国际市场上的资本来源和商品供给日趋丰富，国际货币的流动更加神秘莫测，金融危机频繁爆发，英国经常收支的稳定性遭到严重削弱，英格兰银行的“最终贷款人”角色和“金本位制守护者”角色遭到越来越大的质疑。[7]

特别是当殖民资本主义逐步演变到帝国主义阶段时，多极化体系中的大国更倾向于用军事手段去拓展世界市场和捍卫自身权益。这最终引发一战。一战从根本上动摇了由英镑主导的国际货币体系和由英国支撑的国际经济体系。尽管一战过后英国努力恢复英镑的国际地位，但其国内代价过于高昂，导致英国无可避免地走向了衰退。

一边是英镑的江河日下，另一边是美元的冉冉升起。

20 世纪初的美国经济规模已经全球居首，其国际金融地位却与其经济大国地位极不相称。足够强大的经济实力、国内金融体制的日趋完善以及国内投资市场的相对饱和，促使美国开启美元"国际化"进程，从英镑衰落留下的权力真空中寻找机会。当时美国并没有激进地选择与英国对抗，但竞争时毫不手软。美国的手段至少有三。

一是在拉丁美洲和亚洲实施"金元外交"。时任美国总统塔夫脱于 1912 年提出"金元外交"，这是一项"以金元代替枪弹"、为使"我们的资本家获得赚钱的投资机会而积极干预"的政策。[8] 在对菲律宾、波多黎各等殖民地，哥伦比亚、智利、厄瓜多尔等拉丁美洲国家以及中国推行与美元挂钩的货币制度改革基础上，美国政府努力推动私人资本大幅进军拉丁美洲和远东，扩大美元的使用范围，力图将这些地区划入美元主导的范围。[9]

二是推动英国回归"金本位制"。一战期间，各国纷纷退出金本位制。为防止美国在一战后积累的大量黄金变成一堆无用的"黄色金属"，同时重建对美有利的战后国际经济秩序，美国在一战后通过又拉又压的方式，既对英国给予积极金融支持，又毫不留情地向南非、澳大利亚、加拿大等英联邦国家渗透，最终说服英国回归金本位制，从而稳定了国际金融秩序，为美国对外投资和商品出口维持有利环境。[10]

三是利用战后偿债问题在欧洲推广美元的使用。在有关德国战后重建和处理战争赔款的问题上，经过与英国的复杂交涉，美国最终争取到德国货币“新马克”与美元挂钩而不是与英镑挂钩；美国向战败的德国借出美元，德国以此恢复经济发展，并将其收入一部分归还美国，一部分向英法偿还战争赔款，英法则再次将这些资金作为战债偿还给美国，由此在美欧之间形成收支环流，大大加深了欧洲对美元和美国金融服务的依赖。[11]

英国确立金融主导权的过程充满着冲突，国际金融主导权从英国向美国的转移也注定不会波澜不惊。

英国为了“帝国的荣耀”强行回归金本位制，这削弱了英国商品的对外竞争能力，国内失业状况和劳资矛盾骤然突出，反而加速了英国的衰败。1931 年，英国被迫退出金本位制，其国际货币地位无奈地从全球转向英镑区。美国看似春风得意，但其金融地位的上升刺激了国内的过度投机，股市虚假繁荣掩盖了失业率和贫富分化，并触发了 20 世纪 30 年代的股市崩盘和“大萧条”，还在资本主义世界形成多米诺骨牌。

本来一战之后的国际政治安排就不合理，“大萧条”又造成欧洲各国的经济困境、政治动荡和社会不满情绪相互交织，资本主义世界的结构性矛盾越发不可调和，各国对外政策的军事化和对抗色彩日趋浓重，终于引发二战。在美国，罗斯福通过推行“新政”稳住了形势，建立了更高层次的现代国家形态，有幸躲过一劫，而整个资本主义世界的根本性矛盾却只能以残酷的战争方式实现危机出清。

在此过程中，英国的国际金融主导权被彻底摧毁，只能看着美国坐收渔利，建立以美国为中心的国际金融新秩序。

二战后期，英国和美国分别拿出“凯恩斯计划”和“怀特计划”，就战后建立怎样的国际金融秩序展开博弈。美国凭借其超强的经济实力占得上风，同时对英国的诉求予以一定回应。1944 年，在美国布雷顿森林举行的国际货币会议上，与会国通过了以“怀特计划”为蓝本的《布雷顿森林协议》，确立了以美元与黄金挂钩、各国货币与美元挂钩、各国实行可调整的固定汇率制为核心特征的新型国际货币体系，美元在国际货币体系中的主导地位得以初步确立，国际金融主导权随之转移到美国手中。

美国金融霸权的演进

1945 年以来美国金融霸权的演进过程，就是美国借助自身超强实力和精巧的博弈策略，不断打破既有制度安排、打击竞争对手、隐性盘剥他国并转嫁国内负担的过程。美国在此过程既享受着丰厚的铸币税收益，又得以对各国经济实施干预。

战后初期，要护住刚刚到手的国际金融主导权，美国至少需要做两件事：一是继续打压老对手英国，二是排挤新对手苏联。

因为此时的英国仍控制着规模庞大的英镑区，通过“帝国特惠制”维持着美国不愿看到的歧视性贸易安排，英镑仍然是资本主义世界的主要货币之一。而苏联作为二战中快速崛起的大国，其国家干预经济活动的社会主义特性显然对美国想要推行的以自由主义为主要特征的战后国际秩序构成“威胁”。

为继续打击英镑，1945 年 8 月，美国趁英国经济濒于崩溃之际，在未通知英国的情况下突然宣布中止《租借法案》中的对英援助，迫使英国再次向美国求助。美国后来同意向英国提供 37.5 亿美元低息贷款，前提是：英国必须批准《布雷顿森林协议》并取消“帝国特惠制”，在对美贸易中不得征收歧视性关税；贷款生效一年后，英国必须解除对英镑区国家在英国的英镑存款冻结，取消对英镑区国家的外汇管制，允许英镑区各国实现英镑与美元的自由兑换。[12] 同时，美国又利用《布雷顿森林协议》使英国失去了以英镑贬值来调整国际收支失衡的安全阀，因为国际货币基金组织严格限制了成员国货币贬值的幅度和条件。美国在战后推动建立的《关税及贸易总协定》也削弱了“帝国特惠制”；美国还在战后实施“马歇尔计划”，推动本国资本大量涌入欧洲，缓解了欧洲的“美元荒”。[13] 这些举措共同发力，其结果是使英镑的地位一落千丈。

对苏联，美国的心思比较复杂。美国一开始是打算将苏联拉入布雷顿森林体系的，这种盘算主要出于经济考虑。布雷顿森林谈判的结果是苏联得到 12 亿美元的国际货币基金组织份额，美苏之间还讨论了大额双边贷款问题，条件甚至比美国给英国的贷款更加优惠。美国的战略家们起初认为，苏联加入布雷顿森林体系对于保证战后的政治和经济稳定十分必要，而且对苏长期信贷也是美国获得其丰富的原材料以及形成美国消费品出口市场的保证。

然而，美苏两国各有各的安全忧虑，并且这种安全忧虑很快超过经济诉求。苏联担心自由放任的市场经济以及美国对全球商业的主宰地位将威胁苏联及其卫星国的民族工业和主权安全；而美国也在掂量，将苏联纳入美国主导的战后世界经济所带来的好处，是否足以弥补重建苏联及增强其战后实力的政治和经济代价。美国不仅根深蒂固地怀疑那些“由国家操控的经济体”，而且还对苏联的势力范围耿耿于怀。在打散英国的“帝国特惠制”后，美国开始要求苏联也解散“小群”、融入“大群”。苏联自然不会接受，结果是苏联被排除在美国主导的国际贸易和金融体系之外。[14]

没有了英国的掣肘和苏联在资本主义体系内部的直接挑战，美国在战后初期对国际金融体系的驾驭看起来得心应手。

与英国相比，美国以布雷顿森林体系确立的是一种“更高形态”的国际金融主导权，是更加自觉的、更注重规则的、美元地位更加强势的国际关系形态。就“自觉性”而言，英国维系的金本位制是自发形成的，英国并没有把各国召集起来宣布在某个特定时期推行金本位制，而布雷顿森林体系则是美国倡导的一次大国协调行动。就“规则性”而言，布雷顿森林体系的维系有一整套规则和国际货币基金组织、国际复兴开发银行（即世界银行）等机构机制做支撑，是一个目标相对明确、运作更加可靠的多边支付体系。美元的“强势性”是指，在布雷顿森林体系下，美元只是与黄金保持固定官价，其发行数量并不受黄金储备限制，这与金本位制下英镑的地位不可同日而语。[15] 布雷顿森林体系确立了美元的世界货币地位，美国因此享受着美元霸权带来的不言自明的巨大收益：美国充当着世界银行家，可以直接用本国发行的价值被高估的货币购买其他国家的资产，不必担心入不敷出，也无须在经济增长和通货膨胀之间做出艰难选择，而维系布雷顿森林体系的成本几乎可以忽略不计。

与英国主导的国际金融体系一样，美国治下的布雷顿森林体系也存在结构性缺陷以及由此而生的内在不稳定性，这就是大家熟知的“特里芬难题”。

美国耶鲁大学教授罗伯特·特里芬在 1960 年出版的《黄金与美元危机》一书中指出：各国为发展国际贸易，必须用美元作为结算货币，这将导致流出美国的美元在海外不断沉积，长此以往美国将出现长期贸易逆差。而美元作为国际核心货币的前提，是必须保持美元币值稳定和坚挺，这又要求美国必须是一个长期贸易顺差国。[16] 特里芬发现，这两个要求之间构成了悖论。

这种理论上的悖论很快就成为现实，并最终造成了 20 世纪 70 年代初布雷顿森林体系的解体。这本应是美国面临的一场危机，但美国不仅没有沦为输家，反而将危机输出给贸易伙伴，借此摆脱黄金“羁绊”，正式确立美元本位制，并通过建立浮动汇率制强化了美元的特权地位，日益具有超级金融霸权特征。

由于战前良好的发展基础和美国在战后初期的“资助”，欧洲和日本在战后 20 年间快速实现重新崛起；相比之下，美国的经济地位明显下降了。这一点不禁令人想起当年英国面对美国和德国崛起的情形。1958—1959 年，美国的经常项目首次出现赤字；1960 年美元发行总量超过美国的黄金储备，美元与黄金的可兑换性及美元信用开始动摇，导致 1960 年第一次美元危机，美元持有者纷纷抛售美元、挤兑黄金；1968 年，美元危机再度爆发。这预示着布雷顿森林体系将很快走到尽头。然而，与英国的命运和策略不同，美国“成功地”将国际货币体系的危机转嫁给他国，自己反而利用危机强化了特权地位。

战后初期，美国凭借“双挂钩”和固定汇率制确立了美元的主导地位，这是美国的优势；布雷顿森林体系的解体同样对美国而言蕴藏着“机遇”，因为这意味着美元不必继续承担维持固定汇率的义务，也不必再受发行数量的限制。“沃尔克报告”的出台，便是美国试图在危机中捕捉机遇的重要尝试。其核心内容是建议美国单方面暂停美元与黄金的可兑换性，实现国际货币体系向美元本位制的根本性变革。1971 年 8 月，时任美国总统尼克松在新一轮美元危机爆发之际正式推出“新经济政策”，将沃尔克报告的建议付诸实施，宣布暂停美元与黄金交换，并征收 10% 的进口附加税。继而，美国又以取消 10% 进口附加税为诱饵，推动“十国集团”成员签署《史密森学会协议》，成功实现美元自 1944 年以来的首次贬值，由此带来汇率市场的严重混乱。

这种混乱又进一步成为美国的机遇。美国采取“坐视不管”策略，任由危机蔓延发酵，甚至宣布美元再次贬值 10%，以便向他国施加新的压力，强迫它们接受浮动汇率制。[17] 迫于无奈，欧洲经济共同体国家宣布实行汇率的联合浮动，英国和加拿大等国也开始实行新的浮动汇率制。1976年，国际货币基金组织在牙买加首都金斯顿召开会议，达成《牙买加协议》，正式确认黄金与货币脱钩、废除黄金官价、黄金不再作为国际货币单位与货币定值标准，并实现浮动汇率合法化。1978年4月，包括《牙买加协议》主要内容的《国际货币基金组织协定》第二次修正案正式通过，国际货币体系由此完成了从布雷顿森林体系向所谓“牙买加体系”的过渡，这标志着本就已成事实的美元本位制正式得到国际法认可。

美国停止黄金与美元的兑换并转而实行浮动汇率，实则是一种违约行为。这大大伤害了美国的软实力。并且，由于这一时期美国在越南战场上打得十分难看、苏联社会主义建设不断取得进步，美国和美元的信誉遭受严重打击，美国国内亦经历了经济“滞胀”以及深刻的政治与社会危机。尽管如此，美国在维护金融主导权方面还是赚了。

浮动汇率制赋予了美国极大的特权，是美国迫使拥有盈余的贸易伙伴实现货币升值的政策工具，增强了美国运用经济手段影响他国政策的权力。美国在继续保持美元中心地位的同时，削弱了黄金在国际货币体系中的作用，实现了黄金的“非货币化”，并可以更自由地运用货币政策和汇率武器对他国施加影响，丰富了美国霸权政策工具箱，对美国经济也起到及时的“救赎”作用。

作为美国重要贸易伙伴的日本成为浮动汇率制的直接受害者，或者说成为美国转嫁国内危机的直接受害者。

1985年的《广场协议》可被看作“美国人联合欧洲人压迫日本人升值日元、从出口导向型增长战略转向内需拉动型增长战略、削减其巨额贸易顺差的一次尝试”。[18] 美国利用国内强烈的贸易保护情绪，并利用日本在经济和安全方面对美国的依附地位，在货币层面强力敲打日本，意在终结日本在战后美苏两极对峙局面中长期享受的“搭便车”红利，通过敲打日元遏制日本的快速崛起，防止日本在资本主义体系内部威胁美国的主导地位。尽管学界对日本经济到底是因《广场协议》还是因其错误的国内政策而陷入停滞仍充满争论，但美国利用浮动汇率制度向其他国家转嫁危机的意图乃是确定无疑的。[19] 当然，《广场协议》和随后《卢浮宫协议》的签订，也意味着美欧日主要国家进入了通过多边对话进行汇率干预和政策协调的新阶段。

在美元信誉下降的情况下，为保证各国继续大范围使用美元，美国还有意地将美元与当时国际政治中的重要战略资源（石油）绑在一起。以美元垄断国际大宗商品的交易，成为维持美元霸权的有效手段。

在1973年中东战争后的石油禁运中，布雷顿森林体系中的发达经济体因无法保障石油供应而陷入恐慌，石油的战略重要性凸显。在时任美国国务卿基辛格对中东“穿梭外交”的勾兑下，美国和沙特阿拉伯于1972—1974年达成一系列协议，将石油销售与美元挂钩，构建起所谓“石油美元体系”。协议规定石油输出国组织的石油销售只能用美元计价，这相当于人为地制造了石油输出国组织市场对美元的需求，增大了美国对石油市场的干预能力，沙特阿拉伯协助美国“管理”国际石油价格以尽量满足美国的利益。作为回报，沙特阿拉伯成为美国最可靠的盟友，在石油输出国组织内享有特权，作为美国的代理人而不受生产配额的约束。[20]“石油美元体系”保证了各国对美元的需求，更让美国掌握了操纵国际贸易、打击欧洲和日本等竞争对手的新的有力武器；对石油价格的操纵甚至成为美国对付苏联的撒手锏。20世纪80年代石油价格持续低迷，给高度依赖能源出口的苏联造成极大的经济困难，成为苏联解体的重要诱因。[21]

资本需要不断寻求新的利润，一个封闭且饱和的经济空间很难满足其需求。

美欧日在20世纪70—80年代的经济困难和内部竞争加剧，既表明过去几十年的经济发展道路和国家治理模式走到了尽头，也印证了资本主义的发展空间已日趋饱和。就此而言，美国在20世纪80年代末、90年代初最终“斗倒”了苏联，其对西方的安全内涵自不必赘述，其在经济方面的“意义”亦可谓巨大。

苏联解体后，全球范围内的政治与安全对抗告一段落，众多转型和发展中国家融入世界经济体系，给资本主义发展提供了得以救命的新增战略空间。美国利用众多新兴国家实施“追赶型”发展模式的特点，积极拉拢这些国家融入美国主导的国际经济体系，借此得以继续实行“入不敷出”的经济政策。鉴于欧日已大体完成经济追赶任务，从国际货币体系的“外围”阵营“毕业”并部分地与美分享货币特权，亚非拉的新兴国家成为新的“外围”（它们此前要么与资本主义体系完全隔离，要么在资本主义体系中根本无足轻重），支撑着国际货币体系和国际经济体系继续运转。为完成经济追赶目标，它们大体上复制了20世纪50—60年代日本与欧洲的发展模式：盯住美元，引进外国直接投资，发展出口导向产业，大量积累美元储备，并反过来把积累的美元储备重新投到美国。在这一循环中，美国得以维系美元霸权的特殊收益：低储蓄率、高消费率、低利率、低通胀率与高增长率并存。[22]一些经济学家将这种现象称为“布雷顿森林体系的复活”。[23]

在此过程中，通过宣传新自由主义的经济主张，诱导新兴国家放松金融管制，也是美国强化金融主导权的重要手段。

美国不仅在国内大力推行金融自由化，为金融资本松绑，发展出越来越复杂和多元的美元投资工具，而且还向正处于体制转型的新兴国家大力兜售新自由主义主张，以所谓“市民社会”“选举民主”“市场经济”的标准版本对新兴国家实施制度改造，特别是对其经济结构实施私有化和市场化改革，一些新兴国家的货币主权被严重削弱，出现“美元化”现象。[24]与此相伴出现的是，由互联网科技支撑的新经济业态率先在美国出现，这同样为资本主义发展找到新增长点。

总之，在各种因素的共同作用下，本已呈现颓势的美国金融主导地位似乎重新焕发青春。借助地缘格局变动和科技创新的推动，美元的使用范围进一步拓展，美国确立了真正全球意义上的金融主导权。这种局面自20世纪80—90年代正式成型，并一直维持到2008年金融危机之前。

不公、失衡与危机

回顾历史上各个金融强国的兴衰历程可以发现，它们通常因顺应了历史趋势而快速崛起，进而对推进世界现代化进程做出独特的贡献，并因此得到丰厚的回报。同时，它们又在此过程中身不由己地出现自我异化，不断面临新的挑战，它们为维护自身利益而采取的种种举措，注定给世界制造出越来越大的不公正和结构失衡，甚至造成严重的经济与政治危机。主导国的地位因危机的反复发作而日益削弱，最终蜕化为被变革的目标。

美国也无法摆脱这样的历史规律。

美国在确立金融主导权的初期，确实对世界经济发展和现代国际秩序的演进做出了积极贡献。历史学家认为，20 世纪初美国推行的“金元外交”，其本质是使用“非帝国主义的帝国主义”取代领土帝国主义，即用美元代替枪弹为资本和商品寻找出路，从而避免了正式的殖民主义和政治控制。[25]

与英国金融主导权相配套的，是以殖民掠夺为主要特征的资本主义形态；而与美国金融主导权配套出现的，乃是一个以规则约束为主要抓手的世界经济形态，这无疑是历史的进步。如果说英国主导的国际金融和经济体系造就了现代历史上的大规模全球化进程，强行将殖民地国家拉入世界经济体系，那么美国金融主导权的维系和拓展过程，实则造就了更高形态、更大范围和更深程度的又一次全球化，实现了现代国际秩序的升级与扩容。美国金融霸权提供了相对稳定而开放的国际环境，将更多后发国家拉入世界经济体系，并在一定程度上提高了这些国家的现代化水平。

美国金融霸权的消极面体现在：它仍是一种等级化的、食利性的、内在不稳定的国际经济秩序安排。相比由英镑主导的国际金融体系，美国金融霸权带来的是主权国家之间更大程度的不平等、世界经济结构和各国经济社会结构的更深度失衡，各国的经济主权遭到削弱，发展空间受到抑制，并必然引发更大程度的动荡和危机。甚至可以说，当前以美元本位制为核心特征的国际金融体系乃至整个国际经济体系，天生就是一个“危机结构”。

二战后，广大第三世界国家经过艰苦卓绝的抗争，取得形式上的国家独立。由于美国主导了国际金融体系，这些第三世界国家不得不在经济金融上继续处于不平等和不自主的状况。美元本位制下，几乎所有其他国家都对美元形成不同程度的依附关系，形成一个“中心 – 外围”的等级关系。英镑主导的时代，印度、南非等英联邦国家对英国的国际金融主导权起到“输血”作用，而现在对美国“输血”的国家则扩展到全球范围。金本位制下的美元发行没有黄金支撑，也没有货币和财政纪律的约束，完全依托于美国的政治经济实力而在国际货币体系中占据主导地位，掌握着“嚣张的特权”。处于中心地位的美国既能凭借发达的金融市场廉价利用外围国家的信贷，也能通过巨额的经常账户逆差向外围国家输出大量美元，获得可观的铸币税收益，在国际货币谈判中的地位也更加强势。

外围国家的经济金融主权则遭到严重侵蚀，它们的财富严重受制于美国的货币政策。对于那些在汇率方面“硬盯住”和“软盯住”美元的国家，其汇率稳定性和货币政策的有效性很大程度上受到美国财政部对美元的态度与美国联邦储备系统（以下简称“美联储”）对经济形势判断的影响，面临着资本账户开放、汇率稳定和货币政策独立性之间的“三难选择”。外围国家手中积累的美元财富越多，就越要不断投入美国的国债市场，以防止美元贬值带来的资产流失，而持有的美元国债越多，就越担心美国的弱势美元政策，形成一种“累积的恶性循环”。[26]

这种“中心－外围”的等级结构还使“中心国家”和“外围国家”的经济与社会结构发生深刻变化。中心国家逐步演变为“金融国家”，向世界提供美元和金融产品，从货币金融资产的交易和周转中获益；外围国家则成为“贸易国家”，只能通过向中心国家的贸易出口换取经济增长。

由于金融市场高度发达，美国从 20 世纪 70—80 年代开始摆脱“福特制”增长模式，其经济扩张从贸易和生产领域转向金融领域，呈现出高度“金融化”甚至过度“金融化”特征。“金融化”带来经济上的严重后果，可充分吸纳国内就业的中低端制造业被大量外包，带来经济结构“空心化”和贫富分化加剧。

在外围国家，由于经济资源配置更多地聚焦于出口部门，国内非制造业部门和制造业部门之间的生产率差距拉大，迅速发展的商品贸易自由化与长期滞后的金融发展水平之间矛盾加剧。其高储蓄不能有效转化为投资和消费，只能继续依靠引进外资、扩大出口拉动经济增长。[27] 这种增长模式带来的资源消耗、环境污染、贫富分化等经济社会问题，也是大家熟知的。特别是 21 世纪以来，美国利用其他国家对美国的金融依赖关系，愈加频繁地动用金融制裁手段实现对外战略目标，对其他国家的内外政策进行干预，干扰其他国家正常的经贸金融往来，严重破坏了国际合作的氛围。

包括美国在内的各国经济结构失衡以及由此形成的全球经济失衡，为全球范围内的金融危机以及政治社会危机埋下了祸根；美元本位制之下的全球流动性过剩、各国金融体制的脆弱性以及美元权利与义务的不对等，成为各国金融危机频发的直接诱因。

对外围国家而言，国际资本大规模流入将推高资产价格泡沫和通货膨胀，国际资本大规模迅速流出又会刺破资产价格泡沫。20 世纪最后 20 年里，全球有近百个国家爆发过金融危机，其中绝大多数与美国的利率和汇率调整有关。无论美国奉行强势美元政策还是弱势美元政策，都可能对其他国家构成金融冲击，1997 年亚洲金融危机就是典型例证。

在美国，过度金融化和经济失衡同样带来严重问题。2000 年美国网络经济泡沫破灭后，为刺激经济增长，美联储采取扩张性货币政策，美国狭义和广义货币供应量的增长率大幅提升，大大刺激了全球资产价格泡沫膨胀和投机行为，最终酿成百年一遇的 2008 年金融危机，并在政治与社会层面以及国内、国际两个大局产生深远影响。

第五章　维系“嚣张的特权”

2008 年金融危机的爆发，是美国“金融化”弊端和经济结构失衡造成的结果，也是美国政治社会生态进一步深刻变化的原因，更是冷战结束以来美国的国际地位转向衰落的分水岭式事件。金融危机后，美国的政治与社会乱象长期持续，其实力地位及国际信誉出现了令美国极为不安的下降，而恰恰是这种国际信誉构成美国金融霸权的根子。焦虑的美国为维系金融领域“嚣张的特权”，其对外政策变得越发激进和咄咄逼人，甚至具有越来越强的破坏性。

金融危机与美国的焦虑

2008 年金融危机的爆发有其必然性。

为拉动美国经济增长，美联储自 2001 年 1 月至 2003 年 6 月连续 13 次下调联邦基金利率，使利率从 6.5% 降至 1% 的史上最低水平。宽松的利率政策推动了房贷需求和房价上涨，刺激了银行的贷款冲动，金融机构进一步显露逐利本性，在风险判断上出现严重失误，不断降低次级抵押贷款放贷标准，次级抵押贷款发放规模日益扩大。

我们回过头看时会发现，美国的这一轮房价大涨，既非建立于住房市场的真实需求，也无居民可支配收入做支撑，可以说是扭曲的虚假繁荣。随着美国经济反弹和通胀压力增大，2004 年 6 月至 2006 年 6 月，美联储又 17 次上调联邦基金利率，大大加重了购房者尤其是那些信用等级低、收入证明缺失、负债较重的低端和投机客户的还贷负担，次级抵押贷款违约率大幅上升。此时，次级抵押贷款已通过令人眼花缭乱的金融创新，被打包出售给包括商业银行、保险公司、养老基金、对冲基金等在内的全球投资者以转移风险，围绕次级抵押贷款形成一个由各类机构和个人组成的高度复杂的、责任约束逐层递减的利益链条。[1] 一旦房价下跌导致借款人违约，利益链条必然发生断裂并产生广泛波及效应，导致风险很快从借贷市场向金融领域乃至实体经济蔓延。

2007 年 4 月，次贷危机爆发。此后危机迅速蔓延，至 2008 年 9 月 15 日雷曼兄弟公司申请破产保护以及美林公司被美国银行收购，美国金融体系陷入严重恐慌，终于形成一发不可收拾的金融海啸。由于美国在国际金融经济体系中的特殊位置以及全球金融活动的高度连通性，美国的金融危机很快通过流动性需求、货币贬值预期、市场预期和实体经济衰退等多种路径向国际层面蔓延，[2] 造成全球金融市场激烈动荡和各国经济普遍衰退，特别是引发了欧债危机并加剧了新兴国家的发展困境。

金融危机暴露出美国既定经济金融路线的不可持续性。谴责人性的贪婪和监管部门工作不力是非常容易的，但这并没有找到危机爆发的本质原因。与历史上其他强国在巅峰状态之后出现的问题大体类似，此次美国金融危机的根本原因在于，美国的国际金融特权使其国内的经济和社会结构出现了十分危险的异化。对美国而言，2008 年金融危机并不是一次普普通通、来去匆匆的金融风暴，它折射出美国经济和金融路线的深层问题，它对美国国家治理体系与既有政策路线的冲击是全面和长期的。

人们看到，在经过大规模救助而稳住金融恐慌之后，危机并没有真正消失，而是继续向美国经济、政治和社会领域扩散，由过度金融化带来的贫富分化和经济空心问题进一步发酵，广大民众对金融资本的批判大大增加，对国际主义路线的支持显著降低。2011 年兴起的“占领华尔街”运动将美国社会长期存在的“99%”与“1%”的贫富对立昭示天下，鲜明地表达出对华尔街金融资本的不满，在美国社会引起广泛共鸣。此后，社会对立情绪与两党在政治上的极化相互激荡，社会议题的辩论变得越来越民粹化，人们对既定国家路线和建制派精英的不满与日俱增。2016 年总统选举中，因经济空心化而形成的“铁锈带”[3]各州选民，在愤怒情绪的驱使下将选票投给离经叛道的共和党候选人特朗普，使特朗普“意外当选”，由此开启了民粹领导人当政的危险时代。特朗普上台后毫无顾忌地推翻美国长期以来奉行的各项政策路线，进一步将美国政治中的上下矛盾（精英与平民之间的矛盾）、左右矛盾（不同政治路线之间的分歧）、黑白矛盾（不同种族之间的矛盾）、内外矛盾（本土居民与外来移民之间的矛盾）甚至“明暗矛盾”（民选领导人与所谓“深层国家”或“深暗势力”之间的矛盾）推向新高，这种对抗又反过来对美国内外政策和政府执政合法性构成极大的牵制。

金融危机还加速了本已形成势头的多极化进程。

在现代经济体系中，由于资本全球流动和技术的快速普及，全球化必然带来多极化。在英国引领的全球化时代，德国和美国凭借后发优势快速追赶上来；在美国引领的全球化时代，以中国、俄罗斯、印度为代表的新兴国家群体崛起成为21世纪初最重大的国际政治现象。

在2008年金融危机爆发的同时，发生了两件具有重要指标意义的大事：俄格战争和北京奥运会。俄罗斯对格鲁吉亚的军事行动，标志着恢复元气的俄罗斯开始寻求改变地缘政治格局，冲击美国在欧亚大陆的地位。盛大的北京奥运会开幕式，则以令人惊叹的方式宣告中国实现“和平崛起”。此后，中国经济规模超过日本成为全球第二大经济体并日益逼近美国，更标志着世界多极格局的强化。

与历史上曾经发生在英国身上的事情一样，多极化直接导致了美国国际地位和国际信誉的下降。金融危机前，当人们讨论美国的衰落时，大多只是基于理论和历史做出的推测，世界各国特别是新兴国家和第三世界国家大多是“仰着头”看美国；危机爆发初期，只有少数美国人带着前瞻性的忧患意识谈论美国的困境，各国对美国发出的国际协调号召仍然积极配合；然而很快地，世界各国都在热议美国的衰落及其国际政治影响，“美国衰落”逐步成为各国做出战略判断的基本依据。特朗普上台后祭出“美国优先”口号，更是削弱了美国的信誉。

美国内部的经济失衡、政治失序与社会失稳，新兴国家群体的崛起和美国实力地位的相对衰落，美国国际信誉的日益下降，令美国的决策精英们焦虑不安。因为凡此都意味着，美国全球霸权地位尤其是金融霸权地位得以存在的信誉基础正在遭受侵蚀。在焦虑心态的驱动下，奥巴马喊出“美国要继续领导世界 100 年”的口号，特朗普也高调宣誓以“让美国再次伟大”为己任。为继续维系美国的金融霸权地位，美国在“后危机时代”采取了包括筑牢“核心经济圈”、打压新兴国家和推进国内改革在内的多种手段。

筑牢“核心经济圈”

对美国而言，保住了国际经济地位，就意味着保住了国际金融领域“嚣张的特权”，而美国在经济金融领域的既存优势，又为其谋求更大经济金融优势提供了条件。既然美国感觉到全球经贸合作的“大圈子”削弱了其经济金融地位，那么另行组建有利于其“固本培元”的“小圈子”就成为理所当然的选择。

由此我们看到，在“后危机时代”，美国利用传统盟友（欧日等国）、周边国家（美洲各国）及其他一些贸易伙伴对美国的各方面依赖和需求，动用威逼利诱等多种手段，试图通过一系列新的国际贸易和金融安排，构筑起更高标准、更宽领域、更具国际引领力同时也暗含一定“排他性”的“核心经济圈”，从而实现美国“再工业化”、增加对外出口、缓解就业压力并改善财政状况，加强与相关国家的经济深度捆绑，以自身经济地位的强化来维护美国在国际金融领域的信誉，捍卫美国在“后危机时代”的经济金融霸权。

其核心特征或者说最终目标，是形成包括“跨太平洋”“跨大西洋”“泛美洲地区”“重要金融伙伴”的“四位一体”国际经济新格局，并确保美国在其中居于中心地位。这种努力在奥巴马时期已经全面展开，在特朗普时期以另类方式得到强化，未来还将持续推进。

在跨太平洋地区，最令人瞩目的举措是美国政府对《跨太平洋伙伴关系协定》（TPP）的推动。

《跨太平洋伙伴关系协定》的前身是由新加坡、新西兰、智利和文莱四国在2002年发起、2005年签署的《跨太平洋战略经济伙伴关系协定》。鉴于亚太市场的战略重要性，2008年金融危机爆发之初，小布什政府就将目光投向《跨太平洋战略经济伙伴关系协定》，与四国启动了投资和金融服务业相关谈判。[4]2009年奥巴马政府上台后高调宣布加入该协定，赋予其以全新内涵和更大重要性，并吸引澳大利亚、日本、加拿大、墨西哥等国相继加入，最终形成“跨太12国”。《跨太平洋伙伴关系协定》谈判于2015年达成最终协议，并于2016年完成签署程序。《跨太平洋伙伴关系协定》内容广泛，涵盖关税、技术贸易壁垒、投资、服务、政府采购、竞争政策、知识产权、劳工保护和绿色增长等领域，是包含所有商品和服务在内的综合性自由贸易协议。按照协议，其成员国不仅要受到贸易机制约束，而且还要受到法律法规、社会团体、生态环境、商业模式和公众评判的制约。[5]其中，各国金融市场扩大对美开放毫无疑问是协议的重要内容。特朗普上台后，出于对前任政府和多边主义的厌恶而搁置了《跨太平洋伙伴关系协定》，转而通过双边途径，寻求与日本、韩国等国达成名义为更加“公平”、实则对美更加有利的贸易协定，其性质仍然是夯实基于亚洲盟友体系的“核心经济圈”。

在跨大西洋地区，奥巴马政府曾大力推动《跨大西洋贸易与投资伙伴关系协定》（TTIP）。

成立美欧自贸区的想法由来已久，《跨大西洋贸易与投资伙伴关系协定》便是源于 1995 年欧美达成的《新跨大西洋议程》中提出的创立“新跨大西洋市场”倡议。由于当时双方谁都不急，因而一直未付诸行动。2008 年金融危机爆发后，面对“南升北降”的国际形势，美欧双方紧迫感上升，开始加速接触洽谈。2011 年美欧领导人峰会上，双方成立“就业与增长高级别工作组”，启动《跨大西洋贸易与投资伙伴关系协定》谈判筹备工作；2013 年 6 月八国集团峰会上，美欧正式宣布启动《跨大西洋贸易与投资伙伴关系协定》谈判进程。由于双方在政府采购、农产品市场准入（转基因农产品、农产品补贴等）、金融监管和国家争端解决机制等领域分歧巨大，以至奥巴马任期结束时双方谈判未能取得重大突破。特朗普政府上台后，《跨大西洋贸易与投资伙伴关系协定》与《跨太平洋伙伴关系协定》一样被束之高阁。2018 年 7 月，美国总统特朗普与欧盟委员会主席容克达成一项意向性贸易协议，双方将朝着“零关税、零非贸易壁垒和非汽车类工业产品零补贴”

的“三零”方向努力，达成高水平贸易协定。尽管美欧双方因内部政治掣肘而龃龉颇多，欧洲亦对美国的关税大棒心存不满，但双方认可的大方向乃是借此巩固西方国家在全球经济版图中的地位，他们中的一些人曾将《跨大西洋贸易与投资伙伴关系协定》视为“美欧同盟之锚”甚至“经济北约”，足见双方对贸易协定的重视程度。[6]

在泛美洲地区，美国也不事张扬地做了大量“固盘”工作。

无论是北美、中美还是整个拉丁美洲地区，都被美国视为“怀抱中的地盘”与“千年储备”。巩固美国在经济、安全、意识形态等方面对整个拉丁美洲地区的绝对主导权，以此作为美国傲视全球的基本战略依托，是百余年来美国对拉丁美洲政策的基本目标。尤其是冷战结束后，美国循序加强拉丁美洲的经济整合：1992 年，美国、加拿大、墨西哥三国签订《北美自由贸易协定》；1994 年，美国总统克林顿提出建立“美洲自由贸易区”设想，并期待 2005 年完成谈判工作。由于美国与巴西作为“双主席国”在市场准入、投资保护、农产品贸易等领域的分歧，“美洲自由贸易区”未能如期完成谈判，但作为阶段性成果，2008 年金融危机前美国已先后与智利、哥斯达黎加、危地马拉、尼加拉瓜、洪都拉斯、萨尔瓦多、多米尼加共和国、秘鲁、哥伦比亚、巴拿马 10 国签订了自由贸易协定。

金融危机后，奥巴马政府尝试进一步改善与拉丁美洲的关系：2013 年时任美国国务卿克里宣布“门罗主义”结束，以增进拉丁美洲国家对美好感；2014 年奥巴马宣布与古巴就恢复外交关系展开谈判，以此带动美拉关系整体改善。[7] 特别是特朗普上台后，软硬兼施与墨西哥、加拿大升级《北美自由贸易协定》，逼迫两国做出大幅让步，于 2018 年 9 月底达成涵盖更广、标准更高、保护色彩更重、排他性极强的《美墨加协定》（USMCA）。2019 年开始，特朗普政府又公然违反国际法准则，在委内瑞拉扶持亲美的瓜伊多另立政权，与反美的马杜罗政府激烈对抗。

同时，美国还通过与少数发达经济体的货币互换协定构筑起排他性的"金融同盟"。

为应对美国次贷危机，2007—2008 年美国曾与 14 个经济体央行签署临时性货币互换协定；[8] 为应对欧洲主权债务危机，2010 年 5 月美联储又与加拿大银行、英格兰银行、欧洲中央银行、日本银行和瑞士国家银行签署新的为期三年、不设限额的货币互换协定。2013 年 10 月，上述 6 个经济体央行做出决定，将该协定转换成没有期限和额度限制的常设性货币互换机制。这一安排具有重大战略意义，标志着"一个以美联储为中心、主要发达经济体央行参与的排他性超级国际储备货币供求网络趋于形成"。[9] 它在稳定国际金融市场的同时，意味着美国可以通过有选择性地与特定国家签订货币互换协定形成"金融同盟"，构筑起以美联储为中心的货币互换网络，对以美元为核心的现存国际货币体系起到重要支撑作用，并将更多金融风险留给了未参与这一协定的其他国家。同时，由于它笼络住了西方发达经济体而将新兴经济体排除在外，还成功分化了国际金融体系的改革力量，强化了美国对危机后国际金融和货币体系改革的控制。[10]

打压新兴国家

随着新兴国家尤其是“金砖国家”的经济实力不断增长，其在政治上开始寻求建立与自身实力相匹配的制度安排，这对美国的金融霸权地位构成冲击。长期以来，这些国家是作为支撑美国金融霸权地位的“外围国家”而融入世界经济体系的，正是这些国家对世界经济的贡献，确保了以美国为中心的国际金融体系得以正常运转，美国对这些国家的隐性盘剥帮助美国缓解了国内经济困难。历史上，美国曾经作为新兴国家对英国的金融主导权发起有力挑战，并最终取得胜利；如今，类似的问题摆在了美国面前。对美国而言，如何处理与新兴国家之间的关系，是维系美国金融霸权必须面对的首要问题。

对此，美国采取了“先拉后压”的策略。金融危机初期，面对美国自身经济金融困境以及新兴国家的实力增长和改革诉求，美国首先采取了安抚与合作策略，极力争取新兴国家对美国金融纾困举措的支持。例如，将大国宏观政策协调的范围从七国集团拓展到二十国集团，给予新兴国家更高的政治地位；启动国际货币基金组织改革，承诺给予新兴国家以更大的发言权；缓和美俄矛盾，推动美俄关系“重启”；高度重视中美合作，非官方层面甚至放出“两国集团”和“中美共治”言论，为激励中国与美合作营造有利氛围。而后，随着美国自身处境的改善，美国又转而采取拖延、分化和打压策略，试图将新兴国家继续按在“外围国家”的位置上。

其一是拖延新兴国家的改革诉求。2010 年国际货币基金组织成员国达成改革协议，计划将国际货币基金组织份额增加一倍，约 6% 的份额将向有活力的新兴市场和代表性不足的发展中国家转移。根据改革方案，中国将跻身国际货币基金组织第三大成员国，印度、俄罗斯和巴西等也将进入前 10 位；欧洲国家将出让两个国际货币基金组织执行董事会席位以体现新兴市场和发展中国家的代表性。但美国政府和国会长期拖延对该改革方案的表决，以种种理由推迟表决或加以反对，直至 2015 年年底参众两院才最终批准该方案。2011 年国际货币基金组织总裁改选，印度和巴西等新兴国家曾探索改变该职位一直由欧洲人把持的惯例，遭美欧联手抵制而以失败告终。2012 年世界银行行长改选，发展中国家首次提名候选人参与竞争，新兴国家特别是金砖国家强调，世界银行行长人选应基于才能而非国籍，同样遭到美国反对，最终美国提名的韩裔美籍医学家金墉当选世界银行行长。2009 年，面对时任中国央行行长周小川提出的创立“超主权国际储备货币”倡议，奥巴马也立即强硬回绝，称美元依然坚挺，没有必要创设全球货币取代美元。[11]

其二是干扰新兴国家的区域一体化合作。金融危机后，作为提振经济增长的手段，各国纷纷加大地区合作：在亚太地区，“10+1”“10+3”“中日韩”等合作机制快速推进，时任日本首相鸠山由纪夫还在 2009 年提出“东亚共同体”构想，中日经济关系日趋紧密；在欧亚地区，欧盟与俄罗斯的合作进入新阶段，双方在 2010 年 5—6 月第 25 次欧盟 – 俄罗斯峰会上发表“现代化伙伴关系联合声明”，正式启动“欧俄现代化伙伴关系”，为双边合作注入新动力。

美国敏锐地察觉到，如果这些由中国、日本、欧盟、俄罗斯推动的将美国排除在外的区域经济合作一旦成势，必将严重冲击美国的地区主导地位和全球经济布局。为此，美国在国内金融形势稍有好转后，便启动了针对亚太和欧亚区域经济合作的干扰行动。“亚太再平衡战略”就是在这种背景下出台的，“乌克兰危机”爆发也与美国分化欧俄的战略意图有密切关系。在美国的搅和下，中日两国因“钓鱼岛争端”而反目，中韩合作则因朝鲜核问题以及“萨德”部署而严重降温，中国与东盟经济合作时常受到南海争议的干扰，俄欧合作则因“乌克兰危机”后欧盟跟随美国发动对俄制裁而失去了势头。此后，对于中国发起的“一带一路”倡议和俄罗斯倡导的“欧亚经济联盟”，美国亦采取多种措施进行抹黑干扰。

其三是防止新兴国家进一步走向联合。2008 年后金砖国家机制化合作逐步加强，“金砖国家”开始演变为具有政治、经济和地缘意义的复合概念，“金砖意识”不断增强。2009 年二十国集团峰会上，金砖国家协调立场、联合发声；国际货币基金组织和世界银行改革过程中，金砖国家亦加紧抱团、努力影响议程设定和改革进程；特别是 2014 年 7 月金砖国家发表《福塔莱萨宣言》，宣布成立金砖国家新开发银行并设立金砖国家应急储备基金，标志着金砖国家的金融合作进入新时代。[12]

这些动向引起美国警觉，对金砖国家的分化随之而来，其重点是拉拢印度和巴西。对印度，美国大力加强军事安全合作，将许多仅向盟友出口的军事装备卖给印度，在印度“争常”（争当联合国安理会常任理事国）和加入核供应国集团等问题上送上顺水人情，并通过“印太战略”加强美印战略协调。对巴西，美国利用巴西政治生态“向右转”之际加大拉拢，加强与巴西在安全和经贸领域合作，暗示将给予巴西“重要非北约盟国”地位。

其四是重点打压中国。中国作为新兴国家之首和后危机时代最受各界器重的世界经济增长“头号引擎”，自然受到美国的格外关注。鉴于人民币国际化短期内难以对美元主导地位构成直接威胁，美国一方面通过贸易谈判寻求更多分享中国发展红利，在朝鲜核问题等地区热点问题上寻求合作，另一方面通过“科技脱钩”、阻碍中国产业升级、干扰“一带一路”、加大地缘牵制和规则排挤等多种方式削弱中国的战略优势，迟滞中国发展势头。有关美国的对华新政策，本书后文还将详细论述。

推进国内改革

无论是奥巴马政府还是特朗普政府都在客观上面临着同样的国内任务，那就是：面对“金融化”造成的国内经济结构和社会结构异化，以及金融危机给美国经济、政治、社会带来的巨大冲击，必须拿出务实举措，既确保金融稳定也提振经济活力，既搞好虚拟经济也搞好实体经济，既搞好经济发展也统筹社会稳定，使美国经济增长更多地建立于实实在在的工业基础之上，确保发展成果被更多普通民众共享，从而在提振经济竞争力的同时维持社会稳定和活力，为国家治理路线寻求更广泛的政治支持。

金融危机十余年来，两任总统分别按照自己的偏好推进国内改革。

对奥巴马而言，其紧迫事项是在金融危机后尽快解决美国经济中存在的“不稳定”“不平衡”“不平等”问题。

所谓“不稳定”问题是指危机后尚不巩固的金融形势，美国迫切需要加强金融监管以提升金融系统稳定性。为此，美国制定了《多德－弗兰克法案》。该法旨在通过提高金融体系透明度，促其承担应尽责任，防止对金融机构的过度救助损害纳税人利益，保护消费者远离有害的金融服务。根据该法，美国政府成立“金融稳定监管委员会”以检测系统性金融风险，该机构有权要求任何金融机构提供有关金融稳定性的报告，并对其在资本充足率、杠杆率、流动性等方面提出监管要求，还有权向美联储和美国国会就维护美国金融稳定提出对策建议；由联邦存款保险公司建立“有序清算”机制，对银行控股公司以及受美联储监管的非银行金融机构实施有序破产清算，防止其破产对金融系统造成重大冲击；通过“沃尔克规则”严格限制银行从事自营业务及持有私募和对冲基金权益；建立消费者金融服务局，以及提高衍生产品交易透明度。该法被认为是 20 世纪 30 年代美国出台《格拉斯－斯蒂格尔法案》以来改革力度最大、影响最深远的金融监管改革。[13]

所谓“不平衡”问题是指经济结构“空心化”问题，美国迫切需要扭转制造业增加值占美 GDP 比重持续下降的局面，强化实体经济特别是高技术和高附加值的先进制造业，以便创造更多就业机会和提升美国经济竞争力。为此，美国制定了“再工业化”战略。2010 年 8 月 11 日奥巴马总统签署《制造业促进法案》，拉开美国“再工业化”序幕。奥巴马政府专门设立一系列机制和机构：成立“白宫制造业政策办公室”，负责协调联邦政府的制造业政策和项目实施；组建“先进制造业伙伴指导委员会”，负责落实“先进制造业伙伴”计划；在商务部成立“先进制造业国家计划办公室”，加强和协调先进制造业投资。再工业化战略将重点集中于那些由美国发明创造但缺乏本土制造能力的高新技术产品，重点扶持的行业包括计算机软件、数字芯片、人工智能程序设计等 ICT（信息通信技术）产业，新材料、生物医药、3D（三维）打印等战略新兴产业。同时，美国政府还设立“先进技术汽车制造贷款”“国家制造业创新网络基金”等专项基金，吸引企业在美国本土建厂、拉动更多本地就业。

所谓“不平等”问题是指美国社会长期存在的贫富分化问题。严重的贫富分化威胁到社会稳定和政治合法性，必须通过夯实中产阶级重塑稳定的社会结构和提升社会竞争力。为此，奥巴马政府推出“中产阶级经济学”。奥巴马认为，新自由主义理念支配下的美国经济体系更多地服务于富人阶层而没有向普通民众倾斜，日益严重的贫富分化使金融系统变得不稳定，经济体系异常脆弱，难以抵御危机。奥巴马上任之初就设立“白宫中产小组”，将重塑美国中产阶级的工作提上日程，并于 2015 年正式提出“中产阶级经济学”概念，具体举措包括医保改革、税制改革、薪酬改革、教育改革、养老保险改革、能源价格改革、创新体制改革等诸多方面，先后推出《经济复苏与再投资法案》《税收减免、失业保险重新授权和就业机会创造法案》《美国创新战略：促进可持续增长和提供优良工作机会》等一系列法案和战略构想。为推动这些改革，奥巴马付出巨大的努力，尤其是在推进医保改革方面可谓用心良苦，并付出加剧政治极化的沉重代价。重塑美国中产阶级进而实现包容性增长，是奥巴马 8 年执政的主线。正如其在 2016 年最后一次《总统经济报告》中所指出的，“过去七年里美国的目标不只是促进经济增长，同时也试图打造一个人人都可以努力工作并获得相应报酬的公平经济环境”；报告同时指出，“尽管美国在金融危机复苏过程中取得了一些进步，但不平等问题仍然是 21 世纪美国和全球的最严峻挑战”。该报告完全以不平等问题为核心谋篇布局，体现出奥巴马政府对不平等问题的高度关注。[14]

经过奥巴马铺垫，特朗普上台后的美国经济至少在数据上已经比较“亮丽”了。为进一步提振美国经济活力，特朗普政府除继续推动“再工业化”、吸引制造业回流之外，还推出大规模税制改革方案以刺激经济加速增长，并通过放松金融监管进一步激发金融活力。2017 年 12 月，特朗普正式签署《2017 年减税与就业法》，该法于 2018 年起正式实施，被特朗普称为“减减减法案”。[15] 其主要内容是大规模降低美国企业和个人所得税税率，对美国国际税收体制进行改革，并对跨境所得征税进行重大调整，其对美国经济增长的刺激作用十分明显。同时，特朗普政府还积极推动修改被认为过于苛刻的《多德－弗兰克法案》，代之以《经济增长、放松管制和消费者保护法案》，在继续对少数系统重要性金融机构实施严格监管的同时，对小型银行等金融机构实施差异化和相对宽松的监管措施。

第六章　开创新的国际金融秩序

几百年来，浩浩荡荡的世界现代化进程始终遵循着严格的历史规律，从未以个别国家的主观意志为转移。现代国际金融秩序的演进亦是如此。如今世界正经历百年未有之大变局，国际金融秩序亦是如此，未来几十年人们必将见证国际金融秩序的深刻变革。为进一步促进时代进步与人类解放，更好地实现全球公平正义，世界各国包括中国在内，有必要思考如何推动构建一个更可持续的国际金融新秩序和更加先进的世界经济形态。

美国金融霸权还能撑多久

人们可以列举出美国金融霸权会长期持续的很多理由。例如，与历史上的荷兰、英国等金融强国相比，美国是名副其实的综合性大国，在国土面积、人口数量、资源储备等方面的自然禀赋非常卓越；美国经济规模仍然很大，在全球产业链条中位居上游，军事实力和全球军事布局仍最为先进全面；由于在建设战后国际体系方面投入最多，其在现有国际体系中还拥有"在位优势"，能熟练运用国际制度和国际规则为本国利益服务。可是，中外历史上有很多看似坚不可摧的强国霸权，最终均被历史抛弃，难以摆脱大国衰败的宿命。观察美国金融霸权的命运，不能看表象和眼前，还必须看时代大势和历史规律。

美国金融霸权的命运，其实是与美国大力推动的全球化进程紧密联系在一起的。

20世纪60—70年代的美国国内困境，是美国力推全球化、吸引更多发展中国家融入世界经济体系的深层动因，这一进程随着苏联解体而加速推进。这些为数众多的发展中国家作为“外围国家”融入世界经济体系，对美国金融霸权起到重要支撑作用，美国国内发展困境得到阶段性化解，里根政府和克林顿政府时期的美国经济因此收获了令人艳羡的长周期增长，美国金融霸权得到显著强化，美国与人类现代历史上的这一轮全球化就这样形成了互为支撑的关系。这一“好景”一直延续到金融危机之前。

金融危机后，这一轮全球化“副作用”显现：美国在享受全球化红利的同时，不可避免地出现经济“空心化”以及由此衍生的政治和社会困境；与英国引领的上一轮全球化一样，这一轮全球化也加速了多极世界格局的形成。这让美国再次面临类似“特里芬难题”的两难选择：如果美国继续推动全球化过程，将不得不持续面对国家经济结构长期失衡和国内日益强大的政治反对声浪，并忍受多极化进程对美国优势地位的蚕食；如果美国放弃对全球化的支持和引领，则难以继续享受全球化带来的巨大好处，其金融霸权地位也将受到削弱。

面对这一难题，美国试图走出一条折中主义的路线：并非完全退出全球化进程，而是削减对国际义务的承诺和国际公共产品的供给，维系一个范围更小但程度更高的准全球化进程，借“核心经济圈”护住美国金融霸权的核心要害；同时，采取手段打压新兴国家的崛起势头，增大新兴国家的追赶难度，延缓多极格局的形成速度，为自己的国内改革争取更多时间。

由此，对美国金融霸权的前途命运的探索，便可分解为对如下三个问题的回答。

第一个问题——美国的“固盘”战略是有效的吗?

不得不说，美国试图依托“核心经济圈”巩固其经济和金融地位，这一想法是很成问题的。因为这个圈子内的国家，要么面临与美国类似的国内困境，要么与美国有着深层利益冲突，要么对美国的信誉有不断增长的怀疑。美国构建起的这个“朋友圈”其实非常松散，死心塌地唯美国马首是瞻的国家已经很少。

欧洲各国的治理状况在金融危机后普遍恶化。如果说美国在推进改革时面临的困难是“小改改不好、大改改不动”，欧洲各国尤其是西欧国家则大多面临“不改又不行、谁改谁下台”的窘境。这产生了两个后果：一是欧洲各国之间因困难程度不同而出现立场分化，难用“一个声音”说话，对美国的拉拢很难做出步调一致的回应，特别是东南欧国家和西欧国家在如何与美国打交道的问题上存在明显温差；二是其经济与安全困境的化解不得不依赖与新兴国家特别是与中国和俄罗斯的经济合作，无法亦步亦趋地完全站在美国一边。欧洲国家或许非常需要与美国加强合作，但美国很难将美欧合作转化为对新兴国家的排他性政策。

再看美国对美洲的经营。拉丁美洲国家长期处于美国势力的笼罩之中，国家自主性受到美国侵害，难以改变其畸形的政治经济结构，属于典型的“外围国家”，经济上与美国有利益冲突，政治上与美国亦构成反控制与控制的对立关系。这是美拉关系的基本特征。纵使金融危机后拉丁美洲各国普遍“右转”、右翼政党纷纷上位，为美国拓展影响、巩固“后院”提供了机会，但拉丁美洲各国的民粹传统绝不会让美国在拉丁美洲的行动一帆风顺，美拉之间的利益冲突关系可能会因美国的渗透和强压而进一步激化。

在亚太地区，美国想要建立由美国主导的排他性经济集团更是难上加难。因为美国在亚太的影响力更多地体现在安全层面而非经济层面，中国对亚太地区经济发展的主导性影响力是各国公认的。金融危机后，亚太各国对美国在该地区安全能力的信心下降，美国对《跨太平洋伙伴关系协定》“始乱终弃”的做法，更进一步削弱了其在经济领域的信誉。

第二个问题——美国的国内改革是到位的吗？

就目前的情况看，不能说奥巴马政府和特朗普政府推进的国内经济改革毫无效果，但显然还不够。后危机时代，几乎每个国家的经济和社会都暴露出这样那样的问题。公允地说，在这种情况下，只要当政者有办法实现经济增长，控制住那些可能威胁经济稳定的重大破坏因素，其政绩就应该说是不差的。不过我们现在要评判的，并不是美国政府的上述举措是否拉动了经济增长，而是这些举措是否有助于长远维护美国的经济金融霸权。就此而言，其评判标准就不应是这些改革是否刺激了一时的经济繁荣，而是这些改革举措是否属于有效的制度创新。

无论是金融主导权的确立还是国际金融地位的维持，归根结底都需要高水平的国内制度创新做支撑。因为任何制度实施久了，都会沉淀出大量积弊，唯有不断的制度创新，才能永葆国家的经济和金融活力。“三权分立”作为美国当年最重要和最成功的制度创新，为资本主义拓展确立了稳定而宽松的政治环境；灵活高效的自由市场原则又为先进生产方式的大规模普及创造了便利。此后的罗斯福“新政”和里根“新自由主义”改革，即便算不上重要的制度和政策创新活动，也算找准了当时美国经济体制的重大弊端，对国家发展方向进行大幅调整，为美国在国际乱局中稳住自家阵脚、阶段性地提升国家经济活力做出了一定的贡献。如今，面对国内金融资本畸形发展造成的“不稳定”“不平衡”“不平等”难题，是必须在改革国家治理体制方面下大功夫的，小修小补肯定不行。

然而，在奥巴马和特朗普的国内改革中，人们非但看不到类似的重大制度和政策创新，过去十多年美国国内改革甚至有意避免触碰体制机制问题，只在货币政策、财政政策和有限的社会政策调整方面做出权宜安排。究其原因，恰恰是曾令美国引以为豪的权力分立与制衡体制削弱了美国深化体制改革、摆脱“政治衰败”的能力。因此人们看到，美国在金融危机后通过刺激政策获得的经济增长，既没有疏解高度的政治极化，也未能弥合巨大的社会鸿沟，甚至在重振实体经济方面也不尽如人意，国家治理体系仍继续处于高度失衡状态。

也就是说，从国内看，后危机时代的美国金融霸权仍建立在长期失衡因而难以持续的国家经济与政治结构之上。美国金融霸权的内在不稳定性非但没有减轻，反而随时间的推移而加重了。着眼未来，也很难想象美国有能力在现有的制衡体制之下发起刮骨疗毒式的自我革命。

第三个问题——新兴国家能被打压下去吗？

对此问题，历史经验可以给出简单而有力的回答。如果说当年的荷兰无力阻止英国崛起，当年的英国无力阻止美国崛起，那么我们完全可以大胆预测，今天的美国也没有办法阻挡以中国为首的新兴国家群体崛起。在新兴国家融入世界经济体系并获得必要的发展基础后，其进一步发展将主要依赖内生动力以及它们与其他国家业已形成的互补性联系。美国对新兴国家的压制，或许短期内增大了新兴国家的发展难度，长期看则将激发新兴国家更大的创新冲动和发展潜力，促使其更加积极主动地开拓新的发展方式和更大的发展空间，这反而会加速美国的相对衰落。

变革的力量即将出现

从负面角度看，全球范围内再度爆发大规模金融危机的风险日益增大，现有的全球金融治理机制肯定难以招架，对其加以变革的紧迫性更加突出，也就是说，变革是势在必行的。

金融危机后，各国普遍加强了国内金融监管和国际监管合作。2010 年 12 月巴塞尔银行监管委员会公布《增强银行业抗风险能力的全球监管框架》和《流动性风险计量、标准与检测的国际框架》等文件（统称巴塞尔协议 III，Basel III），从统一银行资本定义、强化资本监管指标、引入新的监管指标、强化对系统重要性银行的监管、建立逆周期超额资本等多个方面强化宏观审慎监管，并推进国际货币基金组织监督工作现代化，强化对系统性经济体的监督，对国际货币基金组织部分重要成员国实施“金融部门评估规划”，以及强化对影子银行的监管力度。

总体看，这些全球金融治理的局部改革只是做些修修补补，并未触及美元特权，也未改变国际资本的无序流动，且存在协同性差、约束力弱、效率与公平无法兼顾等难题，不足以消除全球金融风险。[1] 尤其是金融危机至今十多年来，“长期停滞”阴影始终笼罩着世界经济和各国经济，各国过度使用货币政策和财政政策应对金融冲击与衰退风险，“弹药”已经差不多快打光了，继续动用刺激手段提振经济增长的路已基本走不通。各国因经济处境不同而出现立场分化，“货币战”“税收战”等恶性竞争明显抬头，大国合作氛围严重蜕化，保护主义和以邻为壑越来越常见。若再度爆发金融危机，各国绝不会像应对 2008 年金融危机那样携手合作，危机造成的破坏将比 2008 年更甚，现有国际金融体系将更加支离破碎。

从积极角度看，新一轮技术革命必将催生出新的经济形态和金融形态，这为国际金融体系的变革创造了条件。这意味着变革是完全可能的。

人类历史上的每一次技术革命都带来了新的经济形态和国际金融格局变化。蒸汽机的发明大大推动了纺织业和运输业的兴盛，确立了英国的经济金融中心地位；冶金技术的改进与大范围推广以及电力的广泛使用，让美国后来居上成为快速崛起的新兴国家，推动世界经济中心从英国转向美国，为美国获得国际金融主导权打下基础。在此过程中，现代通信设施的进步又加速了大型国际金融中心和横跨各洲的全球资本市场的形成，极大地拓展了国际金融体系。[2]最近几十年来，随着电子计算机和互联网的全球普及，又形成以“信息经济”和“网络经济”为核心特征的新型经济形态，国际金融资本也借着更为便捷的通信设施和更为多元的创新工具开辟了新的活动空间与赢利方式。

未来几十年，由“大数据分析”“人工智能”“万物互联”“人机结合”为标志的新技术群将进一步深刻重塑世界经济形态，此前的很多不可能将成为可能。在此过程中，现有国际金融体系中存在的权利义务不匹配、监管体制不到位、信息不对称、普惠性差等问题，有望获得新的解决方式。基于这些新技术革命的金融创新活动，必然带动国际金融体系运作方式和整体面貌的深刻变化。这种变化给其他国家在金融体系重塑过程中争取更大的权益提供了机会。

美国之外的其他国家都是国际金融体系变革的潜在推动者，其中新兴国家群体将成为变革的决定性力量。

长期以来，关于改革国际金融体系的声音不绝于耳。业已摆脱“外围国家”身份的欧洲、日本等地区，在服从美国金融霸权的同时，始终寻求局部改变国际金融体系，欧元的诞生和日元的国际化便是其改变现状的重要举措。金融危机后，为尽量减少美元汇率波动对本国经济稳定和资本流动的冲击，一些国家之间开始加快货币合作，实施了事实上的“去美元化”进程，将部分美元资产转化为其他货币资产以保障其资金安全。欧洲各国因美国转嫁危机的举动而对美国更为不满，强化与美元的“币权竞争”。[3]

近几年来，美国对外政策变得十分激进，愈加频繁地动用金融制裁手段破坏欧洲与俄罗斯、伊朗等国的经济和金融合作，令欧洲各国如鲠在喉，决意加快“去美元化”步伐。美国退出《伊朗核问题协议》并加大对伊朗的金融制裁后，2019 年英法德着手建立了“贸易交换支持工具”（INSTEX）[4]，帮助欧洲公司绕过美国主导的国际支付体系 SWIFT，与伊朗进行贸易结算，减少对美元和美国金融系统的依赖。

新兴国家在推进国际金融体系变革中的作用尤其不容低估。

按购买力平价计算，新兴经济体占全球经济的比重已超过 50%，各类国际机构普遍预期美国经济规模将在不久的将来被作为新兴国家之首的中国超越。世界经济格局的这种历史性变化，迟早将反映在国际金融格局方面。新兴国家要谋得更长的发展时间、更广的发展空间和更高的发展主动权，必然会在金融领域更加积极地争取权益。一些受美打压、与美交恶、对美不满的国家，如俄罗斯、伊朗、委内瑞拉、土耳其等，已在贸易结算中大幅减少使用美元。若是新兴国家之间能够加强战略联合，将对美国主导的国际金融体系构成巨大冲击。

中国的时代责任

中国最初是作为“外围国家”、通过自身改革开放加入国际经济和金融体系之中的。在不平等、不完善的国际金融安排下，中国经过艰苦卓绝的努力，才获得今日的巨大经济成就。当中国成长为全球第二大经济体时，中国在国际金融体系中的处境发生了重大变化。此前曾为中国经济发展提供一定助力的国际金融体系，此时却在一定程度上束缚了中国的进一步发展，威胁到中国的经济安全。即便中国选择维持现状，继续为这一体系的“中心国家”充当支持者和“减压阀”，这一体系恐怕也很难容纳像中国这样体量如此庞大的“外围国家”。如果中国选择对这一体系发起挑战或与其脱钩，又可能在短期内加剧国际金融秩序不稳定，让很多中小国家遭殃，并遭受“中心国家”猛烈打压，中国将因此面临难以预测甚至难以承受的经济金融风险。鉴于此，中国推进国际金融体系改革的路径应该是间接性、渐进性和建设性的。

在此过程中，中国必须首先坚持底线思维，做好抵御金融压力、防范国内金融风险工作，加强国内金融监管跨部门协调、优化金融监管方式、完善金融风险预警机制，护住国内金融短板，确保国家金融安全，避免出现重大金融动荡。

这要求我们必须坚持进取思维，处理好“守”和“进”的关系：既努力维持现有国际金融体系总体稳定、做好“负责任大国”，又敢于直面积弊、积极探索和捕捉变革契机；既维护本国金融利益，又照顾各国共同利益；既做好国内体制机制准备，也积极拓展全球战略布局，着眼长远制定与中华民族伟大复兴相配套的国际金融战略，大胆探索提升中国国际金融影响力的方式和路径。

中国还应坚持创新思维，在借鉴历史上大国金融博弈具体经验的同时，防止落入兴替陷阱，辩证运用大国金融兴衰规律，在谋求成为金融强国的同时，避免成为另一个千夫所指的金融霸权。中国的国际金融战略的目标，应是开创更具进步意义的金融工具和金融规则，建立更加公平、更加包容、更加普惠的新型国际金融体系，在此基础上开辟有助于每个国家均能得到充分发展机会的新型世界经济形态，为实现中华民族伟大复兴和推动构建人类命运共同体营造更加公平友善的国际经济金融环境。

2008 年金融危机后，中国为巩固国家金融安全和提升国际金融地位，循着历史上新兴大国提升金融影响力的路径，一方面，在国内大力整顿金融乱象、排查内生金融风险，优化金融运行体制，着力打造国际金融中心城市，有序扩大金融领域对外开放，在证券、债券、期货等诸多领域构建与“金融强国”地位相适应的国际化金融市场；另一方面，在全球、区域和双边层面开展一系列金融外交活动，在“本币优先”原则指导下推动人民币国际化进程，提升中国的国际金融影响力，逐步实现从“体系依赖者”到“体系改革者”的身份转变。[5]

全球层面，中国积极要求在既有国际金融体系内扩大新兴国家的发言权和影响力。2009 年 3 月，时任中国央行行长周小川发表《关于改革国际货币体系的思考》一文，提出应创造一种与主权国家脱钩、币值保持长期稳定的“超主权国际储备货币”，鲜明地亮出“中国主张”。此后，中国继续在其他多边场合倡导改革方案，为改革国际金融体系开展广泛的国际思想动员。除了推动二十国集团成为全球经济和金融治理的核心平台，为新兴国家争取更大的金融权力，中国还积极推动国际货币基金组织和世界银行等国际金融机构的份额权、人事权改革，寻求将人民币纳入国际货币基金组织特别提款权（SDR）。

区域层面，中国创造性地提出“一带一路”倡议，将“资金融通”作为“五通”[6]目标之一，不断深化与沿线国家的金融合作。为推进“一带一路”建设，中国相继倡导建立了丝路基金、金砖国家开发银行、亚洲基础设施投资银行和上海合作组织开发银行等配套的资金支持与金融保障机制，主动为国际金融活动提供公共产品。这四大资金池涉及的国家和地区分布在整个亚洲与中东欧地区，地理范围广、投资数额大，既是对现有全球金融治理体制的有益补充，又是中国金融外交创新的重要成果和推进国际金融体系变革的战略行动，有利于实现人民币国际化，确保国际金融秩序总体稳定和有序改革，其战略意义不言而喻。[7]

中国在双边层面的金融外交举措，主要是与其他国家积极开展货币合作，有选择性地与周边发达经济体、区域大型经济体、战略支点型经济体之间签署货币互换协议。这些协议短期内尚难发挥实质性作用，但作为中国在国际舞台上争取货币盟友的举措具有重大政治意义。[8]中国最早于 2008 年 12 月与韩国签订了 1 800 亿元 /38 万亿韩元的本币货币互换协定，开启了人民币货币互换的先河。截至2018年5月，中国已与38个国家和地区的央行签署了人民币货币互换协定。虽然中国的货币互换规模不及西方国家，但在合作对象的数量上遥遥领先，体现了很好的包容性。[9]货币互换以及与之配套的其他形式的双边货币合作，作为中国加速推进人民币国际化的重要努力，标志着一个以人民币为中心的、仅次于美元和欧元的世界第三大货币互换网络开始成型，中国的货币影响力稳步提升，世界各国对人民币价值的信心不断加强。[10]

金融危机以来十多年间中国所做的上述努力，对提升人民币信誉发挥了重要作用。但相比国际金融体系变革的客观需要和未来几十年中美金融博弈的复杂前景，这些行动只是基础性的。中国要履行时代赋予的变革责任，还应充分重视大国金融成长的内在规律，在如下几个“大思路”上有更强的战略自觉。

一是更加大胆地拥抱新一轮科技革命。

新兴大国的发展必须善于借势。当前和未来几十年世界现代化过程中最大的“势”，就是新一轮科技革命带来的世界形态变化和国际权力重置。随着量子计算、万物互联、数据分析、智能化与生物科技等多领域科技的深度结合并大范围普及，人的存在形态、人与人之间的社会关系形态、现代国家形态以及国际关系形态，都将发生人类历史上前所未有的巨变。人们现在已经能感受到，一种新的世界形态正悄无声息地从旧世界中逐步脱胎出来。由于新兴国家的变革意愿更强，条条框框的约束更少，这种颠覆性变化对新兴国家开创更加先进的经济形态和国家治理形态而言乃是巨大的战略机遇。回顾历史，几乎每一次科技革命都带来了一轮深刻的世界形态变化和大国兴衰沉浮。

未来几十年的中国，有必要借新一轮科技革命的颠覆效应，开发出更强的生产能力，开拓出更有利于实现人的发展与人的解放、更有利于实现各国携手合作与共同发展、更具“命运共同体”特征的经济形态。中国还应立足于科技创新大力推动政策创新和制度创新，更好地统筹政府、市场与社会三者关系，探索出更加有序、更高效、更加公正的现代国家治理模式，还应特别注重对新技术的全球推广，以尽快在全球范围内形成新型经济形态的规模效应。

特别是在金融领域，业已出现电子货币、移动支付等基于技术创新而产生的金融创新活动，既要看到金融科技创新带来的国内金融风险和监管难度，也要看到它可能有助于消除金融活动中人性的不确定性、信息的不对称性、过程的不透明性以及权责的不匹配性，看到它对既有的等级制、中心化、食利性的国际金融体系的颠覆作用，看到它对历史上新一轮国际金融权力重置的推动作用和对新兴国家的赋权效应，对其发展加以积极鼓励和充分利用，在确保国家金融稳定的前提下，营造有利于金融科技创新的制度环境，依托科技的力量建立更加完备的金融管理方式和更加普惠的国际金融合作体系。

二是持之以恒地提升中国的国际信誉。

历史上作为金融强国的英国通过展现强大的经济和军事实力，特别是通过战争手段确立本国的国际形象和信誉，对其金融主导权起到了不可或缺的支撑作用。美国成为霸权国家后，既注重经济实力和军事实力的建设与展示，也重视“软”的一手，借助软实力建设提升国家形象。如今，人类社会发展到更高级阶段，各国的主权意识觉醒前所未有，通过展示实力确立国家形象和国家信誉显然已经不够甚至已经不行了。百年变局中，中国要确立更加进步和可靠的国际形象与国际信誉，强大的经济和军事实力是基础，更为关键的是要敢于担当，在别人顶不上的时候能够给大家照亮前方的路，带着大家一起往前走。党的十八大以来，中国在内政方面的经济结构改革、政治文明建设、社会民生改善以及生态环境保护方面的强力举措，开创出更加先进的现代国家形态，为其他国家的治国理政提供借鉴，令外界刮目相看。中国外交在长期积淀的基础上更加奋发有为，双边多边并重，政治、经济、人文、安全多领域合作并进，主动提出合作倡议，坚持以“正确义利观”处理利益关系，这些内外举措令中国的国际形象和国际信誉得到极大的提升。

着眼未来几十年，在继续做好这些工作的基础上，中国还可在如下两方面下更大的力气。

首先是做好全球思想理念的引领。在如何治理现代国家、如何建设新型国际关系方面，拿出有哲学理念和价值观支撑的、有配套的政策支持和实施方案的中国倡议，为人类社会发展进步和世界现代化进程做出有中国特色的特殊贡献。

其次是乐于提供全球公共产品。在做好国内能力准备的基础上，更积极地参与既有全球治理体制和发展项目；在国际经济合作中坚持以义为先，为那些想要更好发展但缺乏发展基础的边缘国家提供更多帮助，助其更快走上现代化道路。此外，还要设法团结全球多数国家。在竞争成为未来大国关系主旋律的背景下，中国要继续打造“负责任大国”形象，搞好与各国尤其是与新兴国家和发展中国家的战略对接与政策协调，当好世界政治的“稳定器”，充分发挥以“中庸之道”为核心的中国政治智慧，始终坚持以“合作共赢”为底色的中国对外战略，争取把世界上大多数国家的意志拢到一处。

三是依托“一带一路”开拓新一轮全球化。

美国推动和引领的全球化给世界带来广泛的不公正、不均衡和不可持续，美国自身也在此过程中出现了经济结构和政治结构的异化，美国内部和各国“反全球化”浪潮此起彼伏。美国在金融危机后退回到“小圈子”的行为更加剧了所谓的“逆全球化”进程。但全球化的推进是现代社会的一般规律，人类现代化进程一旦启动，就绝不可能再度退回到封闭和割裂状态。当前所谓的“反全球化”和“逆全球化”，不过是对美国开创的那一轮全球化所致各种弊端的本能反应。回想当年英国引领的全球化进程，亦造成资本主义世界结构性矛盾严重激化，最终不得不以战争这样的极端方式实现危机出清。但全球化进程并未就此戛然而止，只不过是换了个旗手之后继续前行，作为新兴大国的美国基于自身发展需求而将国际经济金融体系扩容，从而促成了又一轮全球化，推动人类社会走向进一步融合。

如今，在消化美国引领的全球化所致各种弊端的过程中，新一轮全球化实则在悄然酝酿，这就是中国倡导的“一带一路”。当前和未来相当长的一段时期，基于自身国情和发展需要，作为新兴国家之首的中国不仅有拓展对外合作的强烈愿望，而且有巨大的综合性、阶段性优势。自提出倡议以来，“一带一路”应者云集、成果丰硕，证明中国提出的这一倡议符合历史规律和时代需要。对中国而言，通过深化“一带一路”合作，推动人类现代历史上的新一轮全球化进程，并在此过程中延长中国发展时间、拓展中国发展空间、提升中国发展主动权，实现国内、国际双循环相互促进，是实现中华民族伟大复兴不可缺少的战略元素。随着以“共商共建共享”为原则、以发展战略对接为手段、以互利合作共赢为目标的新一轮全球化逐步形成势头，世界经济重心必然发生历史变迁，国际金融主导权亦将随之转移，并最终形成更加先进的国际金融秩序和更加包容的世界经济形态。

第三篇 亚洲地缘秩序的重塑

导读

如今的亚洲已经具备成为全球战略重心的潜力，但一系列潜在矛盾以及主要大国在地区秩序愿景上的差异，成为地区秩序重塑的不确定因素。21 世纪的亚洲秩序将经历怎样的深刻变化？其在世界政治中将具有怎样的分量并发挥怎样的作用？这是任何国家的决策者和辅政者都绕不开的重大战略议题，也将是大国博弈的另一核心领域。本篇的论述将围绕这些问题展开。本篇的核心观点是：未来的亚洲秩序不应是“美国制衡下的和平”，也不应是少数大国说了算的“大国共治”模式，不是封闭排外的“亚洲门罗主义”，也不是所谓的“新朝贡体系”，它应是一种建立在更先进的经济形态、政治形态和安全形态基础上的以“共同体”为主要特征的新型地区秩序，并在21世纪世界政治演进中发挥无可替代的引领性作用。

第七章 亚洲的光明前景与隐忧

在经历了几个世纪的“沉沦”之后，亚洲正展现出巨大的潜力、吸引力和引领力，承载着21世纪推动人类社会继续发展演进的重大责任。这并不意味着自然地就会形成一个完善的亚洲秩序。亚洲各国内部的社会转型难题和治理赤字，亚洲国家之间的历史宿怨和权益争端，都对亚洲自身可持续发展以及亚洲发挥全球引领责任构成了制约。

亚洲“中心地位”的回归？

亚洲的前景是由它固有的人口和经济规模、目前所处的发展阶段、其在国际体系中的位置、亚洲各国之间的关系样式和它们各自的战略选择等多种因素决定的。多数观察家从大历史的角度出发，对21世纪亚洲的未来持乐观态度，认为时运已经转到亚洲，坚信亚洲尤其是亚洲的主要国家肩负着引领未来几十年全球经济增长和社会进步的重任。

就地理而言，亚洲乃是一个包括我们常说的东北亚、东南亚、南亚、中亚、西亚等若干个陆地板块及相关海域的广袤且多元的地区。也许正是因为它的广袤和多元，在政治学语境中，其他几个概念似乎比“亚洲”这一概念更流行。例如，从“欧洲中心主义”的角度出发，人们往往习惯性地将这一区域划分为“远东”和“中东”；而在美国确立全球主导地位后，人们又不自觉地顺从美国的话语体系，开始频繁使用“东亚”“亚太”乃至“印太”等概念。[1]然而，随着亚洲的复兴，最终基于亚洲国家自己的视角来重新定义亚洲，从而推动“亚洲意识”的形成与强化，乃是不可避免的。

之所以说“亚洲复兴”而不是“亚洲崛起”，是因为亚洲的独特历史。

过去数千年中，曾经源远流长的几大文明和威震一方的几大帝国，都位于如今被称作亚洲的这块广袤土地之上。当中华文明、古印度文明、伊斯兰文明如日中天的时候，地球上的其他绝大部分地区仍处于比较落后的状态。从千年视角看，亚洲名副其实地长期居于世界中心地位，而所谓欧洲与亚洲的“大分流”以及亚洲的衰败，乃是最近两三百年才发生的事。[2]18世纪中叶欧洲工业革命之前，亚洲在世界经济总量中占有58%的份额；工业革命推动西方各国快速发展，亚洲分量不断下降，20世纪50年代降至15%的历史低点；此后的亚洲则先后在日本、东南亚诸国以及中国的带动下进入发展快车道，特别是在冷战结束的红利刺激下，亚洲更是获得了长足发展，成为世界经济增长的最重要动力。[3]如今，亚洲已毫无争议地成为“全球战略重心”，对“亚洲世纪”的讨论不绝于耳，“世界的未来是亚洲的”这一观念正被越来越多的人重视和接受。在此背景下，“亚洲意识”的觉醒就在情理之中了。

亚洲的规模也足够震撼。

经济方面不断增长的体量自不待言，其人口规模尤为影响深远。“人多力量大”乃是最经得起时间检验的质朴真理，人口之多恰恰是亚洲的最显著特征。在目前全球 77 亿人口中，有 60% 生活在亚洲。联合国数据显示，2050 年全球总人口将增至 97 亿，届时亚洲总人口可能达到近 60 亿，是仅次于非洲的全球人口增长第二贡献者。尽管中国人口增速逐步减缓，但中国和印度仍将毫无疑问地长期居于世界上人口最多的两个国家（有预测称 2027 年印度人口将超过中国）；印度尼西亚、巴基斯坦、孟加拉国、俄罗斯、日本、菲律宾、越南、伊朗、土耳其等国，都是人口过亿或接近亿级规模的人口大国。[4] 庞大的人口确保了充足和价格适中的劳动力供应，也孕育着巨大的消费潜力，成为未来几十年全球总需求不足背景下的最珍贵资源。据 OECD（经济合作与发展组织）预测，全球中产阶层人口的总规模将从 2009 年的 18 亿上升至 2030 年的 49 亿，其中 2/3 将居住在亚洲，而中国的中产阶层将是最大的一块，预计 2030 年中国中产阶层将达到 10 亿人。[5] 预计到 2030 年，北美和欧洲两地将占世界中产阶层消费的 30%（2010 年为 64%），而亚洲将占近 60%，其中 2/3 来自印度和中国。这使亚洲拥有全球范围内最庞大和最具活力的消费者群体，而且这支新的消费大军不像西方消费者那样依靠举债进行支出。亚洲消费者崛起将是今后几十年占主导地位的经济议题。[6] 庞大人口规模的全球流动，也必然给全球社会版图带来全面而深刻的影响。

不仅如此，未来亚洲进一步发展的潜力仍极其巨大，这是由亚洲的几个关键特征决定的。

一是“发展中”。除日本等少数国家已成为发达国家以外，包括中国和印度等超大型国家在内的绝大多数亚洲国家仍位于发展中国家序列，一些亚洲国家甚至还非常贫穷落后。从积极角度看，庞大的人口规模与相对落后的发展阶段，共同构成了经济发展的巨大空间，仅仅是基础设施建设就足以产生强大的经济拉动效应，吸引海量投资并创造众多就业机会。

二是“可塑性”。绝大多数亚洲国家仍在探索建立符合本国国情的发展道路，转型阶段的制度模式尚未完全定型固化，大多对学习借鉴他国的模式经验持开放态度，对接受更先进高效的技术和制度创新有良好的兼容能力，完全有可能克服西方国家提供的发展模板的局限性，探寻建立更高效、更可持续的新型经济社会发展道路。

三是“雁阵型”。继 20 世纪下半叶日本及亚洲几个“小龙”“小虎”先后充当亚洲整体发展的“领头雁”和“示范者”之后，亚洲新的雁阵型发展模式正趋形成，这就是以中国为头雁、以“一带一路”倡议为主线、以中俄印等地区大国合作为依托、东西双向、陆海兼备的新型区域发展格局。

四是“互补性”。亚洲的多元性令各国在资源、资金、技术、人员、市场等诸多要素方面形成高度互补。作为能源消费大国和能源供给大国，中国与俄罗斯以及中国与中东产油国在能源资源的供给和消费方面，具有强大且对双方都异常重要的互补性；尽管中国产业转型升级可能对传统的中日经济合作构成冲击，但两国在资金和技术方面的互补性仍有望维持很长时间；随着中国富余产能和新兴产业链向中亚、东南亚和南亚各国有序转移，中国与周边中小国家也将形成更为细致、紧密和共赢的产业分工与合作体系。中国作为未来几十年规模最大的消费市场，更将为吸纳亚洲各国庞大的生产能力提供保证。

由此产生的是亚洲强大的聚合力和引领力。

处于亚洲核心地带的东亚各国，由于具备良好的合作基础和强烈的合作意愿，中日韩以及东盟各国之间一体化合作不断加深，相互依赖的战略纽带已经形成；在“一带一路”倡议下，中亚各国亦在亚洲不断拓展的经济版图中获得了枢纽地位。这一核心区域之外的国家则努力向这一核心地带靠拢。“向东看”或者说奉行“东向”政策，俨然成为各国战略的共同关键词。2020 年以来的新冠疫情大流行的冲击，不会从根本上改变各国之间的合作需求和合作势头。

原本处于亚洲“边远地区”的国家也开始强调“亚洲特性”。无论是处于亚欧交界地带的土耳其，还是兼具欧亚双重属性的俄罗斯，以及似乎自成一体的中东地区各国，纷纷制定以亚洲为重点的安全和发展战略，执着追求自身西方化和向西方靠拢的战略出现改变。

21 世纪以来，鉴于亚洲的巨大潜力以及极有可能引领全球新一波经济增长的前景预期，诸如美国、澳大利亚、欧洲各国等西方国家以及非洲、拉丁美洲的发展中国家，也纷纷加大与亚洲各国的联系，加大在亚洲地区的战略投入和长远谋篇布局。

一些深入思考未来的战略家开始意识到，如果说19世纪的世界历史以“欧洲化”为主要特征，20世纪的世界历史以“美国化”为主要特征，21世纪的世界历史将很可能呈现出“亚洲化”或者“东方化”趋势。在此前几百年的现代历史演进中，亚洲各国在西方国家居于主导地位的国际秩序中处于边缘化和被塑造的地位，无论是它们的国家边界、治理形态还是思想意识，都在很大程度上与西方国家的殖民、侵略和渗透有关；伴随着亚洲经济的再度繁荣及其在国际秩序中的地位逐步向中心靠近，“亚洲化正成为全球文化地质学中最新沉积的一层”，“亚洲方式”的感召力逐步提升，全球化即将迎来它的新范式——“全球亚洲化”。“亚洲化”对人类社会发展提出的新主张，势必与既存的“欧洲化”和“美国化”遗产交相辉映、深度融合并相互改造，推动形成更具活力的全球新面貌。[7]

普遍的转型难题与治理赤字

亚洲整体的巨大潜力和光明前景，无法掩盖或抵消亚洲各国面临的实实在在的挑战。亚洲多数国家作为后发国家和转型国家，尚未建立成熟定型的国家形态，这种阶段性特征决定了：如果运用不当，即便是明显的优势，也可能转变成不利因素。

前文所述的人口规模内部便隐藏着挑战，这种挑战以一种近乎“奇怪”的方式体现出来。

一方面，它体现为老龄化挑战。营养水平和医疗条件的提高，使人们的预期寿命比战争和贫困状态下显著延长，老龄人口在总人口中所占比例持续上升。尽管人们常常认为老龄化可以创造出“银发经济”作为新的经济增长动力，但老龄化毫无疑问地意味着社会发展的福利成本显著增加。这一点已经在欧洲和日本有明显体现。未来，在作为亚洲和全球头号人口大国以及作为亚洲和全球经济增长发动机的中国，也难免出现这种状况。

《人口浪潮》一书对此描述道：中国人的年龄中位数在20世纪中叶的40多年中一直都保持在20多岁，但在21世纪的头15年中，其年龄中位数增加了7岁。这几乎是英国和美国老龄化速度的3倍，并且这种趋势还将持续。人们预计，1975—2050年，60岁以上的中国人数量会增加7倍，而不满14岁的人口则会减少一半甚至更多。中国人口至少在21世纪剩余时间里还会继续保持庞大规模，但我们已经处于中国经济增长的发动机之一（人口增长持续满足增加的劳动力需求）即将失去动力的阶段。目前尚不清楚中国会如何应对养老金问题的挑战。[8]这种“未富先老”的负担，与此前因粗放式发展引发环境严重污染而对人口健康的潜在损害共同作用，是中国乃至整个亚洲需要面对的重大挑战。

另一方面，亚洲的人口挑战又以所谓“青年问题”的形式表现出来。与中国和日本不同，东南亚、中亚、南亚和中东各国人口年龄结构高度年轻化，但就业状况不佳，在社会阶层中向上流动的渠道也不通畅。这一点在作为亚洲人口大国的印度和印度尼西亚体现尤为突出。

印度政府《城市青年报告》调查显示，印度多数已就业青年实际工作在社会中下层，多从事低技能、非正规的短期工作，流动性大且缺少福利保障，难以实现长期积累，而农村进城青年更是一无所有，整体阶层流动性极差。[9] 世界银行等机构调查发现，有超过 60% 的印度尼西亚青年找不到体面工作，只能从事无技能就业或打零工。[10]

青年一代是社会的希望。他们的存在不仅不应被视为问题，而且往往是问题的解决方案。可是，如果没有同样规模的经济扩张带来的就业机会，青年一代寻找不到自我实现的机会（要么找不到与其所受教育相匹配的工作机会，要么在社会系统中缺乏上升通道），他们将不可避免地成为不稳定因素，社会进步速度也因之减缓，由此产生所谓“青年问题”。

快速增长的青年人口往往受教育程度较低，政治上比较边缘化，无法参与全球经济，因而是不稳定的根源。面对社会不公以及自身的无权和挫败感，中年人和老年人或许选择逆来顺受，青年群体则更可能选择社会反抗。2011 年爆发的“阿拉伯之春”就是例证。而且，这种内在不稳定性也同时向外扩散，形成非建设性甚至非自愿的移民大潮。这些移民总是来自人口年轻、生育率高的国家，而且总是前往老龄化、生育率低的国家；他们总是离开机会并未开放的年轻社会，或者那些同辈人口规模太大而导致过度竞争的地方。[11] 如今欧洲已饱受中东大规模移民之苦，美国政界也因移民问题争吵不休；未来几十年亚洲的“青年问题”及人口大规模流动将如何影响亚洲各国的经济、政治和社会生态，值得关注。

新一轮科技革命还将进一步放大所谓“青年问题”。

基于迫切的发展心态和尚未定型的发展形态，亚洲各国更有条件和动机率先拥抱新一轮科技革命。这意味着亚洲各国在承受科技革命带来的巨大社会冲击方面也将首当其冲，不得不奋力应对技术进步对就业岗位的取代效应。在前一轮科技革命中，制造业的自动化或流水线曾经创造大量全新的工作岗位，而今天的数字化和人工智能则在摧毁目前大量工作岗位的同时，似乎不会创造出足够多的新岗位。麦肯锡咨询公司预计，到 2030 年全球将有 8 亿个工作岗位被机器人取代。而且从理论上来说，几乎所有的工作岗位都可能被日趋廉价的人工智能取代。[12] 乐观派始终相信“车到山前必有路”，认为人们在每次科技革命面前都能成功应对，这次也不例外。而悲观派显然对这种自信并不完全放心，担心各国青年一代可能成为取代效应的第一批受害者；极端悲观派甚至认为，这种取代效应将创造出规模庞大的“无用阶级”，进一步加大社会对抗，固化本已十分巨大的等级差异，加剧全球人口流动无序性。

中产阶层的双重政治作用也需注意。

关于中产阶层对社会稳定的影响，通常有两种观点。一种是所谓的“稳定论”。这种观点认为：从经济层面来说，中产阶层的消费需求和消费能力有利于拉动内需、刺激经济增长，其对产品的差异化需求助长了对新产品的投资，对国家总体稳定起到重要推动作用；从文化层面来说，中产阶层的思想相对自由开放，是社会创新的重要动力，是培养未来企业家的重要土壤，中产阶层更注重人力资本和储蓄，愿意将财富投向子女教育，不断推动社会进步；[13]从政治方面来说，中产阶层具有温和保守的政治态度和相对固定的意识形态，能与体制保持相对顺从和良性互动，极端和激进思想很难在中产阶层产生强烈反响，因而有助于确保国家政治稳定。[14]

另一种是所谓的“变革论”。其主要观点是：从西方社会发展经验看，中产阶层的产生与民主政治的发展存在逻辑联系，经济发展水平和社会富裕程度与政治变革之间呈正相关关系，一个国家越富裕，其中产阶层规模就越庞大，实施政治变革的概率就越大。因为中产阶层的行为方式和态度理念往往表现出明显的民主政治特征，由此酝酿出不断增长的民主变革诉求，而且，中产阶层占人口主体的社会结构也为实施分权和普遍参与的民主政治提供现实基础。很多西方政治理论家深信这一“政治铁律”。由此，既可推导出西方国家中产阶层不断推进社会变革的结论（如美国进步运动和欧洲一体化进程），也可以认为，在非西方的转型国家内部中产阶层的壮大，必然引发以所谓民主化为导向的社会变革。亨廷顿等人便以欧洲南部、拉丁美洲、亚洲一些国家和地区的政治民主为例来论证这一观点的合理性。[15]

客观地说，两种观点都有合理性。中产阶层到底发挥何种作用，要看国家治理体系中政府与中产阶层的互动关系。

在一些西方研究者看来，亚洲国家的政治具有“重大缺陷”——存在普遍的“民主赤字”，他们认为这种带有集权特征的政治制度必然与中产阶层的民主诉求形成冲突，削弱政治合法性与社会稳定性，最终造成亚洲国家追求富强的梦想止步于半途。[16]

这种观点显然有失偏颇。

应该承认亚洲各国的政治制度确有需要改进之处，但绝非源于民主基因的缺乏。亚洲国情和文化与西方不同，大多经受欧美列强殖民剥削并长期处于美苏冷战对抗的笼罩之中，又普遍在经济发展方面处于落后位置，这些因素推动亚洲各国形成了与西方民主国家并不完全相同的政治制度和发展道路。过去几十年亚洲国家的普遍快速发展已经证明“亚洲模式”和“亚洲道路”的合理性与可行性。

不过，正像拉丁美洲国家普遍陷入“后发陷阱”和转型困境，[17]一个发展起来之后的亚洲很可能会面临更加多样的治理挑战。亚洲各国中产阶层的政治诉求，也并非西方语境下的所谓“自由”“民主”，而是希望政府能对中产阶层进一步发展的诉求予以及时有效回应。这就是说，亚洲各国当前和未来确实将面临实实在在的政治挑战，但其性质不是“民主赤字”，而是包括欧美各国在内的全球范围内普遍存在的“治理赤字”。

目前亚洲范围内业已存在规模庞大的中产阶层，互联网和移动通信等新技术手段对中产阶层形成了强大的赋权效应，全球范围内的政治觉醒和行动主义倾向也将影响亚洲中产阶层的思维与行为方式。如果亚洲各国的治理赤字长期存在，如果中产阶层的政治诉求得不到足够尊重或者恰当引导，就必将对各国的政治合法性及社会稳定结构构成冲击，并在紧密联系的不同亚洲国家之间相互传染。而正是亚洲各国政治与社会的总体稳定，构成亚洲经济长期稳定发展的前提。

难解的地缘争端与安全困境

全球范围内吸引世人高度关注的绝大多数地缘争端都分布在亚洲。

这些争端产生的原因各不相同，却深度纠缠在一起：有的是地区秩序剧烈变动期间在各国利益交叉地带产生的分歧，有的是殖民宗主国或地区霸权国有意留下的“后手”，有的是冷战秩序骤然解体而造成的历史遗留问题，有的是国际规则模糊和不完善而造成的认知分歧与诉求冲突，有的是力量对比与战略处境的变化推动争端中的各方试图改变现状。这些争端分布在从朝鲜半岛到西亚与非洲交界处的广阔地区，构成一个困扰亚洲安全与发展的“不稳定弧形地带”。无论是在东北亚、东南亚还是在南亚、西亚，几乎每个区域都有两个甚至多个等量齐观的国家在“捉对厮杀”。由于掺杂了历史宿怨、国民感情、现实利益和第三方介入等复杂因素，这些争端的管控与解决大多十分困难；在“后危机时代”国际秩序深刻变动的情况下，一些争端还有升级的迹象。其中任何一个争端失控，都可能引发连锁反应，甚至不排除触发战争，摧毁亚洲乃至全球范围内几十年来难得的和平局面。

概括地说，困扰亚洲安全的主要有八大地缘挑战。

一是朝韩对峙。朝鲜半岛上两个同宗同文的国家之间长期存在的紧张关系，是美苏冷战的产物，是 20 世纪下半叶美苏两个超级大国的全球均势格局在朝鲜半岛这一具体区域的反映。苏联解体后，朝鲜失去最大外部支持，而韩美同盟依旧存在，半岛均势格局骤然打破，南北力量对比严重失衡，朝鲜为自保而加速谋核，美韩同盟加大对朝军事威慑、经济制裁和政治施压，导致半岛地缘对峙长期高烧不退。既然朝韩对峙的本质是冷战的产物，而美苏冷战早已结束，朝韩关系和半岛秩序的重塑就是必然的，可到底向哪个方向重塑，所牵涉因素和力量就多了。

冷战对抗的强大惯性以及两国社会制度与发展阶段的巨大差异，使朝韩两国的相处变得复杂敏感，统一前景模糊不清；由于中国与朝鲜之间的特殊历史关系以及韩美同盟关系，半岛局势的走向难免牵涉中国周边安全和美国地区影响力，半岛形势的走向注定被赋予大国博弈的内涵；日本、俄罗斯等周边大国以及国际社会也强调自己的“利益攸关方”身份，这是“六方会谈”得以成形的重要原因之一，更多力量的介入无疑使协调过程变得更加复杂。作为左右半岛局势的最强势方，美国历届政府的立场缺乏一贯性，承诺缺乏可信性，并将重塑地区秩序和美朝关系的战略性问题简单归结为有关朝鲜如何“去核”的技术性问题，忽视朝鲜的安全关切和其他各方有关重建地区秩序的诉求，造成半岛局势长期陷于和谈与对抗的往复交替以及制裁与挑衅的恶性循环。因美朝军事对抗牵涉核武器，各方神经不得不高度紧张；随着中美战略博弈升级，不排除美国公开地将半岛作为制衡中国的地缘战略工具，增大半岛生战生乱的风险。

二是钓鱼岛争端。时冷时热的钓鱼岛争端是中日关系中的重要问题，亦是影响东北亚地区秩序走向的重要因素。钓鱼岛问题产生的远因，可追溯到 1894 年甲午战争前后日本对钓鱼岛的非法占有，直接原因则在于冷战期间美国做出的不当安排。1951 年美日签订《旧金山对日和平条约》，将琉球群岛、大东群岛及南方诸岛置于美国托管之下，中国被排除在条约签字国外；1951 年起，美军开始在钓鱼岛附属岛屿中的黄尾屿和赤尾屿进行实弹演习；在 1953 年颁布的有关琉球列岛境界的布告中，其划定的经纬度范围覆盖钓鱼岛海域；1971 年 6 月，美日签署“返还”冲绳施政权的协定，其中“返还”范围仍沿用 1953 年布告的经纬度，把钓鱼岛及其附属岛屿包括在“返还”范围内。这样，就像当年大英帝国在殖民帝国瓦解时对亚非各国采取“分而治之”策略一样，美国也为日后挑拨离间中日关系埋下引线。[18]

从 20 世纪 70 年代初到 90 年代中期，由于中日在经济合作方面互有需求，两国在综合实力方面差距明显，美国在政策实践过程中立场模糊，特别是由于中日两国从大局出发而形成“搁置争议”的政治共识，钓鱼岛争端一直隐而未发。冷战结束后美国亚太战略的调整以及中日关系的结构性变化，“唤醒”了钓鱼岛争端。1996 年日本加入《联合国海洋法公约》后，开始把钓鱼岛作为确立海洋专属经济区的基点，拒绝承认两国存在领土争议，否认双方达成的关于搁置争议的政治共识，将钓鱼岛争端推向不断升级的轨道，并逐步将钓鱼岛争端与日美军事同盟的重塑和日本军事战略转型挂钩。2010 年年末日本出台新版《防卫计划大纲》，战后以来首次将防御重点转向“西南诸岛”，2012 年进一步上演“购岛”闹剧，对钓鱼岛实施所谓“国有化”，中日之间的钓鱼岛争端骤然升温，引发双边关系激烈颠簸。

钓鱼岛争端本身就因其主权纠纷性质而高度敏感，加之它还与中日之间长期存在的历史纠葛、民族感情、国内政治、海洋划界、海洋资源开发等问题纠缠在一起，以及美国推进“亚太再平衡战略”的背景性因素，其意义与影响早已超出中日双边范畴，成为如何评价战后国际体系以及如何重塑地区安全秩序的战略性议题。2014 年中日达成四点原则共识后，钓鱼岛争端随之降温，但矛盾仍在。未来，如果美国强化日美同盟对中国制衡，日本国内谋求“修宪”和“自我松绑”的势力将获得更大的能量，中日之间的安全困境和结构性矛盾可能再度在钓鱼岛争端上显露出来。

三是台湾问题。台湾问题与上述钓鱼岛争端有紧密关联，同样发端于东亚地区秩序的剧烈变动之中。近代日本的殖民侵略以及二战后美国对地区秩序的不当安排，造成所谓“台湾问题”。20 世纪 70 年代中美关系正常化期间，两国对管控台湾问题确立新的共识，并在其后的不断磨合中基本形成战略默契。后危机时代，中美两国围绕亚洲地区秩序博弈升温，美国政府打“台湾牌”的冲动逐步转变为实际行动。特别是特朗普政府上台后，美国与台湾地区关系快速升温，大大偏离了美国长期以来奉行的“一个中国”政策，“以台制华”意图更加公开。美国对台湾在政治、军事等方面的公开支持，必然会放大岛内“台独”势力的能量；“台独”势力的鼓噪难免招致大陆反制，这又会促使美国采取更加偏袒台湾的政策，这可能将台湾问题推向螺旋上升、日趋紧张的轨道。

新中国成立至今，无论国际形势如何变幻，台湾问题始终是涉及中国核心利益的重大问题，中国政府的立场从不含糊。在新时代中国的战略愿景中，“解决台湾问题”“实现国家统一”被赋予更高的地位与内涵，被视为“中华民族根本利益所在”以及“实现中华民族伟大复兴的必然要求”；党的十九大报告已明确将“推进现代化建设”“完成祖国统一”“维护世界和平与促进共同发展”并列为党的“三大历史任务”。[19] 这意味着，“国家统一”与“民族复兴”两项事业被紧紧捆绑在一起；“没有实现祖国完全统一，就没有达到实现中华民族伟大复兴的要求；而要实现中华民族伟大复兴，就必须要实现祖国完全统一”。[20] 尽管这种表述并不意味着在解决台湾问题上存在具体的时间表和路线图，但也明确昭示出中国政府不会在此问题上无所作为或无限拖延。

四是南海问题。南海问题的产生同样有多方面原因：既属于西方殖民势力践踏地区国家主权后的历史遗留问题，也源于各方对《联合国海洋法公约》的内容及其效力的不同解读，同时还有各方在经济、安全和战略等方面的考虑。

南海问题的复杂性至少体现在以下三方面。

其一是它牵涉中国与东盟的长远关系。南海问题直接体现为中国与东南亚一些国家之间在南海海域及其岛礁的领土和海洋权益争端，并伴有油气、渔业等资源开发方面的竞争，迄今形成中国、越南、菲律宾、马来西亚、文莱、印度尼西亚和中国台湾六国七方分别控制或声称拥有主权的复杂互动局面。[21] 东盟国家似乎认为，中国在南海问题上的处理方式，将折射出一个强大的中国如何与周边小国共处，这给中国维护自身合法权益构成一定的舆论压力。

其二是它牵涉地区安全秩序。目前国际社会较为流行的一种意见是，南海问题相关方到底是采取单边还是多边、合作还是对抗的态度，各方依据怎样的国际法或由此确立怎样的国际规则，无疑对整个亚洲地区的争端解决具有指标性意义。这使南海问题的解决成为建立“基于规则的地区秩序”的核心环节。

其三是它牵涉大国海权竞争。南海地处两洋三洲的要冲，位于大陆势力与海洋势力交锋的接合部，扼守亚太地区最重要的国际海上战略通道。作为世界上最大的陆海复合型国家的中国，开始缓慢而坚定地释放其海权潜力，将建设海洋强国确立为战略目标，中国周边四大海域中面积最辽阔的南海是中国发展海权的重点区域。中国“由陆向海”建设“海洋强国”，作为海洋霸权的美国必然“由海向陆”对中国海上力量的拓展进行围堵牵制，抵消中国对美国构成的“反介入与地区拒止”能力。[22] 随着两国博弈渐趋白热化，中美在南海问题上的博弈甚至被赋予事关 21 世纪海上主导权的战略意义。

五是印巴矛盾。作为殖民宗主国的英国在南亚撤退时留下的以“蒙巴顿方案”为基础的“分治”政策，为印度和巴基斯坦两国的长期敌对关系埋下祸根，克什米尔争端成为两国矛盾焦点。历史上，这种敌对关系的发酵曾引发印巴之间的三次战争。除了因为历史原因印巴两国被塑造成“天生的对手”，印巴矛盾还因“涉核”（印巴同为核国家并不断加大核武器研发投入、增强自身核威慑力，以至双方陷入“核军备竞赛”）、“涉恐”（例如，2016年的“乌里恐袭事件”和2008年的“孟买连环恐袭案”等，都对印巴矛盾起到推波助澜的作用）、“涉宗教”（印度国内印度教教徒与穆斯林之间的教派冲突与印巴矛盾存在着难以忽视的深层联系）等原因而变得更加复杂敏感。

上述复杂因素将印巴两国推入典型的“安全困境”：印度时常担心巴基斯坦暗中支持的暴恐势力威胁印度国内安全稳定；巴基斯坦担心印度可能随时切断在印控克什米尔地区的印度河上游的水供应来威胁巴基斯坦，担心印度通过支持普什图人和巴基斯坦部落区的分离运动压制巴方，或者印度和阿富汗对巴基斯坦搞“两面夹击”。[23]

实力对比失衡和外部大国的加入更加剧了印巴矛盾。如今，巴基斯坦的经济总量仅相当于印度的1/9。莫迪领导下的印度正加速崛起，越发成为国际社会的“宠儿”，内部暴恐不断、政治动荡的巴基斯坦根本无望与印度“平起平坐”，双方实力差距进一步拉大，破坏了两国脆弱的均势格局。同时，正如其他地区争端一样，中美两国的因素在印巴矛盾中亦有体现。“中巴经济走廊”的推进，被印度视为中巴关系更趋紧密、中国加大对印制衡的信号，加剧了印度的不安；而美印军事安全关系加强又令印度的地区政策更有底气，在克什米尔问题上改变现状的冲动大大增加，这将加剧印巴关系的不稳定性，为南亚地区的安全与发展带来重大变数。

六是中印摩擦。中国和印度分别是世界第一和第二人口大国，均为具有系统重要性的新兴崛起强国，中印关系是21世纪少有的几个具有世界意义的双边关系之一。理论上来说，共建和共享“亚洲世纪”的美好前景，以及中印同为新兴大国的潜在共同利益，完全可以为中印开展全方位的战略合作注入强大动力。但中印两国是携手成为亚洲腾飞的一对翅膀，还是因过分相近而陷入同质性竞争，现在似乎还不能完全给出答案。

印度对中国的心态十分复杂，在充满疑虑和不满的同时似乎又高度自信。

疑虑和不满在于：中国倡导的“中巴经济走廊”和“孟中印缅经济走廊”不断推进，中国与尼泊尔、斯里兰卡、马尔代夫甚至不丹等南亚各国关系持续加强，中国在南亚地区的经济和军事影响力日益拓展，印度越发担心自身能否继续在南亚次大陆和印度洋占据“主导地位”。与此同时，20 世纪 60 年代中印边界冲突的历史记忆始终挥之不去，作为第二人口大国的“争常”努力长期不见结果，又因中国“反对”而迟迟无法加入核供应国集团。就此而言，中国似乎成了印度崛起的“障碍”。

印度的自信则在于：在强烈的民族主义情绪驱动下，印度国民普遍对国家前景充满乐观预期；国际社会“抑中扬印”的一贯做法更刺激了印度的雄心，印度自认为完全可能成为“左右逢源”“有声有色”的全球性力量，不可抑制地萌生出与中国一争高下的想法。

长期以来，印度在签证问题、克什米尔问题、中巴关系、涉藏问题、南海问题以及地区经贸合作方面不断制造摩擦，很大程度上便是这种复杂情绪的畸形表达。2017 年 6 月开始的长达 73

天的“洞朗对峙危机”更是印度对华不满的集中宣泄，成为冷战结束以来中印关系中最具冲击力的事件之一。[24] 2018 年 4 月，中印两国领导人在武汉举行非正式会晤，边界争端对两国关系的冲击得以明显修复。但双边关系“重启”是否具有可持续性，印度对华政策转变是战术性还是战略性的，仍有待观察。

七是美伊矛盾。美国与伊朗曾是盟友。1979 年伊朗爆发伊斯兰革命，巴列维王朝倒台，伊朗扣押美国大使馆人员为人质，美伊两国反目成仇，美国转而对伊实施制裁打压。海湾战争后，克林顿政府在“西促和谈、东遏两伊”的政策框架下，继续加大对伊遏制。2003 年小布什政府以反恐为名推翻伊拉克萨达姆政权，伊朗在失去伊拉克的牵制后明显“崛起”，美国将中东政策目标聚焦伊朗，一边加紧经济制裁、军事威胁、外交孤立和政治渗透，谋求在伊朗实现政权更迭，一边与伊朗展开“去核”谈判。这是“伊朗核问题”产生的背景。

伊朗对核能力的诉求是其宗教、民族和国家意志的集中体现，也被视为维护自身安全的必要手段。伊朗人对悠久的波斯文明无比自豪，对作为“文明古国”的伊朗而言，拥核是“大国标配”；同时，面对印度、巴基斯坦和以色列等周边邻国纷纷拥核，面对两伊战争期间伊拉克的生化武器，伊朗既坚定了拥核决心，也明显加快了谋核进度。[25] 20 世纪 50 年代，巴列维国王执政时期，伊朗的核研发项目曾得到西方援助。美伊反目后，美国出于遏制伊朗的动机，以反对伊朗拥核为由，对伊施加双多边压力。核问题成为美国与伊朗展开博弈的主线和焦点。

美伊围绕核问题展开博弈的本质，是中东地区的域内大国与域外霸权国之间围绕地区秩序和地区主导权的分歧与竞争，并将地区安全形势、全球能源供应、大国博弈等复杂内容牵扯进去。特朗普上台后，迅速抛弃了奥巴马政府设定的缓和美伊关系的战略思路，在能源和金融等多个领域对伊采取“极限施压”，并联合地区盟友加大对伊围堵，意在通过构筑新的地缘对峙格局，防止域内外大国削弱美国在该地区的地位。2019 年以来，美伊关系险象环生，先是美国无人机遭伊朗击落，而后美国使用无人机刺杀了伊朗高级军官苏莱曼尼，军事冒险行为一度将两国推向战争边缘。一些人认为美伊博弈不会引发战争，因为双方都无意发动战争，也承受不起战争的代价。这种判断是否经得起时间考验，还要拭目以待。

八是阿以矛盾。阿以冲突有深远的历史、民族、宗教和大国博弈背景，是牵动中东地区形势变化和秩序演进的关键问题之一。居住在巴勒斯坦的两个主要民族（阿拉伯人和犹太人）都声称自己是这片土地的真正主人，由此产生关于建国问题的矛盾。1947 年，美苏出于各自的战略考虑，推动联合国大会通过了分治巴勒斯坦的第 181 号决议。决议规定在巴勒斯坦成立阿拉伯和犹太两个独立国家，并由联合国对耶路撒冷实施托管。这一方案强行推动以色列在巴建国，并将大片肥沃土地分与以色列，巴勒斯坦人口众多但分得的土地少、贫瘠且被分割，明显以牺牲巴勒斯坦人的利益为代价，埋下了争端和仇恨的种子。1948 年 5 月以色列建国第二天，阿以就爆发武装冲突，并在 1948—1973 年四次爆发战争。此后，国际社会一直努力推动“中东和平进程”，始终效果甚微。阿以矛盾成为当今世界自20世纪以来持续时间最长、影响最为深远的民族和地区冲突。[26]

阿以矛盾发展至今，其中包含的各类难题盘根错节，要全面解决矛盾冲突难度极大。在边界划分、难民安置、耶路撒冷的地位、定居点、水资源、安全安排等方面，巴以双方都自感处于“退无可退”的境地。[27]无论是在巴勒斯坦、以色列还是作为最大外部势力的美国，其内部都有强硬派势力反对和谈与和解；阿拉伯世界内部声音分散，立场常被分化；美国基于国内政治和巩固美以同盟的战略考虑长期偏袒以色列，严重削弱了国际社会劝和促谈的效果。[28]特别是在国际变局深刻演进的背景下，阿以矛盾似乎成了司空见惯的“灰犀牛”，其在国际议程中的地位正日益边缘化。[29]

其在国际议程中的边缘化不意味着负面影响的消逝。阿以矛盾长期持续，不仅恶化了中东地区的安全形势，间接拖累地区经济发展和各国现代化进程，而且它还是一个关乎国际公义是否得到尊重、不同文明之间能否和谐共处的重大问题。唯有建立在正义和相互尊重的基础上，中东地区的和平与繁荣才有可持续性。

第八章　主要大国的秩序愿景

亚洲国家众多、规模不一，有能力对亚洲地区秩序走向形成影响的域内外国家很多，其影响方式和程度也有明显差异。本章将聚焦俄罗斯、印度、美国这三个最主要力量，剖析它们的地区秩序愿景，以及它们在地区秩序重塑中可能发挥的作用。仅仅选择这三个国家并非要突出“大国决定论”，而是认为这三个国家的内外政策有较大的独立自主性，有能力对未来的亚洲秩序带来全局影响，具有较强的“自变量”和“系统重要性”特征。相较而言，日本、东盟、伊朗、沙特阿拉伯等力量以及其他国家，它们要么在战略上具有从属性特征（作为大国的盟友不得不予以配合），要么易受其他大国影响，要么其秩序愿景仅限于某些特定区域。

俄罗斯的“大欧亚伙伴关系”

纵观俄罗斯摆脱蒙古统治以来 500 多年的历史，从向西与欧洲列强争夺暖洋出海口、向南蚕食中亚地区，到向东攫取西伯利亚和远东，再到“十月革命”后苏俄的短暂“战略收缩”和苏联的势力范围扩张，苏联解体后带来的巨大地缘政治变动，俄罗斯所搅动的地缘政治变局和它所承受的地缘政治冲击，在世界主要大国中都是最激烈的。这很大程度上是因为俄罗斯居于欧亚大陆中心地带这一极为独特的地理位置。[1] 独特的地缘政治现实，让俄罗斯人对自己的国家安全状态既倍感优越又惴惴不安，唯有不断扩张、获得地区主导权，才能带来必要的安全感；这种特殊的地理位置也让俄罗斯面临着以“欧洲国家”自居却常被排斥于欧洲大家庭之外的尴尬，因而不得不“东”顾“西”盼，“欧洲中心主义”与“欧亚主义”之辩由此产生，其战略重心亦不时地摇摆于欧洲与亚洲之间。

进入 21 世纪，在至少三种因素的共同作用下，俄罗斯越来越重视对欧亚大陆的经营。

一是固有的大国情结再度抬头。由于国际油价一度高涨和普京的励精图治，进入 21 世纪的俄罗斯逐渐恢复元气，在“重整河山”“一雪前耻”的愿望之下，建设“俄罗斯世界”这一想法在俄罗斯流行开来。[2] 这一看似抽象的概念，反映出俄罗斯试图以共同或相似的语言、种族、文化和历史记忆重新整合“后苏联空间”的战略意图与急迫心态。

二是乌克兰危机带来的西方制裁。2014 年乌克兰危机严重激化了美俄矛盾，美国联合欧洲盟友对俄实施制裁，俄罗斯国内经济遭受沉重打击，俄罗斯国内弥漫着反西方情绪，俄罗斯与欧洲的政治关系由此疏远，“融入欧洲”的梦想被搁置。

三是亚洲崛起成为活生生的现实。如果说 20 世纪 90 年代还只是日本以及那些“小龙”“小虎”在激发人们对亚洲潜力的想象，那么21世纪以来中国和印度经济的腾飞，已经让人们迫不及待地想搭乘亚洲经济的快车了，俄罗斯也不例外。而且俄罗斯借助上海合作组织和金砖国家等平台，已经与中国等亚洲国家确立了更为成熟和顺畅的合作关系。不仅如此，与亚洲国家合作还将便于远东和西伯利亚开发，深度释放俄罗斯自身的发展潜力。

这些内外形势的变化为俄罗斯加快实施“转向东方”的政策提供了动能，俄罗斯国内关于“大欧亚合作”的讨论明显增多，并逐步形成以欧亚经济联盟为基础，以中俄合作为重点，包含多个地区、国家，涉及经济、政治、安全、文化合作等多方面内容的地区秩序愿景——“大欧亚伙伴关系”。

2016年6月，普京在彼得堡国际经济论坛上首次提出这一愿景，使这一愿景具有了官方色彩。在此次宣示性发言中，普京指出，“大欧亚伙伴关系”的参与者“包括欧亚经济联盟成员国，以及与我们关系密切的国家，如中国、印度、巴基斯坦、伊朗，当然还包括独联体国家，以及其他感兴趣的国家和组织”。[3]

俄罗斯高等经济大学世界经济与政治学院院长、俄罗斯国防与外交事务委员会名誉主席、总统顾问卡拉加诺夫，被认为是“大欧亚伙伴关系”的重要倡议者之一。作为普京总统侧近人士的卡拉加诺夫在2015年8月发表的题为《克服欧洲危机的欧亚方案——扩大解决问题的空间》一文中提到，有必要建立“大欧亚共同体”，为“大欧亚伙伴关系”的正式提出做了重要的思想铺垫。[4] 2017年7月，卡拉加诺夫发表题为《从“转向东方”到“大欧亚”》的长文，对“大欧亚伙伴关系”做出进一步阐释，认为“大欧亚伙伴关系”的目标应是为欧亚大陆国家合作提供方向性的理念框架，从而实现共同的经济、政治和文化复兴，发展数十个曾经落后的欧亚国家，并将欧亚大陆变成全球的经济和政治中心。[5]

俄罗斯总统经济顾问格拉季耶夫在 2019 年发表的题为《落实大欧亚伙伴关系思想的建设性构想》的长文中，更细致地描绘了俄罗斯关于“大欧亚伙伴关系”的目标、条件、前提、原则、一体化合作的领域以及具体的建设规划。在这篇类似战略规划文件的长文中，他提到了大欧亚伙伴关系建设的“人文维度”，即有关推动人文交流与合作的内容。在大量细致分析的基础上，他列举了欧亚经济走廊与丝绸之路经济带交通走廊对接的可选方案和具体步骤、“欧亚粮食安全保障”的相关内容。关于“跨欧亚发展带”建设的构想，他提议通过组建“跨欧亚发展带国际财团”，推动科技创新和新一代互联互通基础设施建设。他还提议构建“欧亚货币金融体系”，通过签订国际条约，规定各方承认的用于国际结算综合工具的货币发行国的义务等。[6]

“大欧亚伙伴关系”是俄罗斯的“强国战略”，是为确保俄罗斯的世界一流国家地位和在全球命运决策圆桌上谋求一席之地而使出的关键一招，是普京和俄罗斯精英层在审时度势后做出的重大战略决策。[7] 俄罗斯作为这一愿景的提出者，自然将自身定位为这一地区秩序的核心。卡拉加诺夫确信：“大欧亚”战略将会瞄准“俄罗斯地缘战略和地缘经济未来的定位，即正在上升的大陆的核心，成为整个欧亚大陆重要的交通枢纽之一和最重要的安全提供者”，俄罗斯将“在欧亚地区建立和复兴文化合作方面理所当然地发挥核心作用”。[8]

这一愿景值得肯定的地方在于：它敏锐地捕捉到了亚洲国家的崛起大势并及时实施靠拢；其所提倡的欧亚各国深度融合和全面合作的思路，符合各国共同利益和地区长远需要。这是问题的主要方面。与此同时，这一愿景似乎存在一些有待澄清或细化之处。

其一，俄罗斯能否克服“欧洲中心论”的强大惯性？俄罗斯与欧洲的经济关系根深蒂固，双边贸易额超过 4 000 亿美元，并建有大量成熟的能源管道基础设施。即便不考虑俄欧之间这种高度紧密的经济关系以及由此形成的俄罗斯国内各类经济利益集团（包括官僚主管部门）的重大关切和利益差异，仅就数百年“欧洲化”的观念在俄罗斯占主导地位的传统惯性而言，要真正实现转向东方就会面临很大困难。[9]

其二，这是不是俄罗斯与西方打交道的筹码？有观点认为，俄罗斯“以空间换时间”的历史经验难免给人一种直接的观感，即当它在向西发展受阻时，就会适时“转向东方”，而当向西发展的机会和空间敞开时，它就会重新“面向西方”。有人担心，如果“转向东方”一时间效果不彰，俄罗斯的战略迟疑会加重。世界格局未定的情况下，俄罗斯的“大欧亚伙伴关系”与其说是一项面向未来的长远之策，不如说是一项面对西方压力和孤立而采取的临时脱困的权宜之计。[10]

其三，它会不会激化域内外大国之间的矛盾？卡拉加诺夫论述“大欧亚伙伴关系”的一个思想前提是世界从“多极”走向“两极”的趋势开始形成，一极以美国为中心，另一极在欧亚。[11]考虑到俄罗斯与美国关系的全面恶化以及中美博弈升温，一个高度整合了的欧亚将如何处理与美国的关系？美国基于对自身影响力的担心，是否会采取破坏性和分化性的行动？若真如此，将带来怎样的大国互动？如果“大欧亚伙伴关系”成为现实后所带来的结果是在全球范围内强化两极对峙格局，显然不符合时代潮流。

其四，“欧亚”与“亚洲”的微妙差异。自从麦金德对“心脏地带”的阐释被人们广泛接受以后，“欧亚”的概念便总是难以避免被置于“陆权”与“海权”的比较之中，这使“欧亚”总是难以摆脱其内在固有的大陆性特征，似乎对欧亚大陆外围的海洋国家缺乏应有的重视。而且，人们常常习惯性地用“欧亚”这一概念去指代与欧洲相毗邻的亚洲地区以及与亚洲相毗邻的欧洲地区，即“欧亚接合部”，因此它与我们所设想的陆海特征兼备的亚洲在地理上并不完全重合。如何消除那些处于太平洋和印度洋上的海洋国家的疑虑，不要让它们感觉到似乎欧亚地区将存在一个“中心－边缘”结构，也是一个无法回避的问题。

其五，中俄之间的“战略对接”问题。在反恐与地区安全、维护周边总体稳定、资源能源合作、产能转移合作、产业链安全合作和基础设施建设等方面，中俄在大欧亚地区具有广泛共同利益，中国一直是欧亚合作的积极参与者和推动者，中俄在双边层面和上海合作组织框架内的合作也非常顺畅。[12]这种背景下，中国提出的“丝绸之路经济带”倡议（即陆上丝绸之路）与俄罗斯倡导的“欧亚经济联盟”之间的战略对接，也具有较高的可行性。两国应避免各种内外干扰，将中俄在大欧亚地区的合作打造成互利互信的“双核”动力结构。

印度的三层“同心圆”构想

印度在21世纪亚洲政治版图中的地位不言而喻。基辛格的《世界秩序》一书曾这样评价印度：“无论形势如何演变，印度都将是21世纪秩序的一个支点。以它的地理位置、资源蕴藏和高超的领导艺术的传统，位于世界不同地区和不同秩序概念交叉处的印度在那些地区的战略演变和秩序概念的进一步发展中，都是不可缺少的要素。”[13]

历史本身就是合法性的证明。印度作为拥有悠久历史的文明古国，其厚重的人文底蕴足以令印度人傲对世事变迁。规模的力量更不容小觑。如果说亚洲的分量首先来自人口规模以及由此带来的经济潜力，那么印度可被视为21世纪亚洲分量的最佳代表。如今，印度人口规模已与中国不相上下，有预测认为其在21世纪20年代末将成为第一人口大国；印度的人口比中国更年轻，人力成本更低廉。作为南亚次大陆的核心国家和毗邻印度洋的关键力量，印度扼控着全球地缘政治的关键区域。从欧亚大陆、印度洋和西太平洋这一广阔视野看，印度位于欧亚大陆外围弧形地带的中心部位。其左侧的阿拉伯海是通向海湾与非洲，经由红海至地中海的必经之地，右侧孟加拉湾上的安达曼和尼科巴群岛扼制着马六甲海峡。[14] 这样的地理位置还令印度与中东渊源颇深，其国内穆斯林人口甚至比巴基斯坦还多，在全球范围内仅次于印度尼西亚的穆斯林人口规模，是“更大的伊斯兰世界不可分割的一部分”。[15] 由于被英国殖民的那段历史，印度与美欧等“英语圈”国家之间也有“天然的纽带”。

这些独特的地理、历史、社会和文化特征，使印度在整个亚洲秩序的重塑中成为不可忽视和难以逾越的角色。印度在东亚与西亚之间、在伊斯兰世界与非伊斯兰世界之间、在西方世界与亚洲国家之间，是会发挥“连接性的作用”还是发挥“阻断性的作用”，将直接关系到 21 世纪亚洲秩序的最终形态。

这种独特性也同时塑造了印度与众不同的战略文化。要理解印度的战略文化和战略传统，至少有如下三个关键词。

一是“有声有色”。既然印度如此纵横古今，就注定命运非凡。印度独立后首任总理尼赫鲁在《印度的发现》一书中这样写道：“印度以它现在所处的地位，是不能在世界上扮演二等角色的。要么就做一个有声有色的大国，要么就销声匿迹……在我和许多人的心中存着一个复兴印度的愿望。”[16] 尼赫鲁的这番表述，成为自此以后的几代印度人一以贯之的思想底色。它既折射出印度的大国雄心，也反映出居于世界地缘关键区域并拥有巨大版图的印度对“能否长期完整存在的前途的不安和忧虑”。[17]

二是“均势”。公元前 4 世纪，孔雀王朝开国宰相考底利耶在其所著的《政事论》中，提出以远交近攻为思想内核的“曼荼罗理论”，构筑起印度版的“均势”理论，对后世印度的对外政策影响至深。这成为印度“不结盟”政策的思想基础之一。在基辛格看来，印度长期奉行的外交政策，在很多方面既与其古代传统一脉相承，又深受英国战略思想影响，其目标是在从中东到新加坡再往北到阿富汗这片几乎横跨半个世界的地区建立起以均势为基础的地区秩序，它与中国、日本和东南亚的关系遵循着类似19世纪欧洲均势的模式，“像18世纪和19世纪期间英国对欧洲所做的那样，印度努力防止在地球上这块广袤的地区出现占统治地位的强国”。[18]

三是“主体地位”。印度是南亚的核心国家，国土占南亚次大陆总面积的67%，其他各国的人口、国土面积及经济规模加在一起也难与印度相比。南亚其他中小国家大多互不相连却均与印度相邻，形成“众星捧月”之势。[19]上述“均势”格局意味着印度在这一地区的优势和主体地位。长期以来，印度难以接受南亚中小国家的独立愿望、离心倾向和对印敌对政策。自独立后，印度吞并锡金、控制不丹和尼泊尔、出兵斯里兰卡和马尔代夫、肢解巴基斯坦，都是为强化对邻国的控制，维护印度在南亚的主体地位。[20]

基于这些战略文化特征，印度的地区秩序构想可概括为以印度为中心的三层“同心圆”。

第一层是“次大陆秩序”，目标是夯实印度在南亚次大陆的主导地位。莫迪政府上台后明显加强对不丹、尼泊尔、斯里兰卡等南亚国家的塑造拉拢，被认为是在展开一场“魅力争夺战”，旨在抵御其他地区大国对南亚的“渗透”以及对印度地区主导权的冲击。除继续对巴基斯坦进行外交孤立和军事威胁以外，印度还利用“南亚区域合作联盟”这一首要的地区合作框架深化经济一体化合作。[21]

第二层是“大周边秩序”，目标是构筑以印度为核心的多边合作网络，主要体现为“东进”“西联”“北固”“南扩”。

所谓“东进”是指印度对印太事务的深度参与。莫迪政府上台后，将 20 世纪 90 年代初制定的“东向”政策升级为“东进”政策。此举既宣誓了印度将在经营印度东翼地区有更多实质性投入，也标志着印度的经略重点从东南亚地区拓展到更为广阔的东印度洋和西太平洋，形成印度版“印太战略”。

所谓“西联”是指印度与中东及非洲关系的加强。为稳住国内穆斯林选民，同时为争取海外侨民和侨汇，助推印度经济改革并确保印度能源安全，莫迪政府将前任辛格政府的“西望”政策升级为“西联”战略，深耕与伊朗、以色列和阿拉伯国家的关系，强化双方经贸、金融、能源合作，悄然拓展在海湾地区的军事存在，推出并充实“亚非增长走廊”，推动“印非战略伙伴关系”走深走实。[22]

所谓“北固”是指印度与中亚国家的合作。2015 年 7 月莫迪访问中亚五国，成为迄今唯一一个遍访五个“斯坦国”的印度总理，彰显出印度对经略中亚的高度重视。印度希望通过投资伊朗的恰巴哈尔港，向北与阿富汗和中亚国家加强贸易往来，进而与俄罗斯、伊朗和阿塞拜疆三国打造的“国际南北运输走廊”（INSTC）连接，巩固印度在中亚的存在。[23]

所谓“南扩”是指印度对印度洋的经略。作为古代海洋强国，印度一向高度重视海权。1947 年印度刚一独立就着手重组海军，20 世纪 70 年代推出“远洋海军”计划并先后组建东部、西部、南部和远东海军司令部。冷战结束后，印度的海洋观逐步从“近海防御”向“利益拓展”及“发展与安全并重”方向转型。1989 年制定涵盖 25 年发展规划的首部海洋战略内部文件；2007 年公开发表题为《自由利用海洋：印度的海洋军事战略》的海洋战略文件；2009 年 8 月发布《印度海洋学说》，为海洋战略提供概念性解释框架；2015 年再度推出更新版的题为《确保海洋安全：印度的海洋安全战略》的海洋战略文件。在印度海洋观的演进中，印度对自身海洋利益范围的界定日趋宽广，对双多边海上安全合作的参与不断增多，誓言将在印度洋地区承担“净安全提供者”责任，想要成为“海洋强国”的战略雄心显露无遗。同时，印度还抛出“香料之路计划”“季风计划”“棉花之路”等一系列海上合作倡议，强化印度在印度洋地区的文化和经济影响力。[24]

第三层是“大国秩序”，目标是通过印度作为所谓“民主国家”“摇摆国家”“新兴国家”的多重身份，加强与全球主要大国的全方位均衡交往，提升印度在多极世界的分量。近年来，印度与美国防务安全合作显著加强，与英法等国强化经贸合作及应对气候变化的全球治理合作，与中俄等国在上海合作组织、金砖国家框架下深化合作，此外还有被怀疑以制衡中国为目的的“印日澳”三边和“美日印澳”四边合作等。

如果说俄罗斯地区秩序构想的突出特征是“俄罗斯居中”“欧

亚优先”“俄罗斯枢纽”（由俄罗斯充当连接欧洲与亚洲的枢纽），印度的地区秩序构想则体现出“印度居中”“单极南亚”“多极亚洲”“印度枢纽”（由印度连接东亚和西亚、亚洲和非洲）四方面特征。

印度作为亚洲大国，其当前的地区影响力和地区秩序构想看似囿于南亚一隅，实则有涵盖整个亚洲、影响世界格局的内在潜力。作为难以忽视的重要行动者，印度对东亚和太平洋事务的积极介入，对任何单一国家（如中国或美国）或国家联盟（美国同盟或中俄联手）在亚洲构建单极主导格局的努力均构成制约。也就是说，印度虽不是东亚和太平洋事务的核心参与者，却是重塑这一地区格局的重要制衡者。印度立足南亚次大陆“东进”“西联”“北固”“南扩”“中夯实”的对外进取态势，令国际社会对印度发出的声音不得不侧耳倾听，确保印度可以游刃有余地运筹地区外交和大国博弈。

对于印度在亚洲秩序重塑中的值得忧虑之处，主要有如下三点。

一是印度的心态与行为方式。鉴于印度与中国、美国、俄罗斯、日本等国的实力差距，对于能否成为“有声有色”的世界一流强国，印度既高度自信又有始终难以摆脱的焦虑，这一点自不待言；对“主体地位”和大国“均势”格局的寻求，又令印度的对外战略陷入主动进取与被动应对并存的尴尬境地。之所以能够主动进取，是因为印度与南亚中小国家相比拥有天然优势；之所以不得不被动应对，是因为南亚次大陆和印度洋的战略重要性吸引了诸多强国介入，印度自身实力有限，应对往往力不从心。

正是这种自信与焦虑并存、主动与被动并存的特殊处境，可能使印度的思想和行为方式发生变形。人们完全有理由产生这样的疑问：印度是否会在国家实力、国内体制和战略视野的制约下而难有大的作为，以至无法充当亚洲腾飞的另一只翅膀？或者，国际舆论和其他大国对印度的追捧以及印度国内民族主义情绪的高涨，会不会使印度的对外政策变得更加激进、自负甚至更具对抗性？

二是印美合作对印度不结盟传统的冲击。中国、美国、俄罗斯和印度被视为全球仅有的几个拥有独立自主内外政策的大国。印度长期将“不结盟”作为对外政策的基本原则，国际社会也普遍认为印度是不结盟国家。然而，近年来美国与印度的军事安全合作明显升温，印度似乎成为美国的“准盟友”，关于印度是否已事实上放弃“不结盟”传统的讨论不绝于耳。[25] 美国一向善于通过输出军事装备、联合军事行动和塑造他国军事学说等方式，对安全伙伴实施控制，将其深深嵌入以美国为核心的全球安全布局。印度的本意或许是借印美合作提升自身地位、对冲他国影响、塑造地区均势，但是否会“无意中”沦为美国的棋子、陷入对美国的安全依附之中？由此又将对亚洲安全秩序产生怎样的影响？

三是中印在“利益重叠区”的互动问题。中国和印度在实现古老民族伟大复兴并成为全球强国的目标上具有相近性，两国互为毗邻的地缘现实难免造成双方利益摩擦。因此，“除非两国在共同毗邻地区就实现共享秩序达成战略性共识，否则，两国离‘强国’目标越近，两国间的地缘冲突就越尖锐。”[26]洞朗对峙危机是中印两国战略失信的重要信号，是两个新兴大国在毗邻地区秩序之争的突出表现，为两国关系的未来敲响警钟。厦门金砖峰会期间，习近平主席在会见莫迪时强调，中印两国要“龙象共舞”而非“龙象恶斗”；莫迪则回应称两国关系应能实现“1+1=11”的政治效果。作为实现亚洲腾飞的两只翅膀，中印两国唯有坚持“互为发展机遇”“互不构成威胁”的基本原则，才能避免地缘冲突、实现良性共处，这是中印双方必须始终牢记的。

美国基于制衡的秩序观

美国是从维护全球霸权的角度确定其亚洲秩序观和亚洲政策的。

在冷战后的美国全球霸权格局中，亚洲有不断增长的重要性。亚洲在经济方面的巨大活力与潜力，是以美国为核心的国际经济体系的重要支撑力量。中东作为全球化石能源主要供给者的重要性不言而喻，该地区广泛存在的基于极端宗教思想、以非国家形态体现出来的反美和反世俗运动（美国称之为“恐怖主义”），是对美国本土安全和海外利益的严峻挑战。那些已经拥核或正极力谋核而美国对其心里没底的国家，如印度、巴基斯坦、朝鲜、伊朗等，都处于亚洲；在美国战略界眼中，有能力对美国霸权地位发起挑战的中国、俄罗斯、印度等大国，也均来自亚洲或欧亚地区。也就是说，无论从寻求商业机会的经济角度看，还是从“反恐”“防扩”“防大国”的安全角度看，亚洲都是维护美国“21世纪全球领导地位”的关键。

美国一向有很强的忧患意识。为维护通过自我加冕获得的全球领导地位，美国更是对全球范围内的任何变化都保持高度警惕。亚洲不断增长的战略重要性势必加剧美国对自身影响力的焦虑感。在美国对全球影响力的横向比较中，美国对美洲的经营最为持久深入，与欧洲的同盟关系高度成熟，大洋洲的主要大国澳大利亚和新西兰长期与美交好，而亚洲在过去百余年来从未在美国的全球战略中占据核心位置。尽管美国自称“太平洋国家”，并自冷战时期开始就在亚洲大陆与海洋毗邻地带和一些中小国家（或地区）建立了盟友或安全合作关系，但从大陆视角看，美国很难被视为亚洲域内国家，其影响力似乎也很难覆盖欧亚或亚洲大陆内部。21世纪以来亚洲大国加速崛起，显著改变了力量均衡格局；亚洲内部一体化进程也因各国合作范围扩大和合作程度加深而呈加速态势；“10+1”“10+3”“10+6”等地区合作机制和中日韩对话等，均有意无意地忽略了美国。中国“海洋意识”和海上活动范围的增强以及对美国军事力量形成的“反介入与区域拒止”能力，更让美国产生“红星照耀太平洋”的恐慌。[27]

这种态势造就了美国以“不断东移”“全面参与”“分而治之”为主要特征的亚洲政策，美国的亚洲秩序理念与实践随之呈现出日渐清晰的轮廓。

冷战结束以来，美国先是通过几次北约“东扩”，将中东欧国家纳入美国主导的安全体系，在消化吸收冷战成果的基础上，将美国的地缘战略前沿从冷战时期的欧洲推进至欧亚地区；“9·11”事件后，美国又借反恐之名发动阿富汗战争和伊拉克战争，将战略前沿拓展至中东和南亚地区，以此为基础运筹“大中东”和“大中亚”布局；金融危机后，奥巴马政府与特朗普政府相继推出的“亚太再平衡战略”和“印太战略”，标志着美国的战略关注点再次向东推进。在对欧亚接合部、中东与南亚以及东亚各区域的经营中，美国并非完全依托军事优势，而是在影响各国政治、经济、社会文化和参与引导国际合作机制等多方面广泛发力，并尽可能利用各类矛盾，在地区国家之间建立错综复杂的制衡关系。

在东北亚：美国利用朝鲜核问题和不断强化的对朝多边制裁，分化中国与朝鲜的关系；借“天安舰事件”和部署“萨德”系统等举措，进一步固化朝韩矛盾、分化中韩关系；利用日本成为“正常国家”的愿望推动日本“自我解禁”、加深美日安全捆绑，在“钓鱼岛问题”上偏袒日本、激化中日矛盾，从而迟滞中日合作和以中日韩三方合作为动力的东北亚一体化进程。

在东南亚：从奥巴马政府到特朗普政府，美国始终高度重视东南亚在“亚太再平衡战略”或“印太战略”中的地位，着力拉拢东盟各国。军事上，加强美国与东盟国家的双多边军事联合行动、军备销售和情报分享；经济上，奥巴马政府曾力推《跨太平洋伙伴关系协定》谈判，试图为地区贸易设定更高标准，进而确立以美国为中心的国际贸易新规则、新体系；政治上，联手日本、澳大利亚等国大力宣传民主和人权等概念，间接矮化中国的政治制度和发展模式；安全上，利用南海主权争端分化中国与东盟几个主权声索国之间的关系，以“自由航行”为手段挑战中国的周边安全、抑制中国的海上力量拓展。[28]特朗普上台后则推出《亚洲再保证倡议法案》，进一步强化美国对亚洲的安全、经济和价值观承诺。[29]

在中亚和南亚：“9 · 11”事件后，小布什政府以“反恐”为名发动阿富汗战争，成功实现了在南亚的军事立足。2003—2005年，美国在格鲁吉亚、乌克兰和吉尔吉斯斯坦策动一系列“颜色革命”，并企图将此浪潮延烧到整个中亚，将中亚各国改造成亲美远俄的民主政权。此后，小布什政府又试图以阿富汗为地区枢纽，积极推动以“能源南下”“商品北上”“中亚与南亚整合”为主要特征的“大中亚计划”。奥巴马政府上台后更侧重大中亚地区的经济整合，抛出“新丝绸之路”，力推中亚与南亚之间的基础设施互联互通和能源合作，意在冲淡俄罗斯和中国对中亚地区的影响力。[30]美国支持和推动的“中亚南亚电力输送和贸易项目”和“土库曼斯坦－阿富汗－巴基斯坦－印度跨国天然气管道项目”成为标志性项目。[31]美国还特别大力拉拢印度，以全球最大“民主国家”之名提升印度的国际地位，加强美印军事合作，对印度“争常”送上顺水人情，间接制造中印矛盾。

在中东：小布什政府通过伊拉克战争推翻萨达姆政权，顺势确立在伊驻军，将伊拉克打造成美国辐射整个中东的重要抓手；随后推出“大中东计划”，力推中东各国经济自由化改革和政治民主化改革，名为彻底铲除恐怖主义滋生土壤，实为加大美国对中东各国的渗透与控制。此外，通过偏袒以色列继续维持阿以对立，宣扬“伊朗威胁论”以巩固海湾国家对美依赖，也是美国在中东的惯用手段。

与俄罗斯和印度的地区秩序观的最大不同在于，美国在内心深处是以域外国家的身份来思考亚洲秩序和运筹亚洲战略的。恰恰因为这一原因，俄罗斯和印度都希望亚洲向好发展，其亚洲秩序观总体上以“融合”为方向，而美国的地区秩序观则以分化制衡、加大控制和防止美国被边缘化为首要导向。同时，如果说俄罗斯的地区秩序观是“重陆轻海”，印度的地区秩序观是“先陆后海”，美国在亚洲战略中的陆海关系处理上将难免受制于其“海洋国家”特质。

基于此，对美国的亚洲秩序观及其亚洲战略，可有如下四点展望与评价。

一是未来可能更偏重海上。美国发动的阿富汗战争和伊拉克战争因久拖不决、财政消耗巨大和人员伤亡，在美国国内承受巨大的政治压力。未来很长一段时间内，美国将很难继续扩大在亚洲的地面存在，甚至在参与亚洲的地面军事行动方面都会越发谨慎。美国先后在格鲁吉亚、乌克兰和吉尔吉斯斯坦策动“颜色革命”，这种所谓“民主推广”不仅没有星火燎原，反而使中亚各国因害怕“政权更迭”而纷纷拉开与美国的距离，大大削弱了美国在欧亚大陆核心地带的影响。如今美国对阿富汗战略的核心是重建“退出”后的地区平衡，在中亚和南亚地区推动的那些经济与能源合作项目规模非常有限，根本无法与中俄推动的合作项目相提并论，很难转化成美国在当地的政治与安全影响力。

可以说，美国对亚洲大陆的影响力是不断减弱的。这种态势将迫使美国把塑造亚洲秩序的重心从陆上转向海上，也就是从亚洲“心脏地带”转向“边缘地带”，更偏重利用美国的“海洋强国”优势维系在亚洲的影响。这成为美国推出“亚太再平衡战略”和“印太战略”的重要背景。然而，亚洲秩序的重心始终在大陆而不在海洋，海洋从属于大陆而不是大陆从属于海洋。[32] 美国重海轻陆的亚洲战略，将注定使它在亚洲秩序的重塑过程中无法发挥决定性作用。

二是将推动中俄进一步靠拢。美国利用非政府组织、“代理人”以及网络舆论工具威胁俄罗斯和中国的政治安全，利用“民主”“人权”等口号提升美国的道义形象、抹黑中俄的政治制度和发展模式，以维护“民主”和“人权”为借口在乌克兰与涉港问题上给俄中制造麻烦，利用中俄对周边国家构成的所谓“安全威胁”去维系盟友对美国的安全需求，利用所谓“民主国家”的身份认同去拉拢亚洲部分国家。这种将亚洲人为划分为“民主阵营”和“非民主阵营”的做法，固然符合美国几十年来形成的对外战略传统，也部分地有助于巩固盟友体系并拉拢一些国家向美贴靠，但其重大“负面效应”是同时将中俄推向对立面，加速了中俄相互靠拢。如今，中俄“全面战略协作伙伴关系”越走越实，在引导塑造亚洲秩序方面越来越有默契，这绝对是美国不愿看到的。

三是恐怕会越来越不受欢迎。多数亚洲国家有被西方殖民或欺凌的历史经历，对本国的主权独立倍加珍视，对域外和西方力量介入本地区事务有本能的抵触。随着亚洲各国自决意识的日益觉醒，这种社会氛围会越来越对美国在亚洲存在（特别是军事存在）的“政治可持续性”构成挑战。而且，亚洲各国已经真切地感受到亚洲崛起的光明前景以及这种前景可能给本国带来的巨大好处，均希望亚洲维持和平稳定并日趋融合，不愿看到亚洲陷入停滞、对立和动荡之中。如果美国长期在亚洲各国之间采取偏袒态度，或频繁利用地区安全矛盾维持对峙格局，必会最终招致亚洲各国民众的批评与排斥。美国的地区盟友的心态其实也比较纠结。例如，日本、韩国、沙特阿拉伯等国在“挟美自重”的同时从未放弃“脱美自立”的念头，一旦它们感到继续绑在美国战车上的成本过大，或者感到美国提供的安全保证并不可靠，它们或将不再唯美国马首是瞻，不再继续支持美国分而治之的地区战略。

四是在亚洲的进取态势可能已走向极限。美国全球战略重心不断东移的过程，亦是其自身实力和信誉不断消耗的过程。20 世纪 90 年代，在老布什政府和克林顿政府任内，美国发动海湾战争和科索沃战争，坐享“单极时刻”和“一超独霸”之势，美国拓展全球战略布局的努力没有遭遇太大障碍，大有“威震天下”“莫敢不从”的架势；21 世纪初，小布什政府先后发动阿富汗战争和伊拉克战争，将美国的战略布局推向南亚和中东，赢了军事却输了政治、失了民心，国内怨气深重，各国群体指责，美国的实力和信誉大大消耗；奥巴马政府上任后推出“亚太再平衡战略”，标志着美国将其战略前沿推至东亚和太平洋地区，一时来势汹汹、搅动地区变局、各国高度重视。但美国在亚太军事布局上并没有实质性提升，在《跨太平洋伙伴关系协定》谈判的问题上始乱终弃，对相关国家的援助承诺虚多实少，各方对美国信誉的质疑进一步加重。待到特立独行、唯我独尊的特朗普总统将美国地区战略的标签替换成“印太战略”之时，各国对美国到底要做些什么已不如以往那么在意，甚至纷纷抛出本国版本的“印太战略”以彰显自身主体性。美国在印太地区的缓慢推进是否已是美国全球地缘扩张的“强弩之末”？这是个非常有趣并值得深入研究的问题。

第九章　共建“亚洲命运共同体”

如同国际金融秩序一样，亚洲地区秩序的重塑，亦是世界范围内百年未有之大变局的重要组成部分，将决定未来世界的面貌。鉴于亚洲各国内部业已存在的发展机遇和治理难题，亚洲各国之间休戚与共的密切联系和错综复杂的利益纠葛，以及主要大国在地区秩序愿景方面的深刻差异，亚洲地区秩序的重塑必然是一个长期复杂的互动过程，要面对各种艰难的战略决断。

未来的亚洲秩序不是什么

首先可以肯定的是，未来的亚洲秩序不应是也不会是“美国制衡下的和平”。美国领导人经常因国内事务繁多而无暇参与亚洲的很多重要多边活动，很多亚洲国家都在怀疑美国对亚洲做出的承诺到底有多少是认真的。由于美国作为域外国家的身份，即便美国表现出对亚洲的高度重视并善于用精美的外交辞令对其意图加以包装，明眼人也一看便知，其根本目标是维护美国的霸权而非推动亚洲地区发展，与亚洲各国的利益有深刻分歧。尤其是未来的美国越来越不自信，在参与亚洲事务过程中，会越来越像当年呈现衰落态势的英国那样，更多地使用分而治之的制衡手段，这将严重制约亚洲潜力的发挥，给各国发展制造越来越多的麻烦，非但不能带来和平，反而会人为制造更多冲突。这是亚洲各国绝难容忍的。

美国主导亚洲的目标固然难以实现，面对中国影响力的快速提升，又有人担心中国在亚洲建立“新朝贡体系”。以中国为中心的东亚朝贡体系，是封建主义时期东亚地区各国之间的联系纽带和维护地区安全稳定的重要公共产品。其基本特征是：覆盖地区相对有限，仅止于中国的近周边地区；各国由于封建文化而能比较自愿地接受国家之间的等级化安排；封建制度之下各国相对自给自足，相互联系并不紧密。如今，亚洲各国深度融入世界现代化进程，早已不是封建主义的生产关系，民主平等的观念深入人心，相互之间也构成极为复杂的网络状联系。中国绝不会冒天下之大不韪，企图在亚洲建立以自我为中心的等级化秩序。

不仅中国和美国均不应将“单独主导亚洲”作为战略目标，即便是中国、俄罗斯、印度等几个大国联手的“大国共治模式”，在亚洲也是行不通的。

中国、俄罗斯、印度都是有悠久文化历史和高度珍视独立自主地位的大国，很难与其他大国走得过近，且在地区秩序重塑方面的愿景并不完全相同。因此，学术界曾有讨论的模仿 19 世纪“欧洲协调”（即几个大国达成利益妥协以确保地区和平稳定）的所谓“亚洲协调”模式，可行性也比较低。尤其是为数众多的亚洲中小规模国家特别担心大国联手共治牺牲其他国家的利益。例如，东盟就总是强调其在地区治理方面的“中心性”，明显就折射出这种忧虑情绪。当然，这并不是说中国、俄罗斯、印度这三个地区大国在地区秩序重塑过程中可以无所作为，它们在尊重其他中小国家的利益和感受的前提下，必须发挥特殊的大国引领作用。

未来的亚洲秩序也不会以“亚洲版门罗主义”为特征。“自决”与“排外”完全是两回事。亚洲国家基于自身国情和客观需求，不受外部干扰、完全独立自主地决定发展道路、自身前途以及与其他国家的关系，这既是亚洲各国作为现代民族国家内在具有的基本权利，也符合亚洲的整体和长远利益。“自决”不意味着“排外”，它恰恰为域内外国家之间确立公平正义的相互关系奠定了最基本的规则基础。只要域外国家尊重亚洲国家的主权独立地位，肯定是会受到亚洲国家欢迎的。21 世纪亚洲的美好前途，系于其与整个世界的深度融合和互动，亚洲国家是不会把建立排他性地区秩序作为政策选项的。

“亚洲命运共同体”是唯一选择

21 世纪亚洲秩序重塑的决定性要素，或者说判断即将形成的亚洲新秩序是否先进、是否可行和是否具有可持续性的首要依据，不在于它是否满足某一或少数大国的个别意志或特殊利益，而在于它是否满足亚洲各国和亚洲全体民众的集体意志与普遍愿望——亚洲各国和亚洲全体民众对美好生活的向往。

个体的力量无疑是渺小的，然而亚洲众多人口的普遍愿望汇聚起来，势必产生不可阻挡的强大力量，这就是民心的力量，是决定亚洲未来的最大的“道”与“势”。亚洲国家的多样性或许会催生出对“美好生活”的不同定义，但每个亚洲国家和每个有理性与良知的亚洲人都会承认，亚洲地区的持久和平与共同繁荣，乃是每个国家和每个亚洲民众追求美好生活的必要与重要前提。由此，维护和促进亚洲地区的持久和平与共同繁荣，乃是亚洲秩序重塑过程中必须始终坚持的目标。

从问题导向的角度看，对那些不利于亚洲持久和平与共同繁荣的风险挑战的积极应对，必然获得强大势头和广泛支持，成为重塑亚洲秩序的必经步骤。基于前文分析，可大致梳理出如下几项紧迫任务。

首先是各国的转型问题。没有亚洲各国良好的国内秩序，就不可能有良好的亚洲地区秩序。对多数亚洲国家而言，传统的国家治理体系已经无法适应新形势，不仅转型不可避免，而且时间相当紧迫。无论是推动经济结构调整还是政治合法性建设，无论是为众多青年人口提供充足的就业机会，为更大规模的老龄人口提供福利支持，还是为中产阶层提供更大的发展空间，为底层群体提供必要的托底保障，都有赖于国家治理体系、治理思路和治理能力的更新升级。亚洲各国的决策者必须更有意识地将建立更加先进的现代国家形态作为执政议程的重中之重。

转型是为了发展，唯有不断发展才能确保成功转型。亚洲各国国家禀赋各不相同，大多属于后发国家，要实现更好的发展，必须加强全方位合作，走共同发展之路。在地区主要大国的推动下，经过长期努力，东亚、南亚、欧亚的次区域合作取得明显进展，初步建立了地区合作网络，但与亚洲经济发展的巨大潜力相比，这种合作的规模和程度还有很大的提升空间。由于自然条件限制、技术能力限制和各国发展战略的差异，欧亚、东亚、南亚和中东几大板块之间的经济联系还比较弱，各板块内部还有一些国家尚未融入地区合作体系，仍比较封闭落后。要改变这种状况，真正实现所有亚洲国家共同发展，必须建立更加广泛的地区合作体系。

地缘纷争以及地区公共安全产品的匮乏，是各国共同发展无法回避的障碍。前文所述各类地缘纷争，有些需要就事论事而不能上纲上线，有些则需要战略统筹和综合施策而不能死揪一点，有些需要限于当事方解决而拒绝外部干预，有些又不得不依赖外部建设性力量的劝和促谈。在这些特性之外，其共性在于：其中任何一个纷争失控，都将对整个亚洲的安全构成全局性冲击，甚至断送 21 世纪亚洲的大好前途。因此，面对错综复杂的地区安全形势，每个亚洲国家都应树立更强的责任意识，更积极地参与地区互信机制的构建和安全产品的提供，为这些安全难题的管控与解决营造更加有利的整体环境。就此而言，亚洲急需建立一套各国共担责任的、更加包容的安全治理体系。

政治、经济和安全领域的深度互动，要求亚洲各国之间具有共同认可的规则体系和相通的文化价值体系。由亚洲各国按照国际通行惯例和亚洲地区的独特现实，根据共商共定共守原则推出的具有普遍约束力的新型地区国际法和地区规则理念，是必不可少的。而且，随着经济地位的提高和政治体系的日趋成熟，很多亚洲国家开始尝试扬弃外来输入的价值理念，更加重视文化自主性。前文提到的“亚洲方式”，其背后便有亚洲特有文化特质的支撑。未来，需要将这种亚洲文化意识进一步发扬光大，从而增强地区凝聚力和行动协同性。

如果各国在各自成功转型的基础上实现共同演进，在更加先进的地区合作体系中实现共同发展，在更加包容的地区安全治理体系中共同承担责任，并在这种深度互动过程中培育出相通的文化价值体系和日益自觉的地区意识，那么，这不仅意味着亚洲各国拥有了休戚相关的共同命运，而且意味着新的亚洲地区秩序趋于形成。

如果要给这个新型地区秩序冠以某个名字，没有哪个概念比“亚洲命运共同体”更为合适。

亚洲各国的共同行动

要建立更加先进的国家治理体系，就需要加强亚洲各国之间的治国理政经验交流和宏观政策协调。亚洲各国应打开心扉坦诚交流，为这种交流搭建必要的机制平台，就后发国家面临治理挑战的原因与特征、如何加强执政党的能力建设、如何统筹经济社会协调发展、如何维护社会总体稳定与公平正义等问题展开深入探讨和相互借鉴。中国作为在这方面走在前列的国家，应主动与其他国家加强这方面的互动。亚洲各国尤其要加强彼此之间的宏观政策协调乃至发展战略对接，这是全球一体和地区开放条件下先进治国体系的必要特征，亚洲各国唇齿相依，应该在这方面率先垂范，防止各国之间因缺乏对外协调而导致的政策“溢出效应”“倒灌效应”“共振叠加效应”。

要建立更加广泛的经济合作体系，就需要借助科技力量实现各类生产要素的深度互联互通互补。亚洲各国之间在国家规模、资源禀赋、发展阶段等方面的差异性，为它们之间的互补性合作提供了重要动力。无论是在东亚还是在中亚、中东和南亚地区，都还有一些国家尚未深度融入世界经济体系，从积极角度看，这构成了亚洲乃至全球新一轮发展的巨大潜力。对亚洲各国而言，应在道路交通等基础设施互联互通的基础上，充分运用新一轮科技革命提供的强大的联通和配置能力，将包括数据在内的各类新老生产要素以更优化的方式聚合在一起，确立一种以数据分析和人工智能为支撑的新型经济发展与合作模式，实现资源、劳动力、技术、经验乃至数据方面的合理流动、充分共享与优势互补，在程度更深、范围更广的地区一体化合作中为每个国家的发展提供持久动能。

要建立更加包容的安全治理体系，首要的问题是妥善处理中美两国地缘共处关系。并非所有的地缘纷争都与中美博弈相关，但中美两国作为对亚洲地区安全形势影响最大的系统性变量，处理好两国之间的地缘共处关系，有助于为其他地缘纷争的管控和解决营造必要条件。若中美两国陷入地缘对抗，无疑将对其他固有的地缘纷争与安全困境起到火上浇油的作用。首先，中美应加强地区秩序愿景方面的沟通对话，消除不必要的疑虑和误解，为确实存在的矛盾摩擦设定共同遵守的规则与红线，为对方提供最基本的安全承诺，防止因各自为最坏情况做准备而使冲突对抗成为自我实现的预言。其次，中美应持续加强两军交流对话，避免中美两军因台海、南海等问题擦枪走火，防止出现因地区矛盾失控而造成各方皆为输家的局面。

要确立更具感召力的文化价值体系，就需要亚洲各国不断挖掘亚洲文化精髓和加强亚洲文明对话。无论是在东亚还是在南亚和中东，亚洲的很多国家都是璀璨历史文化的传承者。伴随着亚洲整体复兴和各国现代化程度的提高，亚洲各国完全有理由也有条件树立更强的文化主体性和文化自信。在培育文化主体性的同时，亚洲各国还可以通过更多的文化交流，探寻亚洲各国文化之间的深层融通性；为提升亚洲文化感召力，亚洲各国还需要顺应时代要求，看看 21 世纪的亚洲和世界到底需要什么样的新型价值观，并以此为目标对迄今尚未定型的亚洲主流价值观进行提炼拔高。在这一过程中，中国亦可润物无声地发挥推动引领作用。

第四篇 构建更先进的现代国家形态

导读

除了国际金融秩序和亚洲地缘秩序，如何构建更先进的国家形态和治国方略，确保本国获得更大制度优势，也是未来30年大国博弈的核心议题。主要存在两种博弈类型。一是优化本国国家形态，即按照现代国家治理基本规律、世界未来变局总体走势和本国所处特殊方位，推动本国政治、经济、社会制度转型升级。本篇对美国、俄罗斯、印度等大国在此方面的处境和努力做出了评析。二是塑造他国国家形态，即利用各种手段影响他国的制度和治理，甚至攻击他国的“弱点”“短板”，实施“成本强加”，阻碍他国获取和发挥制度优势。本篇以美国对苏“政治战”为例对此进行了说明。本篇亦对中国在此方面的处境和态势有所分析，认为中国在建设国家形态方面有重大优势，应将外部博弈压力转化为内部改革动力，通过建设更先进的国家形态，确保民族复兴并引领新一轮世界现代化进程。

第十章　变局中的困顿与求索

百年变局对各国制度体系提出了更高要求，主要大国的处境与表现各不相同。美国显然还不愿意从自我编织的“例外论”和“优越论”迷梦中醒来，可是又遮盖不住国内政治僵局和社会乱象。作为全球最典型资本主义国家的美国，正面临“船大难掉头”的体制困境。俄罗斯在经历了屈辱凌乱的“休克疗法”之后痛定思痛，逐步探索从“西式民主”到“可控民主”和“主权民主”的政治转型，试图以“普京主义”为指引探索现代强国之路。印度则在沉重的封建历史包袱和早熟的西式民主制度的双重夹击中，艰难地以“强人政治”谋求突破。

福山的哀叹与桑德斯的呐喊

什么是先进的现代国家形态？这是美国著名政治学家弗朗西斯·福山一直在思考和研究的核心问题。

在福山的理论架构中，世界现代化进程中的“政治发展”或者说现代国家形态至少应具备三个基本要件：健全的政府、强有力的法治和民主负责制。所谓“健全的政府”，在福山那里被称为“国家”。笔者感觉，与其使用“国家”这个过于全面的概念，不如换用“政府”一词。因为福山所称的“国家”，乃是指“中央集权且等级分明”的官僚组织，其在界定国家领土上“享有合法的武力垄断”，所以显然用“政府”一词更为准确。所谓“强有力的法治”，是指对包括“最强大的政治参与者”在内的所有人具有普遍约束力的、反映社会普遍共识的、由独立自主的司法机构加以贯彻的一整套行为准则，从而对政府的垄断性权力进行约束。所谓“民主负责制”，是指国家政治制度必须为社会整体利益而不是狭隘的特殊利益服务，为占人口大多数的普通公民的根本利益负责。[1]

其中，健全的政府是现代国家的前提基础，强有力的法治是对政府权力的有效制约，而民主负责制则是对现代国家的目标设定。这三者共同作用，推动了现代国家的逐步形成和有序运转。在《政治秩序与政治衰败》一书中，福山把这种对现代国家形态的追求形象地描述为“如何到达丹麦”的童话式命题，即如何让一个国家“富强、民主、安全、治理良好，只有较低水平的腐败”。[2]

在研究生涯的早期阶段，福山显然认为最先进的现代国家形态并不在丹麦，而在美国。正处而立之年、意气风发的福山亲眼见证了苏联解体、美国取得冷战胜利，他确信他已得到最终答案——美国的自由民主体制。

1989年年初，仅有37岁的福山在国际问题期刊《国家利益》上发表《历史的终结？》一文，[3]预言自由民主体制将成为全世界最终的政府形式。随后几个月内，柏林墙轰然倒塌，美苏冷战以苏联解体、美国胜利告终，福山的这一“前瞻性”论断无疑引起人们的高度关注和热烈讨论。福山在这篇文章的基础上顺势对其思想进行扩充，删去原标题中的问号，在 1992 年发表了至今仍备受争议的《历史的终结与最后的人》一书。福山在书中断言：人类历史洪流中有关政治制度和国家形态的竞争已经结束，美国开创和代表的自由民主体制在竞争中取得了最后胜利。这种政治体制不仅具有效率优势，而且因它承认每个公民的尊严和价值而具有坚实的道义基础。自由民主也许是“人类意识形态演化的终点”和“人类政体的最后形式”，并因此构成“历史的终结”。[4]

福山对美国政治制度的自信，反映出当时美国整整一代人对本国政治制度的态度。在 20 世纪 90 年代以来美国经济巨大成功的支撑下，这种自信成为冷战后美国按照自身模板对其他国家进行所谓“制度改造”和“国家建设”的理论基础，也成为各国内部的一部分团体与个人积极向美靠拢的思想信念支撑。

然而，福山也意识到，任何制度可能都无法摆脱从进步到衰败的过程。导致制度衰败的两类原因，均源于难以抵制的人类天性。

其一是源于人类的保守天性。人类行为有内在的保守性，往往会向既存的制度投入情感。既然制度是为满足某种社会需求而创造出来的，并且在创造出来之后就成为一种重复发生的行为模式，那么，一旦最初促使它问世的情形发生变化，而它又无法对变化做出相应调整，它就会陷入制度僵化。就此而言，制度的稳定性恰恰成为其逐步走向衰败的根源。[5]

其二则是源于人类对亲友的情感偏爱。现代政治秩序旨在促进非人格化的规则，但实际的政治运行又不得不依靠具体的人来推动。实际的政治生活中，大多数社会精英往往依赖亲友网络来确保政治运行的效率，并将其视为保护自己地位的工具，以及自己刻苦努力的回报。这些精英一旦取得对国家的控制就无法摆脱对权力的迷恋，试图通过重用亲信、排除异己、封妻荫子等行动维护和延续其特殊地位与利益，形成历史上常常出现的“家族制复辟”。这会降低政治合法性，使制度不再为整体人民负责，从而破坏民主的初衷。长期的和平与繁荣，经常为“家族复辟”提供有利条件。当爆发经济衰退或遭遇外来政治冲击时，这种制度衰败就会引起政治危机。[6]

如今，福山所担忧的体制僵化已在美国政治中有所体现。在《政治秩序与政治衰败》一书中，福山忧心忡忡地写道：“制度僵化体现在一系列规则所引发的结果公认是坏的，但在本质上又无法改变。它们包括选举团、政党初选、各种参议院规则、竞选捐助制度、国会百年来授权造就的庞大且低效的政府……这些功能障碍的根源是美国制衡制度的副产品；这个制度易于产生粗制滥造的立法（从预算开始），以及国会和行政部门之间的分工不良……要解决这些问题，在理论上是可能的，但是最可行的方案仍没摆上议事日程，因为它们尚在美国的经验之外。”[7]

尤其让福山不解和不安的是，美国的民主体制本应有助于避免“家族制复辟”，但“家族制复辟”现象竟也在当今的美国政治中形成势头。“19 世纪的老问题——选票换好处的依附主义（即所谓的庇护体制），很大程度上已经被进步时代的改革清除。但时至今日，它转换成合法的礼物交换体系，个中的政客回应利益集团的要求，而后者加在一起并不能代表公众。在过去两代人中，美国的财富变得高度集中，经济实力可以买到政治影响。美国的制衡制度让强大的利益集团有机可乘……美国的整个体制已经腐败，日益丧失合法性。”“无法实施有效统治的问题也临到了美国自己头上。”[8]

如果说福山因美国政治体制的衰败而仰天长叹，认为短期内根本找不到可行的改革议程，那么更为激进的美国政治家、作为民主党的总统大选参选人之一的联邦参议员伯尼·桑德斯，则已经开始认真思考“什么主义可以救美国”这样的重大问题，并鲜明地亮出了对美国政治体制进行彻底改革的行动方案。

桑德斯虽然来自影响力不大的佛蒙特州，但他是民主党内人气最高的政治家之一。2016 年参加旨在竞逐总统宝座的民主党内初选，对另一候选人希拉里构成强大压力；宣布参与 2020 年总统大选后，很长时间内领跑民主党内各种民调。在桑德斯看来，美国已陷入严重的体制困境，由此导致愈演愈烈的社会危机。要改变美国政治中普遍存在的寡头政治、民主衰退、中产焦虑、贫富差距、税收不公、教育债务、刑罚之重、弱势群体缺乏保护和媒体操纵问题，就必须借鉴北欧的民主社会主义范式，从政策理念、机构运作、体制机制等领域同时入手，对美式资本主义进行大幅修补，限制华尔街、大公司等特殊利益集团绑架政治，实行减免学费、全民医保等惠民措施。[9]

美国是当今世界最典型的资本主义国家，在美国说社会主义的好是非常大逆不道的，严重违背“政治正确”。桑德斯在这种政治氛围之下旗帜鲜明地亮出“民主社会主义”口号，竟获得一片喝彩，尤其是在年轻人中粉丝甚多。在民主党内初选阶段，桑德斯的民意支持率在很长一段时期内稳居第一或第二位，令曾任美国副总统的另一位民主党初选候选人乔·拜登十分尴尬。在对18~29岁的美国年轻人进行的民意调查中，竟有超过一半的美国青年对民主社会主义的好感超过对资本主义的态度。

桑德斯的政治主张虽能在激情四射的演说台上和随手点赞的自媒体上博得一片喝彩，但其在政治光谱中仍难称主流，只能被归结为激进左翼民粹思潮，与特朗普和班农等人所代表的激进右翼民粹思潮遥相呼应，成为“一个豆荚中的两颗豌豆”。这两颗豌豆之间既相伴相生又相互攻击，其本质都是对美国政治现状和主流政治思想的反叛。特朗普入主白宫后，将激进右翼民粹思想付诸实施，给美国政治困上加困、乱上添乱。若“民主社会主义”方案真的在美国施行，也必然与现行一系列体制和政策难以兼容，制造更大的政治僵局和社会乱局。

倘若当今美国还有人能够摆脱自我陶醉的迷梦、跳出局部和短期利益桎梏，负责任地思考美国的政治体制改革和国家命运的未来，他（或她）的心里一定在反复念叨着这句话——“我太难了”。

“普京主义”在俄罗斯的实践

像俄罗斯这样横跨欧亚大陆、夹在东西方之间、兼具东西方特征的世界级大国，探索怎样的国家定位、确立怎样的国家形态和治国方略，一直是其执政者必须思考的问题。

几百年前，面对西欧各国因资产阶级革命而快速强盛，沙皇俄国通过效仿，也曾实现富国强兵，在列强逐鹿中纵横捭阖，但始终在政治上游离于欧洲边缘，从未真正融入西方世界。进入20世纪，作为首个社会主义国家的苏联希望通过帮扶其他社会主义国家及各国共产党，从而成为东方领袖，但其地位并未得到普遍认可。苏联曾带头开创出社会主义的国家形态并一度取得巨大成功，却终在内外因素共同作用下土崩瓦解、改弦更张。冷战结束后过于激进的“休克疗法”，不仅没有实现国泰民安和融入西方的梦想，反而险些遭受灭顶之灾。如何纠正以往在国家定位与国家道路方面的偏颇，确立更先进的国家形态和更可持续的治国方略，是冷战结束以来摆在俄罗斯执政者面前的最基本也是最紧迫的任务。

这成为普京上任后的历史担当。

冷战结束至今，俄罗斯能呈现今日之态势，与普京本人一脉相承并不断演进的思想理念和治国之道密不可分。这一思想理念和治国之道最初发端自“俄罗斯新思想”（这是普京1999年上台后初期的主要治国思想），发展于“可控民主”和“主权民主”，明确于“俄罗斯保守主义”，最新定型于“普京主义”这一提法的抛出。2019年2月11日，普京的总统助理弗拉季斯拉夫·苏尔科夫在俄罗斯《独立报》上发表《普京的长远国家》一文，正式提出“普京主义”。由于苏尔科夫曾作为“大内总管”的特殊身份以及他在国家意识形态建构方面的地位，“普京主义”的提出或许标志着俄罗斯现代国家形态和治国方略日趋成熟。

这一国家形态和治国方略包含政治领域的权力集中、经济领域的国家主导、社会领域对文化独特性的强调等几方面特征。

政治领域的权力集中，主要体现为对西式民主政治的扬弃和对国家独立自主的强调，“可控民主”与“主权民主”理念的提出是典型标志。俄罗斯在独立之初选择了以三权分立、多党政治、自由选举为基本原则的西式民主政治模式，结果造成总统与议会相持不下的“双重政权”，出现激烈权力纷争和政令不畅。1993年，叶利钦通过“炮打白宫”的“十月事件”摧毁了议会，镇压了反对派，将立法机关更名为“国家杜马”，于12月以全民公决的方式通过了以“总统集权”为主旨的新宪法，确立“超级总统制”。普京上台后，面对政局持续动荡、地方分离主义蔓延、权力腐败严重的难题，明确提出“可控民主”理念，坚持“民主”和“集权”并重，在制度设计上赋予民主选举产生的国家首脑以最高权威，采取果断举措约束议会权力，取消地方直选制度，强化总统与中央政府对议会和地方的控制。[10] 2005—2006年，面对西方国家企图通过策动“颜色革命”对俄罗斯和其他苏联国家实施渗透与控制，俄罗斯又提出“主权民主”理念，明确将“主权”优先性置于“民主”之前，与西方“分权民主”模式划清界限，凸显俄罗斯政治道路的自主性与独特性。

经济领域确立国家主导地位的主要举措是整治寡头。私有化初期，为迅速彻底地铲除共产主义政治模式的经济基础，支持民主政治的推广和民主派崛起，确保俄罗斯的市场经济转型进程不可逆转，俄罗斯大幅推进国有资产私有化，其速度之快、程度之深、范围之广是令人震惊的，因此造就了“寡头”阶层对金融和资源开发等重要经济部门的控制，催生出大量官商勾结的腐败行为、贫富严重分化和商人干政的危险苗头。这种状况普遍存在、司空见惯，甚至连叶利钦也不得不在 1996 年谋求连任时主动向寡头低头以求得支持。起初普京也曾通过与寡头合作上台，权力稳固后转而对寡头下手，采用霹雳手段对别列佐夫斯基、古辛斯基、霍多尔科夫斯基等人进行清算，并制定一系列整顿市场秩序的法律法规，使国家经济发展环境大大改善。这些努力与 21 世纪以来的国际高油价共同作用，推动俄罗斯经济迅速止跌回升，重新确立政府对国家经济命脉的控制。

社会文化独特性的核心是“保守主义”。普京治下的俄罗斯试图通过恢复传统文化、提升东正教地位、强化道德标准等手段重建主流价值观。在普京看来，俄罗斯“所需要的富有成效的创造性工作不可能在一个四分五裂、一盘散沙的社会里进行，不可能在一个主要社会阶层和政治力量信奉不同价值观与不同意识形态的社会里进行”。[11] 要凝聚各界力量、振奋民众士气，必须强调俄罗斯的独特性、恢复俄罗斯传统价值观，俄罗斯只有在确立保守主义的意识形态和价值观的前提下才能摆脱危机。这成为提出“俄罗斯保守主义”主张的动因。[12] 2008 年 11 月，作为政权党的“统一俄罗斯”党召开第十次代表大会，明确提出该党的意识形态的基础是保守主义，包括传统文化和爱国主义等内容；2009 年 11

月，该党第十一次代表大会通过新党纲，进一步确认保守主义是该党意识形态，并提出“保守主义现代化”的口号，试图在保留俄罗斯传统特性的基础上建设现代国家。同时，普京还顺应东正教复兴大势，[13] 充分利用教会推进社会教化。通过制定新的宗教法保证教会的社会地位、理顺教会与政府关系，引导教会在重塑国人的自我认同、强化社会伦理道德、弘扬爱国主义精神方面发挥正面引导和教化功能，将东正教打造为普京治国理念的支持者、诠释者和实践者。

这就是具有俄罗斯特色的现代国家形态和治国方略。其本质是“新国家主义”，即对西方倡导的“新自由主义”理念说不，果断强化政府在国家各领域生活中的地位和作用。这种国家形态和治国方略，强力扭转了俄罗斯一度受到西方渗透控制，国家内部分崩离析、动荡不堪的危险局面，恢复了国家的独立自主与和平稳定。国家在政治、经济、社会和对外领域的四梁八柱初步形成，国家利益与国民利益、国内与国际两个大局的统筹协调有序推进，使俄罗斯在国际舞台上成为举足轻重的一极。相比俄罗斯独立初期的混乱与虚弱，这样一种治国方略所取得的成绩值得高度肯定。

俄罗斯国家形态和治国方略的隐忧至少有二：一是其内部经济基础的牢固性，二是其在世界体系中的方位感。

资源丰富是俄罗斯国家禀赋的重要特色，是俄罗斯经济发展的重要依托，也是俄罗斯当前国家形态和治国方略的物质基础。这意味着，资源能源出口有能力支撑经济长远发展，乃是决定俄罗斯国家形态与治国方略的合法性和可持续性的首要前提。当前和未来几十年的客观现实是：全球范围内的化石能源供给将长期过剩，能源转型进程已加速推进，国际能源格局正发生几百年未有的深远变化。如何未雨绸缪地推动经济结构转型并形成相应的政治与社会安排，防止对资源出口过度依赖，是包括俄罗斯在内的诸多资源富集型国家需要面对的紧迫课题。同时，资源丰富的自然禀赋与政治上的权力集中相结合，难免产生由寡头控制国家经济命脉的情况。环顾全球，绝大多数资源富集型国家都采取政治上集中权力、经济活动由国家垄断的治理模式。普京因打击寡头而获得民众支持，却不得不依靠自己扶持起来的“新寡头”来把持国家重要经济部门。这种政商关系能否得到新兴中产阶层的认可，仍是很不确定的因素。

另外，对俄罗斯国家形态和治国方略的评判还必须立足于俄罗斯在世界体系中的位置。“世界体系论”代表人物伊曼纽尔·沃勒斯坦对俄罗斯的感觉是：虽然俄罗斯屡次从居于东西方之间这一特殊的地缘位置中获益，但俄罗斯从未因此成为世界体系的领导者；这种实际位置与战略雄心之间的差距，为俄罗斯“帝国传统”和“强人政治”的周期性出现提供了土壤。[14] 人们不免担心：如果“普京主义”不能造就一个令民众感觉自豪和舒适的“强大俄罗斯”，不能实现普京向民众承诺的“突破性发展”，却反而带来俄罗斯在西方世界的持续孤立和发展停滞，无法满足大多数民众希望融入西方社会的深层心理，那么它的社会动员力和持续性就会削弱，从而把日后没有普京的俄罗斯引向截然不同的道路，甚至不排除再度将俄罗斯推向混乱。普京执政以来俄罗斯在国家形态和治国方略方面的大胆行动，能否助其摆脱兴衰治乱的历史周期、实现真正的现代强国梦想，仍需更长时段的观察。

莫迪以“强人政治”谋求突破

作为被国际社会寄予厚望的重要新兴国家，印度在实现国家形态现代化方面的制约，有来自内部的一面——漫长历史发展中形成的封建主义生产方式和生活方式仍然具有强大影响，妨碍其向现代国家转型；也有来自外部的一面——近代被殖民的经历为其强行植入与发展阶段不相适应的西式民主制度，进一步增大转型难度。

封建残余在社会层面的首要体现是印度的种姓制度。种姓制度在数千年前就已出现于印度，是雅利安人入侵古印度后在当地建立的一套统治方略，并一直存续至今，其本质是封建主义的等级化社会安排。[15]这种尊卑有别的社会安排，看似有特定的宗教文化为其提供合法性论证，实则阻碍了人的自由流动、能力发挥与个性伸张，不利于现代市场经济的发展、现代社会共识的凝聚以及现代政治合法性的维系。

任何国家都无法完全绝缘于世界现代化进程，印度的这种与现代价值体系格格不入的封建等级制度也在内外冲击下日渐松散。殖民时期英国人的统治已经开始冲击印度等级森严的种姓制度，印度独立后制定的新宪法明确规定“法律面前人人平等”，对低种姓人员提供了必要的法律保护与政策支持；经济形态的演变也改变了社会结构，由传统的种姓制度延伸出的职业分工体系逐步被打破，一些在农村找不到工作的婆罗门高级种姓成员，只能去城市当餐馆服务员或人力车夫，一些中低种姓人员因经商或务农成功而发财致富，逐步占据更高社会地位，不同社会阶层之间的交往隔阂逐步消除，不同种姓间的通婚越来越多。[16]

种姓制度的松动本可为形成彼此平等、深度融合的现代社会提供良机，然而早熟的民主体制与跑偏的市场经济改革又把问题搞复杂了。

印度的政治权力结构被称为“三节棍”，中央、各邦与地方之间严重脱节。古代印度就因长期割据而远未形成类似中国的“大一统”局面，缺乏由中央政府强势推进国家治理的政治传统。18世纪中叶后的近200年间，印度处于英国殖民统治之下，西方政治制度和政治理念在印度深深扎根；1947年独立的印度将“议会民主”作为建国四原则之一，[17]并于1952年按照西方三权分立原则建立印度式的议会民主制度。早熟的政治体制的积极效果，是让印度避免了战后新独立国家常常出现的政权无序更迭和军政府统治，其负面效应是中央政府对国家发展的统筹能力严重不足。建国初期，凭借尼赫鲁等建国精英的超凡个人魅力和反殖民斗争累积的政治合法性，国大党尚能勉强维持中央权威和政策执行力。尼赫鲁逝世后，国大党内讧不断，政治权威大幅削弱；此后英迪拉·甘地和拉吉夫·甘地执政时期，政党纪律日益松弛，权力结构越发涣散，各邦与地方政府各自为政的现象十分突出。[18]

过度分权、相互脱节、缺乏统筹的政治体制必然加剧政治分化和社会分裂。许多种姓集团为在选举中捍卫自身利益而组成政党或政治集团，各地人口占优和势力强大的“选票集团”成为被竞相拉拢的对象，由此滋生出各种类型的腐败，而且强化了不同种姓、民族、阶层间的对立，这导致短期利益、局部利益和地方利益长期凌驾于长远利益、整体利益和国家利益之上，极不利于维系社会凝聚力和政治合法性，不利于国家长远有序发展。

印度建国后，时任总理尼赫鲁开辟了“印度社会主义类型社会”，即所谓“尼赫鲁模式”，走上一条公营经济与私营经济并驾齐驱的、不同于东西方的“第三条道路”。这一模式在有效捍卫印度政治自主，建立相对完善的国家工业体系、军事体系和科研体系的同时，也存在计划经济效率低下、私营经济发育不良、人民生活改善缓慢、经济增长日益乏力的问题，“尼赫鲁模式”陷入困境。1991 年，在国际、国内双重压力下，印度开启了以自由化、市场化和全球化为导向的经济改革：压缩公营部门，扩大公营部门自主权，放松对私营经济的限制，鼓励外国投资，放松进口限制，逐步推行货币自由化，大力发展高新技术产业等，改革一直延续至莫迪上台前。[19] 像同一时期推行类似举措的其他后发国家一样，印度的市场经济改革也显著扩大了贫富差距。社会分裂在民主政治中被进一步放大，在不同种姓、不同民族、不同阶层之间催生出更大敌意，紧迫的经济结构性改革也因此陷入无休止的争论。

经济失衡乏力、政治腐败低效和社会一盘散沙，为“强人政治”的出现埋下伏笔。2014 年 5 月，印度举行第 16 届人民院（议会下院）大选，纳伦德拉·莫迪领导的印度人民党获得压倒性胜利，组建了自1984年以来首个多数党政府，开启了莫迪以“政治强人”之姿主政印度的新时期。2019年5月，在第17届人民院选举中，莫迪领导的人民党再次获胜，席位数和得票率创下历史最高，开启“莫迪2.0时代”。莫迪作为“政治强人”在印度政坛的崛起，从直接原因看归因于印度人民党的长期耕耘，从更大背景看则源自印度政治、经济和社会各领域矛盾的累积以及国家发展状态的不可持续——必须有横空出世的政治强人，才能涤荡暮气、破旧立新。

莫迪改进印度国家形态的努力可分为以下三方面。

一是社会整合。为改变因种姓、民族和阶层差异而造成的社会分化，莫迪及其领导的印度人民党大力倡导“印度教特性”，强化印度教信众在社会生活中的主体地位，试图借助“印度教民族主义”重塑社会共识和国家认同。

从20世纪80年代开始，“印度教特性”运动逐步成势，印度人民党是重要的推动力量。这一运动主张印度教教徒是印度主体民族，主张复兴印度教传统价值观，并将之作为放之四海的社会行为准则，最终将印度打造成以“印度教特性”为官方意识形态的单一民族国家。这一具有民粹色彩的政治运动背后的逻辑是：信仰印度教是印度社会的最大公约数，[20]如能推动印度民众接受这一身份认同，印度社会的凝聚力和可动员性将大大增加。[21]莫迪本人也是一位强势的印度教民族主义者，认为“国家与印度教教徒是一体的，只有印度教教徒发展，国家才会发展，印度教的统一将使国家更加强大”。[22]这表明莫迪有意将印度教复兴作为凝聚社会共识、强化国家认同的意识形态工具。

2014年莫迪上台以来爆发的一系列社会事件，都与印度教民族主义复兴有关。例如，针对穆斯林和低种姓印度教教徒展开暴力“护牛运动”；[23]贾坎德邦议会通过《2017年宗教自由法案》（即“反改教法”），禁止“达利特人”（即“贱民”）因不堪忍受欺压而改变宗教信仰、皈依伊斯兰教等其他宗教；鼓动穆斯林和基督徒改信印度教的“回家运动”；2019年年底，莫迪政府推出公然歧视穆斯林的《公民身份法》修正案。[24]

二是政治整肃。莫迪本人以身作则，自称“劳工1号”，以“素食主义者”和“禁酒主义者”的形象树立起自律、廉洁、高效的政治品格，为其他政府官员树立榜样；同时，依托党员人数达到1亿、号称“世界第一大党”的印度人民党的强大组织体系，确保在中央、各邦和地方各层级政令畅通。莫迪上任后，大力整顿官僚作风，颁布“莫迪11条戒律”，敦促公务员简化办事流程并严守政治中立；废除繁文缛节，精简内阁人数并压缩公费支出，加快项目审批速度和提高决策透明度；修订《反腐败法案》，建立政府人员诚信名单、严厉打击腐败行为。[25]

三是经济改革。总的方向是借助强大的政治声望和社会支持，加快市场化改革，优化经济结构，提振经济效率。具体措施包括：放松政府管制，撤销带有指令性计划特征的、已存在65年之久的“国家计划委员会”，以“全国改革印度协会”取而代之，从体制机制层面加快市场化、自由化改革；减少政府补贴，取消对柴油、煤油、天然气、化肥等商品的价格管制，让市场发挥更大作用，推动企业依据市场需求自主决定生产活动；修改 GDP 统计方式，以更快的经济增速提振国内外对印度发展前景的信心；推出“印度制造”战略，重点扶持汽车制造等 25 个产业领域，设定 2025 年制造业占 GDP 比重提升至 25% 的目标，誓言把印度打造为“20 万亿美元级别经济体”和堪与中国相媲美的“世界级制造业中心”，在提升国际竞争力的同时为民众创造更多就业机会；提出“数字印度”战略，提出尽快建成 100 个“智慧城市”的计划；发起“清洁印度”运动，将治理恒河水质污染作为重中之重；严厉打击黑色经济，以雷霆之势发布“废钞令”，打击偷税漏税和走私等非法经济活动，扩大政府税基，营造更规范的营商环境；成功推动建国以来最大规模税制改革，改变了邦内税、中央税和邦际税同时存在，消费税、劳务税、增值税、入市税、过境税名目繁多的混乱局面，确立了“商品与服务税”单一税制，为印度创造统一国内市场，完成了历届政府一直想做却没做成的一件大事，成为“莫迪经济学”的里程碑式成就。莫迪当政后，印度在世界银行“营商便利指数”的排名稳步提高，从 2015 年的第 134 位升至 2019 年的第 77 位。

莫迪“强人政治”的背后，是组织严密、纪律严明、群众基础扎实的强大政党（印度人民党）及其完善的社会组织动员体系。莫迪的“强人政治”并不是“一个人在战斗”，也不会是印度政治的短期现象，而是代表了印度建立现代国家过程中的重要阶段性特征。不仅莫迪政府在建立国内统一市场等方面的重大执政成绩应该得到认可，而且作为后发国家的印度依靠强有力的政治领导人和政治集团谋求体制突破、应对内外变局，这种路径也有很大的合理性和必然性。

“强人政治”并非无所不能。沉重的封建主义历史负担和早熟的民主制度对莫迪施政构成强大束缚，为印度谋求国家转型、建设现代国家的前景蒙上阴影。

土地改革的挫折，就是典型例证。2014 年年底，莫迪政府为改革土地制度、加快招商引资，拟定了“土地征收法修正条例”草案，试图对施行不久的《2013 年土地征收法》予以修改，通过进一步降低征地门槛，突破既有征地制度对工业化和基础设施建设的制约。但该提案遭到国会上院反对党的抵制而迟迟未获通过；担心失去土地的农民团体也强烈反对，最高法院则宣布条例违宪。莫迪政府此后又经过数次努力推动该提案，均无任何进展，最终不得不宣布土地改革失败。与此类似，莫迪政府运筹推进的用工制度改革，也始终面临巨大社会反弹。而用工制度和土地制度，恰恰是印度推进经济转型必须逾越的“两座大山”。

与中国推进改革开放面临的国际环境相比，莫迪治下的印度大张旗鼓地推进现代化改革之际，却赶上世界经济进入漫长的下行周期。全球产能过剩、需求持续疲软、保护主义盛行对印度借助外力推进内部改革非常不利，“印度制造”想要在世界市场上获得与“中国制造”比肩的经济影响力，恐怕非常困难。这是莫迪借“强人政治”谋求体制突破面临的最直接挑战。对中国而言，除了得益于相对有利的外部环境，中国改革开放的成功还离不开土地等重要生产资料公有制、中国共产党的强有力领导以及几千年文化融合形成的社会凝聚力。相比之下，印度在这方面显然先天不足。

莫迪当政以来在土地改革、税制改革、货币改革以及在宗教、民族、人权等领域的每次行动，都在国内掀起巨大波澜。2040 年前，印度基础设施资金缺口高达 4.5 万亿美元，巨大的资金供应瓶颈持续困扰着印度的基础设施部门。对印度政府而言，既要推动结构性改革，又要维持不低于 8% 的经济增长率以消化新增就业人口，谈何容易？特别是莫迪作为“政治强人”强推的一些“不民主”手法，与印度自我标榜的“最大民主国家”身份很不相符，给批评者留下把柄。这些挑战不断冲刷着莫迪的执政基础。

人们有理由担心：莫迪能否长期保持强人地位？如果施政不顺，莫迪会不会变得越发激进从而欲速不达、事与愿违？多种迹象表明，印度还没有完全摆脱封建主义束缚，尚未完全做好实现全面现代化的准备。未来几十年，印度要建成与自身特殊国情相适应、与大国梦想相匹配的现代政治形态、现代经济形态和现代社会形态，还有很多“硬骨头”要啃。

第十一章　美国对苏“政治战”的警示

抑制并削弱其他大国的制度优势，干扰和控制他国塑造国家形态的过程，甚至利用竞争对手的困难、“弱点”与“短板”实施“成本强加”和“战略误导”，也是大国博弈的常用手段。这种手段通常被称作“政治战”。本章将着重分析“政治战”这一大国博弈的主要方式，通过回顾美国对苏联发动“政治战”的手法和影响，以及冷战后美国推动“制度输出”与“国家重建”以及对一些国家策动“颜色革命”的过程，深入观察冷战期间和冷战后的大国是如何进行制度竞争的，并由目前的一些蛛丝马迹，预判未来主要大国之间展开制度竞争的可能前景。

什么是“政治战”

现代意义上的“政治战”，是既不同于日常的外事交往与经济联络也不同于全面军事冲突的一种国家间互动形态，是综合运用除了传统军事冲突外的经济、政治、外交等多种手段，对竞争对手或特定对象实施干扰、打击、削弱、颠覆的一种博弈策略。特别是在核武器时代和全球化时代，政治战是有能力相互摧毁或者深度相互依赖的竞争性国家之间展开战略博弈的主要方式。[1] 政治战与学界讨论的“心理战”“信息战”“舆论战”“颠覆战”“意识形态战”“非常规战争”“混合战争”“争夺中间地带”等概念学说有相似性，其共性都是指不同于以往兵戎相见和正面对抗的新型大国博弈。

政治战的实施主体主要是国家。英国被认为是发动政治战的老手，美国无疑是政治战的顶级玩家，而在美国看来，冷战时期的苏联、冷战后的俄罗斯以及伊朗等国家，也有能力对美国发动政治战，并对美国构成很大的安全威胁。同时，一些研究认为，像“伊斯兰国”这样的非国家行为体在全球范围内发动政治战的本领也不容低估。[2]

政治战的基本特征如下。

一是“非军事”，即直接军事冲突之外的其他博弈方式和博弈形态。有人可能会引述克劳塞维茨的理论，认为“战争是政治的延续”，一切战争就其本质而言都是政治的，但政治战这一概念更强调非军事的一面，是克劳塞维茨的战争学说在和平条件下的运用，政治战与“混合战”的微妙差别就在于此。“混合战”同时涵盖了军事与非军事两种形态，政治战则对“不战而屈人之兵”或“零伤亡的胜利”有更明确的追求。[3]

二是“全政府”。“政治战”不是某个单一部门实施的具体行动任务。通常而言，外交部门、经济部门、军事部门和情报部门都深度参与其中，并在相互之间有极高程度的“政经并举”“公密配合”“内外联动”。除了外交部门和经济部门所采取的公开行动，情报部门常常在其中发挥着重要的信息支撑作用或负责实施秘密行动，军事部门也常以战场行动之外的隐蔽方式参与其中；为配合对外行动，国内也通常需要进行社会动员、立法准备、政策支持和相应的资源配置，内政部门因此也参与进来。这意味着，发动政治战的首要前提条件是“协调”，通常包括政府内部的“跨部门协调”和对外领域的“跨国协调”。美国冷战战略的设计师乔治·凯南在最早阐释政治战的构想时就宣称，无论是公开行动还是秘密行动，都应由美国国务院负责指导协调，这是确保政治战成功的关键。[4]实际行动中，美国国务院、国际开发署、国防部、财政部、中央情报局等部门，根据行动的不同性质形成紧密配合的网络。当然，跨部门协调和跨国协调从来都不是简单易行的。协调程度如何，直接决定政治战的效果。

三是“长期性”。美国对苏联发动的“冷战”被认为是最典型和最“成功”的政治战。其突出特点是举国动员、周密布局、长期打算、迂回推进、反复攻击，不求毕其功于一役。国际研究界所认定的其他政治战案例，也大多有此特征。

四是“隐蔽性”。除了美国对苏冷战这种已众所周知的政治战，其他大多数政治战在推进时都是秘而不宣、只做不说、不留痕迹（即所谓“轻脚印”）的，绝不透露或承认其行动的战略意图。为隐藏行踪和战略意图，政治战往往大量使用“代理人”和“第三方”力量。

五是“根本性”。政治战的背后是国家之间政治制度、意识形态或根本利益的冲突，是在军事冲突可能导致相互毁灭的情况下国家之间展开高端战略竞争并最终分出胜败的存亡之争。尽管没有硝烟，但是其激烈和惨烈程度丝毫不减。

六是“不确定性”。政治战未必总是达到发动者期待的效果。例如，美国为牵制苏联而对阿富汗“圣战者”的支持，意外推动了塔利班的崛起，给其后的美国政府制造了大麻烦；20 世纪八九十年代之交，美国曾想在中东北非地区通过推行民主制度壮大亲美势力，结果却是反美、反世俗的宗教极端势力在民主选举中快速崛起。[5]

大国博弈中的政治战常常有如下四种手段。

一是“心理攻势”。具体方式是由高度组织化的宣传部门，借助话语、图像、理念等信息工具，综合运用公共外交、舆论造势、特定心理行动等多种手段，对竞争对手或特定国家的决策者和公众进行心理层面的引导塑造，也就是发动“心理战”，力争使其行为符合政治战发动者的特定目的。[6]研究界偶有论及的“战略传播”和“战略欺骗”[7]等手段，也是这种“心理攻势”的延伸和变种。其核心特征是在特定时期释放特定信息，对竞争对手的主观心理和内部政治进程（如选举）实施干预与引导，以达到特定的政治结果，或对其决策过程实施干扰和误导，以增大其决策成本甚至导致决策偏差。在信息化时代，运用“脑科学”“人工智能”“大数据”等更先进的操控手段而展开的心理攻势将比以往更加隐蔽，主要大国之间的“数字化竞争”也将更加激烈。[8]

二是“经济诱压”。这是指利用特定国家的对外经济依赖，通过援助和制裁等方式施加影响，或者对其国内经济结构的薄弱环节进行暗中破坏，延缓其发展速度并造成巨大经济损失。冷战初期的“马歇尔计划”被认为是利用援助来实现特定政治目的的经典案例，美国借此成功阻挡了共产主义在西欧的传播，有力地服务了美国对苏遏制总体布局，推动美国更有意识地将经济援助作为强有力的对外政策工具，并促成1961年美国国际开发署的组建。与经济援助形成对照，冷战期间美国对古巴和伊朗等国实施的经济制裁，以及美国联手其他西方国家对苏联的技术封锁和贸易禁运，则属于经济杠杆的另一种使用方式。此外，美国还通过推动东欧国家的经济自由化改革，分化苏联集团的内聚力，努力压低国际能源价格以打击苏联能源出口，甚至向苏联提供有缺陷的设计图纸、机器设备和计算机芯片，蓄意破坏苏联经济安全。[9]对此，本章下一节将有进一步阐述。

三是“内部分化”。将目标国家内部的民族、宗教与社会矛盾或少数人群的不满情绪视为可加以利用的议题，对目标国家实施“成本强加”、立场分化和形象诋毁，这也是美国在冷战期间对苏联常常使用的手段。例如，支持苏联的“异见人士”，秘密扶持苏联体制内部的亲美势力、“高级代理人”、“战略内应”等。在美国一些研究者看来，在俄罗斯与乌克兰的博弈中，乌克兰国内亲俄力量成为俄罗斯对乌发动政治战的重要资源。[10]

四是“外围牵制”。主要方式是对竞争对手的国际伙伴体系与全球地缘布局进行渗透、骚扰和分化（如美国对东欧国家的经营），对竞争对手“地缘支点国家”（如苏联地缘布局中的古巴）施加强大压力，或者通过制造某种冲突将竞争对手推入进退两难的“地缘陷阱”（如20世纪80年代美国在阿富汗大力支持反苏联的叛乱力量），以此消耗对手的经济和外交资源。

寻找苏联的短板并加以攻击

美国对苏联发动的“政治战”，是有能力相互摧毁的两个超大国家之间展开的一场非军事化的全面战略博弈，是一方的困难和短板被另一方巧妙利用并在很大程度上决定了双方博弈结果的经典案例。

准确定位美国发动的政治战在苏联解体中发挥的作用，是我们回顾这段历史时首先应该搞清楚的问题。几十年来，针对苏联解体的原因，可谓众说纷纭、难有定论。按照科学的认识原理，可以肯定的是，苏联的国内困难以及政策失误（作为事物发展变化的内部原因）是苏联解体的基本驱动力。我们应该在确认这一点的基础上去评估政治战（作为外部原因）在苏联解体过程中起到多大作用。这并不是说“政治战”不重要。美国对苏联政治战的危险之处恰恰在于，它利用并放大了苏联内部的困难和短板，最终成为苏联垮台的“催化剂”。

冷战结束后，在一种认为历史已经终结、资本主义最后获胜的乐观心态下，美国研究界开始公开谈论和研究美国对苏政策的细节，陆续产生了一批研究成果。这让我们得以更好地了解美国对苏政治战的细节。其中一部由美国中央情报局前雇员彼得·施魏策尔撰写的著作内容翔实、观点鲜明，详细介绍了 20 世纪 80 年代里根政府的对苏政策操作，在相关研究中具有较高代表性，是我们理解“政治战”的良好素材。接下来，我们就以这本书为基础，简要描述一下美国对苏政治战的部分历史细节。

在这本名叫《胜利：里根政府加速苏联垮台的秘密战略》（中文版译名为《里根政府是如何搞垮苏联的》）的书中，[11] 作者施魏策尔在“绪论”中就坦率地道出美国对苏政治战的基本逻辑：

> 苏联领导层在80年代所面临的“资源危机”，并不是美国的政策造成的，而是这种体制的一种内禀特征。但是……美国具有一项加剧这种危机的政策。这项政策有许多形式：隐蔽外交、秘密行动、科技潮流与持续不断地增强防御力量，以及一系列向苏联经济的转动装置上撒沙子的行动。同时，华盛顿卷入了许多高赌注的计划，旨在侵蚀苏联的外围地带，不仅要在第三世界，而且要在苏联帝国的心脏地带努力击退苏联共产主义。[12]

施魏策尔在“绪论”中继续写道：

> 里根政府试图利用苏联的弱点，以确立美国的战略优势……1982年年初，里根总统和几位重要顾问开始制定一项战略，对苏联体制的基本经济与政治弱点进行攻击……它是一场无声的战役……是一种战略攻势，其目的就是要把超级大国的斗争矛头转向苏联集团甚至苏联自身。[13]

在交代了对苏政治战的基本逻辑后，作者施魏策尔就开始详细介绍里根政府的具体行动。由于这本书的作者不仅作为专家参与制定了相关战略，而且在写作此书过程中采访了里根政府的多位高官和直接当事人，因此可以说这本书的信息量是非常丰富的。[14]

如果对施魏策尔的描述予以归纳，那么美国对苏政治战主要包括“打击苏联经济”“支持波兰团结工会”“发动一场圆滑而详细的对苏精神战”“在世界各地给苏联制造麻烦”四方面内容。[15]

为打击苏联经济，里根政府多管齐下。一是寻找苏联经济的弱点。里根政府上台后，美国中央情报局建立了一种对苏联硬通货流通及其在国外收入情况进行跟踪的情报体系，改变以往对苏联经济状况的一般性分析，着力加强对苏联经济“脆弱性”的研究，以便以己之长攻彼之短，集中力量攻击苏联的虚弱之处。[16]二是全力打击苏联能源出口。里根政府认识到，“在苏联的所有弱点中，最主要的就是它的经济”。[17]能源出口是苏联经济的命脉，对国际能源市场的依赖和对国际能源价格的敏感是苏联经济的重大短板。基于此认识，里根政府加强与沙特阿拉伯王室的战略协调，以美国向沙特阿拉伯提供安全保障为条件，推动沙特阿拉伯压低国际石油价格；限制苏联向西方出口天然气，打压苏联与西欧国家联合建设的天然气管道项目，发动了一场“使苏联硬通货显著减少的战役”。三是发动一场包括秘密外交在内的全球性战役，极大地减少苏联获得西方高科技的可能性。尤其是对于那些苏联认为很重要却无法通过本国研发获得（或本国研发耗资巨大且耗时漫长）而只能从西方购买或窃取的所谓“瓶颈技术”，里根政府大力加强出口管制，严防美国和第三国供应商对苏出售敏感高精尖技术。同时反复劝说和强迫美国商业公司减少对苏投资，甚至断绝与苏联的经济联系。四是散布虚假技术情报，阻挠苏联借获取外部技术以提升科技实力和改善经济状况。“我们主要是向苏联提供错误的或者部分错误的数据和资料，从而迫使他们做出错误的技术决策……通过这种办法把他们搞糊涂……使苏联经济的效率低下和结构缺陷进一步加剧。”[18]五是开展一场具有进攻性的技术国防建设，也就是发动军备竞赛，使苏联感受到重大经济压力，加剧其资源危机。

为“确保反对派在苏联帝国的心脏得以生存”，里根政府对波兰“团结工会”的活动予以大量财政、情报和后勤支持。[19]根据苏联 1984 年出版的《“钋行动”的破产》一书，早在 1977 年美国中央情报局就选定波兰为东欧“最容易突破的薄弱环节”，在此展开颠覆波兰共产主义政权的“钋行动”计划。[20]里根政府上台后，延续卡特政府时期的政策，联手北约其他成员国继续对波兰实施有条件援助，并有条件延长波兰到期债务的偿还期限，其条件就是要波兰政府确保“团结工会”的合法权利。里根政府发出警告，无论是波兰还是苏联对“团结工会”的压制，都会导致西方中止对波经济援助，迫使波兰政府向团结工会让步，并减少波兰对苏联的依赖。同时，美国推动波兰“团结工会”领导层成员频繁出访美国、英国、法国、联邦德国、日本等国，向他们展示西方资本主义的富庶和先进，鼓励他们在国内也推动相应的改革。为加强与“团结工会”的联系并掩人耳目，美国中央情报局使用了以色列情报机构摩萨德在波兰的情报网络，利用罗马教皇的个人感召力和鲜明反共立场对“团结工会”与波兰民众施加影响，同时推动波兰裔美国人前往波兰定居，以多种方式参与当地的反政府活动。在波兰国内形势恶化，波兰政府实施军事管制、宣布“团结工会”为非法后，美国迅速启动对波兰的经济制裁，中止执行对波协议，并加大对“团结工会”的支持力度，帮助“团结工会”恢复合法地位，直至波兰发生政治剧变。

为在全球范围内给苏联实施“成本强加”，美国一方面极力煽动各国对苏联扩张的恐惧和反感，另一方面暗中对各地叛乱分子予以政治、经费和装备支持，将地缘政治乱局的祸水引向苏联。时任美国中央情报局局长威廉·凯西为此常年秘密奔波于世界各地。其中，利用苏联对阿富汗的入侵，对阿富汗抵抗组织提供财政和军事支持，是一项重要举措。在施魏策尔看来，“如果技术竞赛损耗了苏联的力量，那么地缘政治的挑战就有可能动摇苏联帝国的根基。根据里根总统的指示，比尔·凯西正在全球范围内部署许多秘密行动，以击退苏联的势力。凯西就是这样一个人，他在这盘国际象棋的比赛中信心十足，不是要吃掉对方几个小卒子，而是希望把对方彻底将死”。[21]

所谓“圆滑而详细的精神战”，[22]就是在苏联国内煽风点火，让苏联人感觉到美苏之间的力量平衡正向美国一方倾斜，使苏联领导层“变得优柔寡断和担心害怕”，削弱苏联的心理优势，增大其决策难度，误导其决策方向。美国意识到，“如果对方在心理上还没有遭到毁灭性的打击，那么我们是不能够向他们发起挑战的。在处理众多危机的过程中，能够使一个控制严密的政治体制……感到恐慌，因为他们不习惯这种局势”。[23] 为扰乱苏联领导层和普通民众的心智，在苏联内部制造恐慌、矛盾和不满情绪，美国采取了各种手段，包括一些极为隐蔽的手段，其中一些已经暴露于世，一些至今恐怕仍不为外界所知。对于美国的战略意图，当时的苏联并非毫无感觉。戈尔巴乔夫在一次公开讲话中就谈到，美国“想为苏联领导层制造各种各样的难题，包括社会领域，妄图破坏苏联提高我们的人民的生活标准的计划，从而激起人民对领导层的不满”。[24]

上述几方面举措共同构成了美国对苏政治战。多方面外力共同作用，使苏联的短板日趋暴露、内外困难日积月累，最终加速了苏联解体。作为美国对苏政治战的亲历者，作者施魏策尔在该书“后记”中这样总结：

> 苏联不会由于美国的渗透而解体，也不会由于时间对我们有利而解体。如果不是克里姆林宫面临着美国的“战略防御倡议”和国防建设、在波兰和阿富汗的地缘政治挫折、在能源出口方面遭遇了数百亿美元的硬通货损失以及无法获得西方技术等综合因素所产生的累积效应，我们有理由相信苏联会渡过难关。[25]

施魏策尔的言外之意是，政治战威力巨大，功不可没。正是里根政府发动的对苏政治战，帮助美国最终赢得了冷战的胜利。

这段历史，不可不察。

政治战在冷战后的延续与变化

表面看，冷战结束后的美国失去了最主要的竞争对手，确立了“一超独霸”的优势地位，美国发动政治战的紧迫动力似乎消失了。冷战后，美国对外援助的力度明显减弱，其数额从 1984 年必须无条件地占预算支出的约 4.5% 下降到 2002 年仅占预算支出的 2%。[26] 1999 年，曾经在美国对苏政治战中发挥重要作用的美国新闻署（USIA）被撤销。这是不是说明美国从此马放南山、对发动政治战再无任何兴趣了呢？

显然不是。

在美国看来，从苏联中脱胎出来的俄罗斯仍是重要的潜在对手。其广袤的幅员、横跨欧亚的特殊地理位置、仍然多达 1.5 亿的人口规模、数量庞大的核武库以及它在世界能源市场的分量，均不可小觑。尽管刚刚脱胎出来的俄罗斯百废待兴、虚弱不堪，对西方尊敬顺从，但若俄罗斯缓过神来，有朝一日东山再起，仍将对美国构成重大威胁。而且在美国看来，苏联解体给欧亚大陆带来的全新地缘形势甚至是相当程度的混乱，如果应对得好，将扩大美国的战略优势；应对不好，则可能成为麻烦。因此，冷战刚一结束，美国的战略界和决策者就已经开始思考，如何对新生的俄罗斯的国家形态进行引导塑造，使之符合美国的预期和利益，并利用从苏联体制中脱胎出来的其他国家试图去除“俄罗斯化”、彰显自身国家特性的天然倾向，[27] 削弱这些国家与俄罗斯的联系，防止它们与俄罗斯再度联合起来。

继续“弱俄”“遏俄”，推动苏联国家“远俄”“反俄”，成为20世纪90年代以来美国继续发动政治战的主要动机。其本质是深度消化冷战遗产，其目标是防止俄罗斯东山再起，其方式是在这些国家前途迷茫之际，积极引导塑造这些国家的政治制度、经济模式和社会组织方式。与80年代美国对苏政治战高度集中于苏联本身，并较多地使用经济施压和外围牵制等强制性、破坏性手段不同，冷战后美国发动的政治战更加柔性、更加隐蔽、更加分散，更加注重立足于俄罗斯与其他苏联国家的政治、经济和社会形势新特点。

经济层面，主要手段从制裁改为引诱，利用这些国家独立之初急于发展经济的实际需要，提供大量经济援助，推动西方资本大规模进入，并提供以自由化、私有化为核心特征的经济体制改革方案。政治层面，主要手段从批评改为鼓励，支持这些国家效仿西方民主制度，以三权分立、民主选举、多党轮替为核心重塑本国政治体系，打破原有外部力量较难介入的集权体制，为美国影响该国政治提供机会，并大力扶持亲西方、亲美国的政治人物登台执政。社会层面，主要手段从煽动不满改为深度经营，趁这些国家在建立初期社会混乱、法规松弛、治理能力严重不足、治理思路模糊不清之际，推动西方各类非政府组织大举进入，借建设所谓“公民社会”笼络各类社会力量，为日后干预该国政治和策动街头政治储备人力资源。心理层面，将重点从扰乱别人转向自我标榜，大力宣传美国地位的优越性、美国文化的先进性和美国介入当地事务的正当性。国际层面，从外围牵制转向内部规制，通过吸收这些国家加入相应的国际组织，以所谓“普世价值”和国际规则对其行为进行隐性约束。

对俄罗斯，美国发动政治战的主要手法，是对俄罗斯时任领导人叶利钦好言抚慰，邀请叶利钦在美国国会发表演讲，鼓励他将俄罗斯引向自由民主的“光明方向”，并提供一揽子援助，帮助叶利钦巩固国内地位，确保其对美言听计从；[28] 在此基础上，“帮助”俄罗斯在经济上以“休克疗法”进行激进的私有化改革，在政治上快速推进“民主改革”，鼓励俄罗斯建立各种“独立媒体”和“公民社会”组织，以“纳恩·卢格项目”为俄罗斯销毁核武器提供财政支持，支持俄罗斯“重新融入国际社会”，将其拉入多个国际组织。其结果是造成20世纪90年代俄罗斯内部每况愈下、高度混乱。

在中东欧，美国发动政治战的主要方式，是联手欧洲盟友，推动地区国家“入盟”（加入欧盟）和“入约”（加入北约），以防其再度落入俄罗斯的势力范围。1993年，欧盟理事会哥本哈根会议为中东欧国家加入欧盟制定了政治、经济、法律总框架，包括政治民主化、经济市场化、法律体系统一化等多个方面。在美国的支持和欧盟的引导帮助下，中东欧国家相继建立了以私有制为主体的所有制结构，并对社会体制进行了改革，以满足入盟标准。2004年，爱沙尼亚、拉脱维亚、立陶宛、波兰、匈牙利、捷克、斯洛伐克、斯洛文尼亚、马耳他、塞浦路斯10个国家加入欧盟。2007年，罗马尼亚和保加利亚又加入欧盟。

在美国的推动下，1999年，波兰、匈牙利和捷克三国正式加入北约。2004 年，保加利亚、爱沙尼亚、拉脱维亚、立陶宛、罗马尼亚、斯洛文尼亚和斯洛伐克 7 个国家正式加入北约。2008 年，北约布加勒斯特峰会又批准克罗地亚和阿尔巴尼亚加入北约，使北约成员国达到 28 个。

在中亚，20 世纪 90 年代以来，美国以帮助中亚各国发展经济和保护人权为由，积极介入当地事务。[29] 1992 年起，美国政府根据《自由援助法》向苏联国家提供累计超过数百亿美元的财政援助，推动这些国家建立“市场经济”和“民主政治”。21 世纪初，独联体一些国家陆续进入国会或总统换届选举年。美国顺势介入选举进程，推动建立亲美政权。[30] 人们熟知的 2003 年格鲁吉亚“玫瑰革命”、2004 年乌克兰“橙色革命”和 2005 年吉尔吉斯“郁金香革命”，都是美国自 20 世纪 90 年代以来在该地区长期经营的结果。

进入 21 世纪后，美国所处的战略环境发生了两个重要变化：一是恐怖主义威胁成为切肤之痛，二是俄罗斯和中国等新兴大国群体崛起。“9 · 11”事件打疼了美国，而普京的当政预示着一个独立自主、止跌回升的俄罗斯即将出现，中国的“入世”则吹响了一个重量级新兴大国的复兴号角。这促使小布什政府的大战略必须同时兼顾反恐和应对大国崛起。因此，其在先后发动阿富汗战争和伊拉克战争后，又借铲除恐怖主义滋生土壤为由，以阿富汗和伊拉克为支点，在“大中亚”和“大中东”地区发动了大规模的“民主化”运动，把目标瞄向那些被扣上“支恐”“谋核”“仇美”“独裁”帽子乃至所谓奉行“修正主义”的国家，谋求实现

“反恐怖”“防大国”“拔钉子”“扩优势”等战略目标的统筹兼顾。就美国以多种非军事手段对全球重要地缘区域实施长期介入和改造，为自己在21世纪的大国竞争中累积战略优势而言，“大中东民主计划”和“大中亚民主计划”的本质仍然是政治战。

美国来势汹汹地在“大中东”和“大中亚”地区推动民主化，引起了其他地区国家的高度警觉，也在对象国内部激起剧烈的政局震荡。而且，被扶持起来的各国亲美政治势力并未获得优势地位，反而导致很多国家因担心遭到“政权更迭”而纷纷向中俄靠拢。例如，美国在中亚推动“民主改造”和“颜色革命”的最直接负面效应是，2005年“安集延事件”后，长期对美友好且具有“战略支点”地位的乌兹别克斯坦与美国反目，限制美国的非政府组织在乌活动并关闭美国在乌军事基地。这令美国十分尴尬，成为政治战产生反效果的绝佳案例。

由于美国在这些国家发动政治战的手法被识破，其灵验程度大打折扣。各国积极加强防范，在接受美国附加政治条件的援助时更加谨慎，在国内也收紧了对独立媒体以及西方非政府组织的监管。特别是作为美国发动政治战的首要对象，普京治下的俄罗斯采取了一系列抵御防范“颜色革命”的立法与行政措施。[31]其他一些国家也纷纷效仿。据报道，截至奥巴马政府第二任期后期，已有60多个国家通过或起草了旨在规范境内非政府组织活动的相关法案，近百个国家采取措施限制非政府组织活动。一些带有较强政治意图的国际非政府组织慨叹：全球这一波对非政府组织进行限制性立法的速度、广度和力度前所未见，它们的活动空间正在被极大压缩。[32]

奥巴马任内 8 年间继续实施了一些具有政治战性质的对外行动，例如为配合“亚太再平衡战略”而推出“东南亚青年领袖”计划，在中亚抛出“新丝绸之路愿景”，利用乌克兰危机制裁俄罗斯和分化欧俄关系等。不能说毫无斩获，但招式明显偏老，效果已大不如前。

美国开启新的“政治战”？

特朗普在 2016 年美国总统大选中的获胜并不是意外。美国国内矛盾的高度激化和国家治理方略的严重失能，为出现特朗普这种口无遮拦、不循常理、拿着锤子乱砸一通的民粹强人提供了土壤。这种政治与社会环境与 20 世纪 70 年代末、80 年代初里根总统上台前后的美国颇有几分相像。这样的国内政治与社会环境通常会催生出“硬碰硬”的对外政策。因为当民粹领导人无法彻底解决国内矛盾时，往往不得不选择转移视线和祸水外引以维护自身执政地位，这是民粹政治的基本规律。而且，特朗普亦将里根总统视为偶像，努力从里根政府的对外战略中寻找灵感。美国政府的鼓噪带动了整个美国社会的“危机感”“对抗性”“冷战思维”日趋强化。这种背景下，有关政治战的讨论和运筹明显增加了。这在研究、舆论、立法和具体行动等方面都有体现。

在战略界，有关如何发动和防御政治战的研究突然变热。特朗普执政之前，面对中俄等新兴国家依靠不同于西方的治理模式获得成功，而美国在全球搞“制度输出”和“民主推广”却一再遇挫，“全球民主浪潮”大幅退却，美国战略界深感困惑，不得不寻找原因和应对之策。自这时起，发动新一轮政治战的冲动就在美国战略界暗中酝酿。2016 年美国大选中爆出俄罗斯通过网络攻击和释放假消息等方式暗中干涉，破坏民主党总统候选人希拉里的声誉，帮助特朗普上位，被视为俄罗斯成功地对美国发动了一场百年未见的政治战，成为美国举国上下难以接受却无处发泄的奇耻大辱。围绕俄罗斯“网络干选”和特朗普“通俄”的调查自特朗普上台始终未停，成为两党恶斗的主旋律。这样的政治形势进一步刺激了战略界对政治战的深入研究，短期内出现了很多相关研究成果，其中有研究怎么“防”的，也有研究怎么“攻”的。

舆论场上，有利于发动政治战的恐慌情绪被煽动了起来。发动政治战需要国内舆论支持和相应的社会动员。为此，特朗普政府内部一些高官、以国内强力部门为代表的“深暗势力”和体制外各路强硬保守势力，极力煽动美国社会的恐慌和对抗情绪。这种恐慌包括以下几种。一是对“外来渗透”的恐慌：疑神疑鬼地认为一些国家驻美或赴美的机构和人员有不可告人的目的，可能干涉美国内政，甚至抛出某国“所有赴美留学生都是间谍”这种怪论。二是对“对外依赖”的恐慌：在全球分工时代，对所谓的供应链安全隐患惴惴不安，主张抵制某些国家的产品和技术，妄称只有切断与某些国家的经济联系才能确保美国自身的国家安全。三是对“异质体制”的恐慌：既出于打击那些倡导“民主社会主义”的进步派民主党人的内斗需要，也出于对外战略需要，在各种场合加大对“社会主义”的嘲讽和批评。甚至为鼓噪对抗而抛出新版“文明冲突论”，因遭到强烈批评才避而不谈。尤为值得关注的是，曾在美国对苏政治战中发挥重要作用、有浓重官方背景的民间组织“当前危险委员会”重新开张，并改名为“当前危险委员会：中国”。

美国国会也在为发动一场新的政治战积极提供立法支持。2016年年底，美国国会推出《波特曼－墨菲反宣传法案》并由奥巴马总统签署生效，授权设立专项基金，培训各地记者，向非政府组织、民间社团、智库、私营部门、媒体组织和政府外专家提供资助，以对抗“外国最新的宣传与信息造假技术”。这为美国以防御为名对外发动“信息战”提供了立法基础。同期，美国国会还推出《全球马格尼茨基人权问责法》，授权政府对他国所谓违反人权的行为实施严厉制裁。这改变了过去相当长时期以来美国主要通过“软”的一手（如资助“公民社会”组织、定期推出各国人权状况报告等）推广人权的做法，转而更强调“硬”的一手，是美国对外发动新一轮“人权攻势”的立法保障。特朗普上台后尤其是中美贸易摩擦明显升级以来，美国国会更是在涉台、涉港、涉疆、涉藏等方面密集推出相关立法，并不断在年度《国防授权法案》中塞入为政治战提供资助的相应条款。

特朗普政府采取的诸多举措，已有明显的政治战特征。2017年年底特朗普政府发布《国家安全战略》报告，正式将中国定为“战略竞争者”，不仅宣告了美国对外战略实现从以“反恐怖”为主到以“防大国”为主的转变，而且标志着美国“防大国”的重点从俄罗斯转向中国，也代表着美国对华战略的基调从几十年来的“接触”正式转向“竞争”。与一系列转向相配套，特朗普政府在经济领域挥舞关税大棒，在科技领域加紧打压封锁和“脱钩”，在意识形态领域强化抹黑宣传，攻击中国人权状况，在地缘领域以“印太战略”给中国制造各种麻烦。凡此都让人想起当年里根政府对苏联发动的政治战。

第十二章　中国治理体系的现代化变革

没有必要为美国对华发动政治战而感到惊恐，也没有必要为当下中国治理体系与其他国家的某些不同而惴惴不安。博弈压力可以转变为变革动力，与众不同也许是更先进的标志。中国有如此悠久的历史、如此璀璨的文明、如此深邃的文化，在前现代时期就开发出先进的国家制度和治理方略，引得周边国家和民族纷纷学习模仿，为世界文明的发展做出巨大贡献。在世界现代化洪流中，中国完全可以利用后发优势，发展出更先进的国家形态，引领新一轮世界现代化进程。这是中国有能力应对各种风险挑战的内在支撑，是确保实现中华民族伟大复兴的根本保证。如果我们把中国的国家形态演进放在世界现代化的历史长河和百年变局的横向对比中去看，我们就会对中国的前途命运更加充满信心。

中国的定力与自信从何而来

国际舆论讨论“新冷战”时往往有一种不经意的对号入座，就是将中国比作苏联，这似乎隐隐暗示了对中国命运的悲观预期。特朗普政府对华极限施压的种种举措与美国当年对苏政治战的相似性，更加剧了人们的忧虑。人们不禁要问：中国到底会不会重蹈苏联覆辙，经不住美国打压遏制，在战略博弈中败下阵来？

坦率地说，这一问题非常复杂，因为涉及因素实在太多，博弈时段也很难界定，甚至对如何定义博弈成败都难有共识。但这一问题事关重大，必须有所思考才行。本节力争在有限篇幅内对回答这一重大问题的基本思路进行勾勒。这一基本思路是：对此问题的回答有赖于（1）对苏联经不住美国政治战攻势的深层原因之探讨；（2）对中国与苏联的本质区别之界定；（3）对美国对华政治战能在多大程度上发出力道的前景之预估；（4）对特朗普时代（和“后特朗普时代”）的美国与里根政府时期的美国的显著落差之比较；（5）对中国应对方式是否得当之评判。

首要的问题是：苏联为什么经不住美国的政治战？是因为美国的政治战很厉害吗？当然不是。根据前文所述内部原因和外部原因之间的相互关系，外部原因只能通过内部原因起作用，因此归根结底还是苏联内部先出了问题。苏联之所以落败，是因为它在国家形态和治国方略方面早已大大落后了。

美苏竞争的本质，是20世纪的世界现代化进程在继续向前推进过程中，在西欧这个曾经的资本主义核心地带塌陷之后，分别位于美洲大陆和欧亚大陆这两个相对“边缘地区”的后发大国，对欧洲霸权继承人身份的争夺。它们竞争的关键，就在于国家形态的优劣。

19世纪末、20世纪初，美国和俄国也曾经参与列强的全球殖民竞逐，但因晚来一步而失了先机，在全球殖民版图中未能占据有利位置。客观形势迫使它们开发出更新的国家形态和治国方略。

美国进一步完善了“市场资本主义”。由于“市场资本主义”只要求其他国家开放市场，不寻求对落后国家的占领或殖民，因此比西欧列强奉行的“殖民资本主义”遭遇的阻力更小，得到的国际支持很多，美国的战略优势不断累积。俄国则干脆在国内革命大潮中建立了比资本主义更先进的社会主义制度。

美式“市场资本主义”更强调“市场”的力量，“苏联社会主义”更强调“政府”的作用。无论是“美式资本主义”还是“苏联社会主义”，都是对现代国家内部如何处理政府、市场与社会三要素之间关系的一种制度性安排，都源于世界现代化发端地区（主要是英国、法国和德国）的思想家的理论探索和各国在实践中的经验总结，是对现代国家形态和治国方略的一种优化完善，在一定程度上也推动了现代国际秩序的发展演进。因此，客观地说，当时两国的国家形态都有先进性，这是美苏两国能在二战结束后各树一帜、拥者甚众、对世界分而治之的基本背景。

过去好不等于现在好。尽管苏联社会主义制度在建立之初是很先进的国家形态，并在转向社会主义之后取得非凡成就，但它毕竟在如何治理好现代国家方面缺乏从善如流的气度和自我革命的自觉。苏联过于强调政府在资源配置方面的全能型、决定性作用，完全拒斥市场的功能，违背了建设现代国家的基本规律。而且，由于苏联经济过于倚重能源行业，在初步实现工业化后，进一步完善经济结构的动力显著减弱了，推动经济可持续发展的科技创新也越来越缺乏发育环境和激励机制。政府权力过大又不可避免地引发腐败、低效和等级化，社会层面的不满难免越来越多。

这才是苏联无法抵御美国政治战，最终在战略竞争中败下阵来的深层原因，也是当苏联的最后一面国旗缓缓降下时全国上下竟冷眼以对、无动于衷的原因所在。换言之，苏联在与美国战略竞争中的失败，根本原因不在于美国做了什么，而在于苏联没做什么，在于它的国家形态和治国方略未能与时俱进而大大落后了。

由此自然过渡到第二个问题，即中国与苏联的本质区别。

这种区别体现在两国对政府与市场之间关系的处理上。苏联只强调政府的作用而忽视市场的力量，是一个完全按指令行事的计划经济和高度集权的政治体制。中国构建的现代国家形态的显著特征，则是兼顾了政府和市场。在经过新中国成立后30年的努力，总体巩固了国家的独立自主地位之后，中国在坚持四项基本原则的基础上，开始大胆拥抱市场经济，逐步探索出既尊重市场在资源配置中的决定性作用又能更好地发挥政府作用的中国特色社会主义道路。这种国家形态与世界上的绝大多数国家既有相同点也有不同点，是一种更能适应百年变局、更能兼顾效率与公平、兼顾国内与国际两个大局的更加先进的现代国家形态。

这种区别还体现在两国对军事与民生之间关系的处理上。为应对冷战需要，苏联奉行的是重军事轻民生的发展战略，重工业很发达，军事力量很先进，国家看起来很强大，可是老百姓不断增长的美好生活需要得不到满足，政治合法性得不到保证，政权基础自然就不牢固。改革开放之后的中国始终将改善人民生活放在首要位置，以此为牵引推动相应的经济结构调整和社会政策优化，从而始终保证了人民群众对党的领导衷心拥护。

改革还是僵化，也是将中国与苏联区分开来的重要方面。面对20世纪70年代中后期开始凸显的国家治理困境，苏联并没有通过改革尽早革除积弊，重建国家治理体系的平衡。等到戈尔巴乔夫仓促推进改革之际，国家治理体系的失衡已经积重难返，不合时宜的改革反而加速了苏联解体。中国也曾在20世纪70年代中期遭遇前所未有的治理体系失衡。面对这一局面，中国领导层高瞻远瞩，果断推进了政治、经济、社会领域全方位改革，通过几十年的持续努力，“改革”已成为中国社会最大的战略共识。通过不断的自我革命持续优化现代国家形态，乃是中国治国理政的根本精髓。

将中国与苏联区分开来的还有在“争霸”问题上的不同态度。为凸显自己高人一等的国际地位，苏联的大国沙文主义作风时不时地就要表现出来；为与美国争霸，苏联在面对美国发动的军备竞赛时只能咬着牙硬扛。而中国坚定奉行和平发展战略，明确宣称再强大也不称霸，而且表现出越发展越谦逊、越强大越有责任心的行为特征。中国在对外战略领域的奋发有为、积极进取，完全是因为国家利益拓展到了那一步，所以并不存在“战略透支”风险。

与西方世界的融合还是隔绝，更是中国与苏联的根本区别。苏联奉行的是形而上学的国家安全观，片面强调以意识形态划线和泾渭分明的地缘势力边界。这使得苏联的国家利益与其他国家的国家利益明显区分开来，为美国集中攻击苏联的短板提供了机会。中国则奉行辩证统一的总体国家安全观，统筹兼顾本国与他国的共同利益和共同发展。互利共赢的发展模式和深度融合的利益纽带，使得对中国国家利益的任何损害和对中国对外关系的任何破坏，都成为对包括美国与美国的盟友在内的各国共同利益的损害和对世界整体和平稳定的破坏。

基于这种中苏对比，对第三个问题的思考路径也出来了。我们可以说，当美国对中国发动政治战时，它将面对与对苏政治战截然不同的战略环境。左右为难、使不出全力，将是美国对华发动政治战时的突出困境。这种困境可以形象地概括为“想打打不得”“想脱脱不得”“想统统不得”“想联联不得”。

特朗普政府用关税手段向中国施压，表面上压缩了中国输美商品的利润空间，实则为这些商品价格上涨买单的却是美国消费者，美国股市的表现也随着特朗普对华贸易政策的反复无常而颠簸起伏。特朗普对华贸易政策十分凶悍，却不得不时常关注美国消费者的脸色，陷入杀敌一千自损八百的窘境。这就是我们说“想打打不得”的原因所在。

美国有些人也在谋划着和中国经济“脱钩”，从而能像当年对付苏联那样放手打压中国。可是他们既忍受不了全球产业分工的剧烈震荡，又割舍不下中国巨大的消费市场，所以才出现了一边嚷嚷着和中国脱钩，一边在贸易谈判中不断要求中国购买美国商品、扩大中国市场对美开放的奇怪情形。这是“想脱脱不得”。

而且，要发动政治战，国内协调是关键。美国国内在中国对美构成重大挑战方面似乎达成某种共识，可是在如何应对中国挑战的问题上意见不一，因为背后的利益诉求是不一样的。加之国内政治恶斗，要在国内形成协调的对华行动，恐怕难度比较大。此外，鉴于中国与世界各国利益深度捆绑，一心推动的是与各国共同发展，且中国没有任何称霸企图，美国想要像冷战时期那样在国际上联手盟友和其他国家一起给中国制造麻烦，不仅不太容易，反而可能破坏本已不牢的盟友关系。这就是“想统统不得”和“想联联不得”的原因所在。

除此之外，关于美国对华政治战为何将处处受制、无法达到预期效果，还有另外一个不可忽视的原因，那就是：特朗普时代的美国也已不是里根时代的美国了。这是我们对第四个问题的思考。

美式“市场资本主义”经历了几个发展阶段。20 世纪 30 年代“大萧条”之前，自由放任是其主要特征。为应对“大萧条”，罗斯福政府推行新政，政府加大了对市场活动的管理，并承担起更多的社会福利责任，实现了美国国家形态从“自由放任资本主义”到“新政资本主义”的转变。这一转变顺应了现代国家建设的基本规律，释放出巨大的制度红利，推动美国经济进一步发展，社会福利日趋改善，政府也比此前拥有更大的合法性。20 世纪 60 年代中后期开始，这一国家形态的积弊又多了起来，“滞胀”是突出病灶。在里根上台之前和上台之初，美国国家治理体系失衡已到了很严重的地步。就此而言，美国赢得了冷战胜利，绝不是因为美国的国家形态很先进而苏联的国家形态很落后，两国当时都有比较严重的问题，只不过苏联问题更严重、腾挪空间更小、改革步伐更迟钝而已。相比之下，里根政府一边打压对手、转移视线，一边在国内推行以“新自由主义”为圭臬的国家转型，从而将美式资本主义推向“国际金融垄断资本主义”的新阶段。

如果我们深挖世界现代化进程中的霸权兴衰规律，可知：金融霸权既是霸权的最高阶段，也是霸权的最后阶段。向“国际金融垄断资本主义”的转型，对美国而言是一剂甜蜜的毒酒。在“金融化”成为美国经济的突出特征后，美国的国家形态出现了经济空心、社会分化、利益固化、政治极化和僵化等预兆不祥的新特征。久而久之，两党之间、不同阶层之间、不同种族之间、不同利益集团之间爆发激烈矛盾和由此产生巨大内耗，就见怪不怪了。当年里根政府在发动对苏“政治战”时，可以拥有坚实的战略共识、广泛的民众支持和有力的盟友配合，而在特朗普治下和之后的美国，这些都难得一见了。也就是说，如今美国的国家形态已经大大落后，治国方略出了严重问题，这让它在发动政治战时的底气和内力明显不足。

美国想用“损人”的方式来“利己”，这种方法或许能赢一次，却不可能赢两次，因为此时的中国并不是彼时的苏联，此时的美国也不是彼时的美国了。对美国而言，与中国对美国形成的挑战相比，更为迫切的威胁来自美国内部，来自美国治理体系的失衡和治理方略的过时。想要通过转移视线、转嫁矛盾的方式维系现有国家形态，根本就是抓错了药方。真正的药方，是改变自己，而不是改变别人；是集中精力做好自己的事，而不是破坏别人正在做的事。面对百年变局和大国博弈，中美两个大国的治国方略和应对之策，高下对错自有后人评说。

至此，第五个问题的基本思路也明确了。

这就是对本节开头部分所提基本思路的简单勾勒。本书不想在这里用如此有限的篇幅匆忙武断地得出某种结论，因为这样做可能给人留下态度不严肃、研究不周密的感觉。对此问题的深入研究，有待学界同行齐心协力共同完成。但基于对上述几方面问题的初步思考，笔者内心深处坚定地相信，中国绝不会是第二个苏联，时间将是最好的见证者，我们可以拭目以待。

更先进的国家形态，是中国拥有战略定力与战略自信的源泉。

值得重视的几方面问题

在塑造本国国家形态和应对别国战略竞争的过程中，通常有以下几方面问题值得关注。其中，有些问题是普遍性问题，需要我们深入研究；有些问题是其他国家容易发生和经常发生的情况，或是理论上有可能发生、实际并不必然发生的推理或假想；还有些问题前文已有提及，因其重要而再次强调。此处一并列出，仅作参考。

一是避免过激反应。除了对竞争对手进行打压恫吓，使之畏首畏尾失去战略气势外，激怒对方并诱其做出不理智决策，造成代价高昂或不可挽回的错误，也是政治战中的常用策略。因此，过激反应是大国博弈中常犯的错误之一。尤其值得注意的是，现代政治战中的心理分析技术、心智操控手法更加强大隐蔽，对竞争对手的干扰使坏往往经过长期准备、周密部署并精心挑选时机，辅以多种策应手段，并根据对象国的政治生态、社会生态、决策参与者的心理偏好和不同议题的具体决策过程而“对症下药”，往往稍不留神就可能中了对手的“激将法”。在大国博弈中，应尽量避免因碍于颜面、出于短期政治考虑或基于未经推敲就仓促认定的国家利益，甚至按照官僚机构的固定行为习惯或“标准操作模式”[1]，而对其他国家的政治战攻势做出机械反应。中国有博大精深的战略文化，历史上有数之不尽的正反案例可供借鉴。只要保持必要警觉，就不会被牵着鼻子走。当然，在特定条件下，则可以借力打力顺势而上，以彼之道还施彼身，看似是不得不对对方的挑衅做出对等反制，实则符合更为深远的战略布局——需要具体问题具体分析，不能一概而论。

二是避免封闭僵化。陷入封闭僵化是大国博弈中比较容易犯的另一类错误。由于经济发展速度放缓、社会福利支出上升、海外行动日益频繁、谋求战略优势的努力水涨船高，以及不得不为爆发各种假想的极端情形和最坏情形做必要的防范，国家往往在发展和博弈过程中面临越来越大的财政约束。这可能成为导致国家治理陷入僵化的制约因素。例如，苏联在 20 世纪 80 年代中后期就因军备竞赛而严重挤压了财政空间，进而加剧了体制僵化。旨在确保信息保密、防止外来干预和提高行动效率的“小范围决策模式”，也可能成为体制封闭僵化和政策上犯错的原因。因为这种决策模式会形成日趋同质化的思维路径，阻塞信息负反馈渠道，降低决策质量，削弱政策的信誉和可接受度。例如，特朗普政府就是典型的“小范围决策模式”，其推出的各项政策备受争议；小布什政府在“9·11”事件后相当长一段时间也是这种决策模式，导致对外政策日趋极端，被迫在第二任期内进行调整；里根政府的决策风格更是如此，结果捅出“伊朗门事件”。[2]

由于体制和国情不同，美国和苏联在大国博弈中出现的失误不太可能发生在中国。中国将更有条件发挥制度优势，在国家治理过程中科学分配资源精力，统筹调动各方力量，兼顾“宏观要稳”与“微观要活”原则，确保约束机制和激励机制共同发挥作用，在充分调动个体主动性、创造性的前提下汇聚集体合力。

三是要补齐“短板”。对后发国家而言，在虽有所发展但羽翼尚未丰满、虽顺应时势但尚未到达相应状态的时期，最容易招致外部打压，此时也是对外部压力最敏感的时候。将强未强之际，唯有格外小心谨慎，务必护住“短板”并尽快补齐“短板”，才能有效应对大国博弈，确保发展进程不被打断。《周易》“乾卦”九三爻的爻辞“君子终日乾乾，夕惕若，厉，无咎”，说的就是这个道理。

中国共产党十九届四中全会“提出的目标和任务，很多都是我国国家制度和国家治理体系建设中的空白点和薄弱点，具有鲜明的问题导向。在实际工作中，必须突出坚持和完善支撑中国特色社会主义制度的根本制度、基本制度、重要制度，着力固根基、扬优势、补短板、强弱项，构建系统完备、科学规范、运行有效的制度体系”。[3]这表明中国在这方面有十分清醒的认识。固根基、扬优势、补短板、强弱项，既是中国优化自身国家形态的内在要求，也是中国应对外部博弈压力的紧迫需要。我们应长期坚持“换位思维”和“逆向思维”，从包括金融、科技、网络等领域在内的治理体系各环节进行漏洞和短板自查，将外部博弈压力合理转化为不断推动自我完善的内部动力。

四是要奋勇争“先”。先进的国家形态从来都不是唾手可得、一劳永逸的。“先进”本身就是相对的、动态的概念，是指相较于其他国家的国家形态和本国此前的国家形态，具有更高的价值形态引领性、政府执政合法性、经济发展可持续性、社会运行有序性和内外大局统筹性。放眼当今世界的主要先发国家，它们曾通过不断的探索革新，率先建立了政府、市场与社会之间的协调关系，一定时期内释放出可观的制度红利，久而久之却生发出不少问题。安逸的生活方式、强大的资本力量与异化的民主政治又消磨了变革意志，挤压了调整空间，使这些先发国家陷入“发达却不先进”的状况。接下来的几十年间，它们恐怕会进一步滑向“因越来越不先进而越来越不发达”的轨道。后发国家往往有更强的意愿和能力，在吸收借鉴先发国家经验教训的基础上，充分调动各种因素，借助重大理念创新、制度创新、技术创新和政策创新，建立更先进的国家形态，积累更大的战略优势并带动世界格局和国际秩序的相应转变，这就是“后发优势”。正是过去几百年来一波接一波的国家形态创新和“先发”带“后发”、“后发”变“先发”的历史过程，推动了世界范围内的现代国家形态不断优化。

中国应充分利用现阶段的“后发优势”，大胆拥抱理念创新、制度创新、技术创新，力争开创出更先进的国家形态，同时也要铭记先进国家形态的“相对性”和“动态性”，着眼未来几十年的国家战略目标，确保我们始终保持自我革命的战略意志，始终具有引领时代潮流的感召能力，始终留出持续优化国家形态的改革空间。

五是不需针锋相对，亦非无可作为。政治战作为百年变局中大国博弈的主要手段，核心方法是寻找对手的短板。按照哲学基本原理，客观世界中的任何事物都是有限的，都不是“全”，不是“一”，不是“至善”。也就是说，任何国家都不完美，都存在因其地理位置、历史文化、国家规模、族群构成和发展阶段的特有属性，以及因国家受制于各种外部因素和意外事件而暴露的各种常态性短板、阶段性短板和偶发性短板。因此，政治战从来都不是单方面发生的，它总是一个相互作用的过程，是两个处于竞争关系中的国家相互寻找“短板”并加以充分利用的过程。纵然政治战中的弱势一方有很多短板，强势一方面临的安全风险也不少。这就像两个相互砸玻璃的游戏，强势一方手中的石头比对方的大，但他背后的玻璃也可能比对方的大。尤其是处于衰落阶段的大国，其阶段性短板会暴露得更多，比如金融体系脆弱、决策模式偏狭、内部人心不齐、外部信誉遭疑、摊子铺得过大、树敌作恶过多等，存在反遭“分化”与“成本强加”甚至彻底清算的可能。

中国崇尚“守正”的品格和成人之美的原则，立志要把世界往好的方向领。这决定了中国对外战略的主要方面，是通过治国理政经验交流、政策协调、战略对接甚至积极帮扶，支持自己的合作伙伴不断完善国家形态，在合作共赢中携手提升国家现代化水平。

为更先进的国家形态做好准备

中国作为将为21世纪人类发展做出特殊贡献的新型大国，拥有“东西南北、中国居中”的政治经济特征，“改变自己就是改变世界”的庞大人口规模，“自强不息、后发快进”的近代演进轨迹，以及“兼收并蓄、润物无声”的历史文化特性，为中国迎接百年变局和大国博弈、开创更先进国家形态并引领新一轮世界现代化进程提供了必要前提。40多年改革开放，为中国治理体系和治理能力现代化打下了坚实基础；新时代以来的更加奋发有为，则为中国建设更先进国家形态做好了全方位准备。

首先是制度准备。

“经国序民，正其制度。”中国自古以来就高度重视制度建设，注重为社会稳定和国家兴盛做好制度准备。新中国成立以来，经过几十年不懈探索，中国特色社会主义制度体系不断完善，成为人类制度文明史上的伟大创造，是足以改变国家前途命运的重大制度创新。新时代以来，为应对百年变局和大国博弈，中国将制度建设放在更突出位置。

2019年9月24日，习近平总书记在主持党的十九届中央政治局第十七次集体学习时说：“当今世界正面临百年未有之大变局，国与国的竞争日益激烈，归根结底是国家制度的竞争。中国发展呈现出‘风景这边独好’的局面，这其中很重要的原因就是我国国家制度和法律制度具有显著优越性和强大生命力。这是我们坚定‘四个自信’的一个基本依据。”[4]同年10月31日，习近平总书记在党的十九届四中全会第二次全体会议上再次谈道："制度优势是一个国家的最大优势，制度竞争是国家间最根本的竞争。"[5]

党的十八届三中全会将完善和发展中国特色社会主义制度、推进国家治理体系和治理能力现代化确定为全面深化改革的总目标，坚持问题导向和目标导向相结合，对国家制度和国家治理体系现代化建设做出一系列重大部署，推出336项重大改革举措，国家制度建设取得历史性成就。在此基础上，党的十九届四中全会通过《中共中央关于坚持和完善中国特色社会主义制度、推进国家治理体系和治理能力现代化若干重大问题的决定》（以下简称《决定》），对长期坚持的国家制度予以确认强化，把长期积累的治理经验和若干政策以制度形式固定下来，实现从规矩到制度、从政策到制度、从实践到制度的转变，为未来几十年中国建设更先进国家形态提供了总方向、总蓝图和总遵循。《决定》以"制度"为关键词，确认了在中国特色社会主义制度中起四梁八柱作用的根本制度、基本制度和重要制度，提出了不断完善国家制度的13项主要任务，为严格遵守和执行制度做出周密安排，确保制度优势转化为治理效能。

习近平总书记引述邓小平同志曾在改革开放之初讲过的话："我们的制度将一天天完善起来，它将吸收我们可以从世界各国吸收的进步因素，成为世界上最好的制度。"[6]针对未来30年中国国家制度的努力目标的设定，更鲜明地体现出中国共产党的雄心壮志，那就是：要在新中国成立100年时，全面实现国家治理体系和治理能力现代化，使中国特色社会主义制度更加巩固、优越性充分展现。[7]

其次是组织准备。

纵观古今中外，领导力是决定一个国家持续全面高质量发展的决定性要素。强有力的领导核心、高效率的指挥体系和高素质的辅政团队，是构成这种国家领导力的关键要素。在纷繁复杂的内外环境之中，以高度组织化的方式持久维系国家领导力，显得尤为关键。

在新时代的中国，这种强有力的领导核心体现在习近平同志党中央的核心、全党的核心地位的确立。“任何政党有没有一个深得党心民心拥戴的领袖，并且形成以他为核心的中央领导集体，这对一个政党和国家的兴盛衰败乃至生死存亡都具有历史性、决定性的意义。”[8]按照党的权威杂志《求是》刊文，习近平同志能够成为党中央的核心、全党的核心，是因为他高举马克思主义旗帜，坚持以人民为中心，具有长远的历史眼光，具有宽阔的世界视野，敢于狠抓党的建设，果断务实并富有开拓进取精神，并深谙党史国史，善于运用历史眼光认识、分析和指导现实工作，有能力驾驭严峻复杂的国内外形势。[9]

坚持党对中国特色社会主义事业的全面领导，构成新时代中国建设更先进国家形态的高效率指挥体系。通过强调以党的政治建设为统领，立足把准政治方向、坚持党的政治领导、夯实政治根基、涵养政治生态、防范政治风险、永葆政治本色、提高政治能力七项重点要求，[10]全面推进党的自身建设，不断提高党的领导水平；通过强调“党政军民学、东西南北中，党是领导一切的”，“党是最高政治领导力量”，确立并不断完善党总揽全局、协调各方的领导体系，保证做到“事在四方，要在中央”，有能力战胜各种风险挑战；通过推动广大党员增强“四个意识”、做到“两个维护”，确保全国上下一盘棋，各层级各领域各部门能够协调行动、令行禁止。

随百年变局加速展开，中华民族历代仁人志士在国家发展关键阶段所表现出的紧迫感、专注感、坚忍不拔的思想品格和责无旁贷的担当精神，在这一代主要成长于和平时期和改革开放环境中的中国人身上再次展现出来。党的选人用人以“聚天下英才而用之”为目标，以突出强调政治素质为原则，以政治忠诚、政治定力、政治担当、政治能力、政治自律作为优秀干部标准，[11]通过常态化系统性培训实现干部素质现代化。一大批忠诚干净担当、敢于斗争善于斗争、又红又专堪当重任的党员干部，在各自领域兢兢业业地工作着。天生固有的中华血脉和代代相传的“红色基因”，让他们在复杂严峻的内外环境考验中越发坚定和精干，成为高素质的辅政团队。

再次是社会准备。

只要各项政策主张得到人民群众真心理解和拥护，只要人心顺、思想齐、社会稳、有事大家一起干，中国就一定能建成更先进国家形态，就一定能实现民族复兴伟业，就无须担心任何外部压力挑战。中国为此进行的社会准备，可以从社会民生、社会意识、社会治理和社会动员四方面看。

在社会民生方面，以满足人民群众对美好生活的向往为奋斗目标，与时俱进地调整对新时代社会主要矛盾的认知，将更平衡、更充分、更高质量发展作为增进人民福祉、促进人的全面发展的根本手段。通过健全有利于更充分更高质量就业的促进机制、构建服务全民终身学习的教育机制、完善覆盖全民的社会保障体系，不断提高人民生活水平，力争实现幼有所育、学有所教、劳有所得、病有所医、老有所养、住有所居、弱有所扶。尤其是在人民群众热切期盼的兜底脱贫问题上勇于担当，在人民群众深切担忧的环境污染问题上主动作为，在人民群众深恶痛绝的官员腐败问题上果断出手，让人民群众对党的执政答卷更加满意。

在社会意识方面，以中华民族伟大复兴的中国梦来号召和引领人民，使 14 亿中国人民能够聚拢于一个共同目标之下。相比后危机时代各国社会的普遍意识涣散，这是多么难能可贵！以全面从严治党、严惩官员腐败向全体国人昭示党自我净化、自我革新的意志，重建风清气正的政治生态；以坚定有力的扫黑除恶行动涤荡社会不良现象，维护社会公平正义和公序良俗。同时，通过对社会信用体系的完善、对“道德楷模”事迹的弘扬、对新时代文艺工作导向的重塑、对中国传统文化价值的推广，以及强化大中小学校的思想政治建设，努力培育积极向上的精神风气。在这些努力下，守正、崇善、重德、明礼的社会意识明显增强。

在社会治理方面，新时代的中国坚持以人民为中心，以问题为导向，以“建设更高水平的平安中国”为目标，不断加强和创新社会治理，通过完善党委领导、政府负责、民主协商、社会协同、公众参与、法治保障、科技支撑的社会治理体系，建设人人有责、人人尽责、人人享有的社会治理共同体，从而确保了中国社会长期总体稳定。

在社会动员方面，后危机时代世界各国尤其是西方国家的混乱与衰败，让广大人民群众的“四个自信”更加牢固，对当下的幸福生活倍加珍惜。中美贸易摩擦和其他领域博弈显著升级，美国政府对华极限施压的所作所为，进一步激发了民众爱国热情和紧密团结在党的周围、齐心协力应对外部挑战的决心。

最后是外交准备。

协调与外部世界的关系，确保内外两个大局协调并进，从来都是建设现代国家形态不可缺少的内容，是要集中精力做好的“自己的事”的有机组成部分。着眼未来，要建设更先进国家形态、应对大国博弈，更需要重视外交关系的拓展、国际信誉的提升、外联平台的打造和海外布局的循序推进。

经过新中国成立以来 70 多年的辛勤耕耘特别是新时代以来的奋发努力，中国广结善缘，外交关系不断拓展，为中国有更大作为打下坚实的外交关系基础。70 多年来，中国建交国增加到约 180 个，建立了 110 多对各种形式的伙伴关系，构建起遍布全球的伙伴关系网络。中国与主要大国关系总体稳定、均衡发展；与周边各国普遍建立伙伴与合作关系，解决了大多数历史遗留问题；与发展中国家加强团结合作，实现整体合作机制全覆盖，形成携手并进、共同发展的新局面。[12]

在与其他国家的长期相处中，中国守正担当、值得信任的国际形象日益确立，为中国有更大作为打下了必要的国际信誉基础。

中国不断扩大与世界各国的利益交汇点，做大共同利益蛋糕，欢迎各国搭乘中国发展“快车”；在国际政治中坚持主持公道，在国际合作中践行互利共赢，在国际交往中讲究相互尊重；提出了推动建设新型国际关系、推动构建人类命运共同体以及正确义利观、新发展观、新安全观、全球治理观等诸多新理念新思想新主张，引领了时代发展潮流，提供了当前最稀缺的公共思想产品，为中国赢得广泛赞誉和尊重。[13]

在中国借以开展对外合作的各类国际组织方面，也逐步实现从“借船出海”到“积极引领”的转变。迄今，中国参与了几乎所有政府间国际组织和500多项国际公约，二十国集团、亚太经合组织、上海合作组织、亚洲相互协作与信任措施会议、金砖国家等越来越多的主场峰会，以及亚洲基础设施投资银行、金砖国家新开发银行等由中国倡建的一系列多边国际组织，标志着中国的国际话语权、规则制定权、议程设置权全面提升，对国际事务的参与度和感召力快速提升，为中国未来有更大作为打造了更加多元的活动平台。[14]

为维护中国不断拓展的海外利益，维护与其他国家的共同利益和各国公认的国际道义，中国也在逐步深化对“海外利益攸关区”的认识，积极推动国际安全和军事合作，发展远洋力量，建设海外补给点，不断完善海外利益保护机制，弥补海外行动和保障能力差距，统筹推进海外中国平安体系建设。[15]这些循序推进的海外布局，也是中国更先进国家形态的有机组成部分。

第五篇　探寻新的国际主流价值形态

导读

随着美国强势霸权地位的衰落，曾经强行充当国际主流价值形态的“华盛顿共识”或“新自由主义”学说，不可避免地走下神坛。相应地，国际主流价值形态处于缺失状态。新的国际主流价值形态是什么？这关系到未来几十年的世界面貌，大国之间自然要为此展开激烈博弈。本篇的观点是：由新自由主义学说长期推广而带来的普遍不公正，已构成威胁世界和平与繁荣、阻碍时代进步的重大问题，对其进行彻底纠正，理应成为新型价值形态的核心内容。也就是说，未来几十年，迫切需要确立以“公平正义”为核心的新型国际主流价值形态，以有效应对各类国家治理和全球治理难题，推动世界现代化进程持续演进。为此，本篇首先论证了“公平正义”作为新型价值形态的必要性与可能性，其次从中国的思维方式与文化气质出发，对未来几十年中国在维护全球公平正义和传播公平正义理念方面可能发挥的作用进行了展望。

第十三章　公平正义作为新的价值追求

20 世纪 80 年代以来，各国内部与各国之间的不公正现象持续存在并在一些领域越发凸显，日益威胁世界整体的和平繁荣和人类的根本福祉。特别是金融危机爆发十多年来，各种矛盾迅速激化、多点爆发，既有国际秩序形态、国家治理方略以及为其提供支撑的主流价值形态，均进入深刻的盘整重塑期。

日益突出的不公正问题

公平正义作为人心的最基本观念，直接关系到人的精神满足和逻辑自洽。对违背公平正义的事，任何人都会感觉到紧张和不自在。孟子认为，“恻隐之心”“羞恶之心”“恭敬之心”“是非之心”乃是“人皆有之”，是人心自我满足的应然条件；古罗马的查士丁尼在《法学总论》中指出，“正义乃是使每个人获得其应得的东西的永恒不变的意志”。因此，公平正义作为主体之间的最大共识，是人类社会发展进步的重要动力和衡量标准，是政治和公共生活中的首要价值。[1] 尽管对如何界定“公平正义”的争论从未停止，在人类历史的不同阶段，基于不同的哲学理念、历史渊源和现实状况，产生了各式各样甚至截然对立的公平正义标准，但任何人都难以否认的是，全球化阶段的全体人类的整体存续和共同进步，乃是当今世界最基本、最重要同时也是最迫切需要的公平正义。

立足这一标准，过去几十年间，世界各国内部与国际层面的不公正现象十分突出并有持续升级之势。这体现在如下几方面。

一是经济方面的不平等。过去30多年间，不仅发达国家内部的“相对贫困”以及一些落后国家的“绝对贫困”问题仍未得到很好解决，而且各国内部以及各国之间还普遍存在日益严重的贫富分化和发展失衡问题。美欧以及新兴经济体与广大发展中国家内部贫富差距普遍扩大，各国各地区之间还存在着严重的发展不均衡状况。[2]“绝对贫困”对人类最基本的生存权和尊严造成严重侵害，“相对贫困”状态下人的发展权也未得到充分保障，少数族裔、儿童等弱势群体受贫困问题困扰尤为突出；同时，经济不平等还造成各国政治合法性下降、社会稳定性下降、经济不可持续和内部破坏效应向外扩散等其他问题。

二是政治方面的不自主。二战后风起云涌的民族解放运动使广大发展中国家摆脱了西方殖民统治，获得形式上的国家主权独立，但并没有确保这些国家获得实质性的和可持续的政治自主。西方国家依然通过宗主地位、资本力量、制度优势和强势话语，对广大发展中国家施加隐蔽间接的渗透和控制，使其在政治制度选择、发展转型方向以及制定大政方针的过程中被迫受到外部力量介入影响，从而形成一种“依附”关系和等级化的国际政治结构。[3]西方国家借此维持自身优势、巩固势力范围，并转嫁自身发展风险和成本，其本质依然是对发展中国家的剥削和压迫。

三是文化方面的不包容。一些宗教文化的极端倾向和不同宗教文化相互排斥明显抬头，宗教内部不同分支之间矛盾斗争日趋激烈。极端势力在伊斯兰教内部崛起势头迅猛，对温和派力量形成严重挤压，什叶派和逊尼派之间矛盾日益升级；中东地区的长期冲突既有历史纠葛和现实利益之争，也有不可忽视的教派竞争因素。在西方国家，以基督教为文化背景的主流白人群体对伊斯兰教和穆斯林群体的敌视不断发酵，由此引发的族群冲突此起彼伏；在东南亚一些地区，则出现佛教徒群体与穆斯林群体相冲突的状况；在南亚，印度教教徒与穆斯林群体的相互仇视也不断升级。近20年来，国际舆论中有关“文明冲突”的讨论不绝于耳，全球反恐斗争中一些国家的策略失误、暗藏私心或双重标准，更进一步加剧了不同宗教文化之间的隔阂和敌视。

四是安全方面的不对等。联合国所倡导的集体安全体系被搁置一旁，排他性的军事结盟与对立性的军事政策，使美国等少数国家或国家集团在安全上处于强势地位，其对地缘主导权的寻求对其他国家的主权安全和战略利益构成威胁，一些国家的安全建立在另一些国家的不安全之上，加剧了国家间的战略互疑和安全对抗。少数国家在一些地区安全问题上秉持零和思维、奉行单边主义、采取偏袒性甚至破坏性政策，造成安全矛盾不降反升，迫使少数弱势国家不得不试图获得大规模杀伤性武器以求自保，或做出其他过激反应，威胁人类整体安全。

五是生态方面的不友好。最近几十年间，各国工业化深入发展，造成严重的环境污染和不可再生资源的大量消耗。因人类活动等多种原因引发全球气候持续变暖，导致极端天气频发、海平面上升和其他连锁变化，人类赖以生存的生态环境持续遭到破坏。一些国家在推动全球环境保护和应对气候变化方面消极推诿甚至退出《巴黎协定》，给全球环保事业造成巨大冲击。这种对生态环境的漠不关心和不友好做法，实则是将破坏环境的代价强行转移至其他国家和下一代人，亦是不公正的重要体现。

不公正与不稳定

不公正现象的存在有深刻复杂的人性根源和历史原因，是人类社会发展演进过程中难以避免的缺憾，亦是推动人类不断自我解放和发展进步的动因。

在世界现代化进程中，不公正问题存在的直接原因则在于资本主义。当前世界经济体系的资本主义特征，或者说资本在世界经济中的主导地位，是当前全球不公正现象持续存在的主要原因。最近几十年资本主义发展的阶段性特征，使全球不公正问题进一步加剧。同时，全球治理体系的僵化软弱以及各国治理方略的不完备，又造成不公正问题越发严重。

自 20 世纪 60—70 年代开始，由于大量剩余资本因西方国家经济“滞胀”而找不到有利可图的投资渠道，世界经济形态开始发生重要变化，在一个越来越脱离生产流域而独立运行的金融体系中，剩余资本逐步通过复杂的运作过程以隐性盘剥实现不断增值。尤其是 80 年代后，金融管制显著放松、金融创新花样翻新、金融活动无处不在，“金融资本”快速崛起，最终发展为“国际金融垄断资本”甚至“国际超级金融垄断资本”[4]，世界经济进入“金融化”阶段。[5]金融化进一步强化了国家内部和世界经济的“中心－外围”二元结构：在国家层面，以美国为例，由于金融业的发展及其产值和收益越来越超过其他行业，经济增长、资本利益和劳动者收益之间的正相关关系发生重大变化，依托于实体经济的中产阶级利益受到侵害，美国社会贫富分化日益严重。

在全球层面，这种二元结构则体现为“金融型国家”与“制造业国家”和“资源性国家”之间的巨大收入差别。[6]金融型国家成为新的食利阶层，金融型国家对制造业国家和资源性国家构成新的盘剥与掠夺关系，外围国家的生态破坏和相对贫困是很难避免的。这种盘剥关系缺乏合法性，必然引发受剥削国家的抵制和反抗。为维持这种二元结构，西方国家不得不对其他地区实施渗透干预改造颠覆，极力推动私有化与民主化、煽动街头运动、策动“颜色革命”，甚至动用军事手段实施政权更迭，以维持自身有利态势。上述提及的经济不平等（包括发达国家内部的不平等）、政治不自主、安全不对等、文化不包容、生态不友好等问题，都是在这种背景下发生的。

全球治理体系本应对此有所反应，但当前这套二战后建立起来的以联合国为核心的全球治理体系，只是在形式上实现了各主权国家的独立自主，在目标上设定了关于集体安全、共同发展和维护人的尊严的总体议程，在机制上初步搭建起实现这些议程的四梁八柱，而在具体执行过程中，由于处于优势地位的少数国家阻挠，由于主要治理主体之间的利益、感受与行动偏好的差异，由于全球治理对象的模糊不清和表面化，以及由于联合国内部各种机制相互牵扯和任何官僚组织都难以避免的机制衰退，特别是由于在政策制定方面未能对过去30多年来世界经济的“金融化”拿出与时俱进的治理措施，当前全球治理体系显然未能对持续存在且不断恶化的不公正问题做出令人满意的反应，必然累积越来越多的全球治理难题，“全球治理赤字”日益突出。[7] 十多年前爆发的国际金融危机及随后的一系列连锁反应，是全球治理体系效力不足的重要标志。

各国治理方略的不完善也是不容忽视的原因之一。

相对于人类社会的漫长历史，现代国家的出现时间尚短，现代国家形态还不成熟，如何治理好现代国家仍无定规，对如何处理政府、市场、社会三者关系，对何谓“公平正义”以及如何实现“公平正义”，各方的见识和主张仍有较大差异。对西方国家而言，过去几十年中其治国方略过分强调解放“金融资本”以应对增长动力不足，忽视了经济空心、产业外包、贫富分化带来的社会负面影响，对金融资本过分强大后对政府意志的绑架缺乏必要警惕，对其全球扩张缺乏国内共识和道德基础这一事实缺乏应有的自省，因而对当前全球不公正问题负有不可推卸的责任。而其他一些转型和发展中国家也由于意识形态先进性不足、政府执政合法性不足、动态调整及时性不足、内外大局统筹性不足等原因，未能开发出很好的治国方略，未能对国内不公正问题予以足够关注和有力应对，致使矛盾不断累积发酵。

不平则鸣。

在美欧发达国家，贫富分化和文化隔阂严重削弱了既有的社会稳定结构，中产阶级境况恶化，催生出以反现状、反体制、反精英、反少数族裔为主要特征的民粹主义浪潮和各类民粹政党的强势崛起。

在美国，金融危机之后，民粹主义沿着左右两条道路同时快速发展，“占领华尔街”运动和“茶党运动”分别从左右两端冲刷着主流政治的根基。2016年桑德斯在民主党内的异军突起和“特朗普现象”，在美国掀起新一轮民粹浪潮，进一步加剧政治极化和社会撕裂。

在欧洲，在贫富分化、发展失衡以及债务、难民、恐怖袭击等多重危机的共同作用下，反一体化、反穆斯林的民粹情绪在几乎所有欧盟国家都明显抬头，英国独立党、法国国民阵线（2018年6月改名为“国民联盟”）、德国选择党、意大利五星运动党、西班牙“我们能”党等民粹政党快速崛起，对既有政治格局、既定政策路线和社会总体稳定带来巨大冲击，由民粹情绪催动的英国脱欧更对欧洲一体化构成严重打击。

在众多转型和发展中国家，经济不平等、政治不自主和生态不友好也带来严峻的国家治理困境，不少国家陷入“转型陷阱”。一些国家自觉或不自觉地、情愿或不情愿地模仿西方国家的制度形态或接受西方国家开出的处方单子，对本国国情的特殊性重视不足，将以自由市场、公民社会、民主政府为标志的西方现代国家形态视为圭臬和不可更改的唯一模板，试图通过激进的所有制改革在短期内将国有制和计划经济转变为更有效率的私有制和市场经济，不顾本国政治传统和现实而盲目模仿西方建立权力制衡、自由选举、多党竞争的政治体制，片面强调个人自由而无视责任义务的公民社会，并对所谓的“普世价值”顶礼膜拜，导致不少国家的转型失去自主性，甚至完全迷失方向，持续面临以“私有化陷阱”“民主化陷阱”“两极化陷阱”“腐败陷阱”“生态污染陷阱”“依附陷阱”为主要特征的国家治理难题。由于国家治理体系的薄弱和治理方略的失据，这些国家受金融危机冲击格外严重，很多国家陷入政治和社会动荡，经济发展停滞甚至倒退，民众生活水平和安全感显著下降。

在国际层面，因地区间经济发展的严重失衡、安全的不对等、文化的不包容等多种因素，各种国际矛盾冲突也是按下葫芦浮起瓢。主要大国之间的战略互信严重下降，长期以来努力构筑的大国关系稳定框架越发松动，战略竞争成为大国关系主旋律。欧亚、中东和东北亚等地区的地缘冲突升级，因西方力量不当介入而引发地区安全恶性互动，多方力量卷入其中，各国和各教派之间怒目相向、积怨甚深。全球范围内，生态和资源稀缺对未来发展的约束明显收紧，各国围绕土地、水以及资源能源而展开的国际竞争日趋白热化，国际形势进入高度不稳定不确定的大变局时期。

呼之欲出的新型价值形态

价值形态或者说思想意识形态，作为一种以特定历史和现实条件为基础的、由一些相互联系且有共同取向和相同评价原则组成的、通常以理论化和体系化形态存在的，并在一定时期内保持相对稳定的价值信念，[8]既是现实世界客观状况在思想认识方面的反映，也对这种现实状况及其合理性起到重要的论证支撑甚至支持强化作用。在国家层面，它是“上层建筑”，是国家权力的重要组成部分，是统治阶级意志在国家理论和主流话语层面的反映。在全球层面，一定时期内也会有国际主流价值形态的存在。这种国际主流价值形态的形成，既是各国思想认识和政策导向的重叠共识或最大公约数，也源于某些强势国家的积极推动。全球化背景下，处于强势地位的国家通常会积极将本国价值形态向全球推广，使其成为国际主流价值形态，从而为实施本国对外战略提供思想理念支撑。

很显然，新自由主义是过去几十年中的国际主流价值形态。这是与资本主义阶段性发展的内在需求相配套，由美英等少数国家强力推动并与其扩张性的全球战略一脉相承，全球大多数国家或被动或主动地予以接受的一套思想体系和治理主张。

这种新自由主义价值形态主张在经济领域奉行“市场原教旨主义”，完全顺从市场指挥棒，尽量解放金融资本，大力拓展私营经济，减少经济保护和政策限制，保障企业充分竞争。在社会领域奉行“社会达尔文主义”，主张“拆散福利国家”，压缩福利成本，激发劳动热情，变福利为工利，以尊重个人选择和激发个人潜能的名义确认社会福利差别合法化。在政治领域主张“最低限度政府”和“个人民主权利”，要求本国和各国政府最大限度地

“去管制化”，避免对经济和社会事务做出过多限制和过度承诺，充分尊重个人民主自由，推动公民社会自治。在全球治理领域则主张“没有政府的治理”“各国市场开放”“人权高于主权”，强调国际非政府组织的作用和国际通行规则的效力，并试图将新自由主义推广为放之四海的普世价值，将“华盛顿共识”确定为各国国家治理的标准模板。[9]这种新自由主义价值形态，是过去几十年来金融资本全球扩张和美国建立单极霸权的思想理论基础，是很多国家的治理方略和全球治理方略背后的意识形态支撑。

新自由主义的治国学说在帮助美国摆脱滞胀、确立全球霸权、推进全球治理方面曾发挥重要作用，但这一学说存在重大理论缺陷：由于奉行“市场优先”、限制政府职能、忽视社会稳定并试图向外转移国内风险与发展成本，所以它在国内必然造成政府、市场与社会的畸形发展和三者关系失衡，在国际层面也不可能实现互利共赢；不仅给美国带来巨大治理困境和广泛不公，造成经济过度金融化、社会严重分化、民主制度失灵，最终酿成波及全球的金融危机，而且给其他国家带来重大危害，削弱了其他国家的主权有效性，普遍加剧了各国内部的不公正问题。

伴随着各国内部的社会矛盾不断累积发酵，伴随着各国应对治理危机的举措深入展开，伴随着各国对新型国家治理方略的苦苦探寻，伴随着国际秩序和全球治理体系的循序变革，全球价值形态的导向也必然发生深刻变化，新旧价值形态的换挡已是势之必然。金融危机后，无论是国际社会还是美国内部，无论是学术界还是政治界，都掀起了对新自由主义价值形态的深刻反思和高度质疑。新自由主义作为过去几十年来的国际主流价值形态，其感召力和影响力快速消退。

相应地，以公平正义为内核的新型国际价值形态正呼之欲出。原因如下：从客观层面看，各国广泛存在的不公正已使各国国家治理体系处于严重失衡状态，政治合法性、社会稳定性和经济可持续性的缺失，必然要求以公平正义为导向制定新的国家治理方略，重建更加平衡的国家治理体系；从主观层面看，无论是在西方发达国家还是在广大转型和发展中国家，大多数民众都深切感受到不公正问题带来的痛苦，各国以“反”为特征的民粹思潮的背后，恰恰意味着对公平正义的寻求成为人心所向，唯有以公平正义为执政目标和纲领旗帜的政党与政治人物，才能获得强大的民意支持。可以说，对公平正义的寻求必然成为未来几十年国际政治发展和各国社会运动的主旋律，公平正义也必然成为未来几十年国际主流价值形态的核心内容。

第十四章 引领新一轮全球思想启蒙

世界现代化进程滚滚向前，国家形态和世界形态变化的每一阶段都需要广泛的思想启蒙与社会动员。即便对不公平不正义的控诉已经空前强烈，要将对公平正义的孜孜追求凝练成系统缜密的思想体系和人人信服的价值理念，仍然需要一轮广泛而深刻的思想启蒙。中国作为有着独特思维方式与文化气质的东方古国，作为更具时代先进性的新型大国，理应承担起也能够承担起这一重大的思想启蒙使命。

世界现代化进程中的启蒙运动

从字面看，所谓“启蒙”就是启发智慧、通过教化使民众摆脱蒙蔽状态，塑造更加先进的思想意识。按照德国近代哲学家康德的说法，启蒙就是使人类从自我强加的蒙蔽状态中解放出来的过程。[1]

在世界现代化进程中，随着资本主义逐步在欧洲萌芽并发展壮大，客观上要求摆脱封建主义、等级主义和天主教会对人的思想与行为的束缚，形成与资本主义经济形态相适应的思想意识形态和文化价值形态，为资本主义壮大提供进一步的合法性论证。

它是一个同源而多元，并由欧洲不断向外围地区扩散的全球性过程，对几百年来世界现代化进程中的各国经济形态与制度形态、民众的意识与价值形态以及国际秩序形态，都产生了深远影响。狭义的启蒙运动主要发生在 18 世纪，而广义的启蒙运动则是包括文艺复兴、宗教改革、人类思想的自我革命以及各国政治与社会革命在内的长期而复杂的历史进程。弘扬人的主体地位、崇尚自由与理性、强调天赋人权和民主政治，是一脉相承的主旋律。

1321 年但丁发表《神曲》，标志着文艺复兴的开端。文艺复兴的主题是人文主义。从但丁的《神曲》、薄伽丘的《十日谈》到达·芬奇、米开朗琪罗和拉斐尔等人的不朽作品，一直到达莎士比亚的巅峰时期，这些文化伟人通过不朽的文艺作品创作，以曲折委婉的手法颂扬人性的光辉，肯定人的欲望，歌颂自然的人性。他们大多具有复古主义倾向，倡导“回到本源”的文化主张，对《荷马史诗》、西塞罗文风和古典艺术推崇备至，借着理想化了的古代风尚，抗衡中世纪的宗教控制与罗马教会的伪善行径。就大胆颂扬“人性的光辉”而非“神性的伟大”而言，他们的行为已具有重要的启蒙特征。他们通过重新考据、诠释基督教的原始文献和早期教父著作，揭露了中世纪通行的拉丁文本《圣经》的诸多谬误，为其后的宗教改革运动奠定了重要的思想基础。[2]

1517 年马丁·路德发表《九十五条论纲》，开启了欧洲宗教改革运动的序幕。宗教改革运动的核心思想是“因信称义”，主张把基督徒的信仰直接归结为上帝与人之间的恩典和悔罪关系，广大信徒无须借助教会和教士作为中介便可获得拯救。路德谴责天主教会把善功狭隘地限制为在教堂中祈祷、守斋和施舍，主张生活中一切的手艺和职业在本质上都是善行。路德提出“众信徒皆为教士”，这既是对人神内在关系的强调，也是对教会和教士等外在权威的直接否定。这场宗教改革运动最终形成了路德宗（信义宗）、加尔文宗（归正宗）和安立甘宗（圣公会）等一批脱离罗马教会的基督教新宗派，即基督新教。[3]它在客观上造成基督教世界大分裂，改变了教权与王权的力量对比，为资本主义的世俗职业行为提供了正当性论证，加速了西北欧民族国家的形成和资本主义生产方式的扩张。新教伦理对资本主义的推动，成为日后马克斯·韦伯的研究主题。信仰新教的欧洲北部各国，如英国、荷兰和北欧各国，在16世纪末至18世纪逐步成为发达的资本主义国家，而抵制宗教改革的西班牙和意大利等欧洲南部国家则变得专制落后或更加分裂。[4]

虽然宗教改革运动提高了人的相对地位和独立自决性，但它并未否定宗教的作用，因而在启蒙运动中注定只具有过渡性意义。马克思对其的评价是：“它把人从外在的宗教笃诚解放出来，是因为他把宗教笃诚变成了人的内在世界。他把肉体从锁链中解放出来，是因为他给人的心灵套上了锁链。”[5]解放人的心灵这一启蒙任务，注定要留给17世纪的“理性主义者”来完成。

对自然科学和人类理性的推崇，是17世纪“理性主义者”的共同特征。在这一时期，无论是弗朗西斯·培根、霍布斯、洛克等经验论者，还是笛卡儿、斯宾诺莎等唯理论者，惠更斯、牛顿、波义耳等自然科学家，抑或是爱德华·赫伯特、马修·廷德尔、约翰·托兰德这样的自然神论者，都以怀疑精神为武器，以科学理性为依据，树立起一套全新的思想规范。这套思想规范，在自然界中表现为可以用数学方法来认识的宇宙规律，在人类社会中则表现为通过社会契约缔结的法律制度。[6]宗教生活中的上帝，已经从彼岸世界中至高无上的人格神，转化为自然秩序和人类理性的源泉，转变为经验世界中一切客观实在和世俗活动的逻辑起点。

如果说17世纪的启蒙运动主要专注于还原客观世界和人类心灵的“实然”状态，那么18世纪逐步进入高潮阶段的启蒙运动，则更多地表现出行动主义的特征——大胆地描绘出世界的“应然”状态，即世界到底应该是什么样子，由此进入改造政治与社会形态、大幅推进世界现代化进程的全新阶段。

在法国，出现了伏尔泰、孟德斯鸠和卢梭等启蒙先锋；在苏格兰，涌现出亚当·斯密、亚当·弗格森、大卫·休谟等举世瞩目的重磅人物；在德国，则出现了像康德这样对后世影响极为深远的大哲学家。这一时期的启蒙思想家带有浓重的变革色彩，他们分别从人的权利、社会组织形式、政治制度的设计和顺应资本主义发展需求的自由贸易等角度，对改造现实社会提出自己的主张。“天赋人权”“社会契约”“三权分立”“人民主权”等具有典型现代性的政治思想，在这一时期发展成熟。经过18世纪启蒙运动的洗礼，自由、民主、法治和宪政等观念日益普及开去。18世纪末在美洲大陆和法国爆发的两场资产阶级革命，便是现代启蒙运动的重要遗产。

启蒙运动的成就与局限

启蒙运动的首要意义是推动了生产力的发展和世界经济形态的历史性变迁。

相比封建主义，资本主义在解放和发展生产力方面更具优势。文艺复兴就是随着资本主义在意大利的都灵、威尼斯等城市的萌芽而产生的，这种思想启蒙又反过来为新兴资产阶级的壮大和资本主义的进一步发展提供了思想动力。尤其是思想领域的解放带来自然科学的迅猛进步，由此而来的工业革命为资本主义的腾飞插上了翅膀。

启蒙运动还大大推动了现代国家形态的完善。对人们追求财富的行为予以必要的尊重和保护，在人与人之间确立共同接受的社会契约，为市场经济活动提供必要的法律环境，明确现代政府的法理基础和运行方式，并为政府与个人的权利分配划定适当边界，甚至由此引申出现代主权国家之间的关系安排，这些主张和行为，有助于现代国家内部市场经济的发育、公民意识的形成和政府治理能力的提升，确保了形成现代国家内部经济形态、政治形态、社会形态与思想意识形态相匹配的局面。由启蒙运动推动的现代国家形态的形成与完善不仅发生在欧洲，还为欧洲之外的其他国家探寻现代化道路提供了不竭的灵感。例如，中国百余年前的“五四运动”也有明显的启蒙特征，是全球范围内后发国家进行思想启蒙和探寻现代化道路的有机组成部分。

在推动人的发展方面，启蒙运动的贡献也不容忽视。按照唯物史观，启蒙运动乃是新兴资产阶级反封建、反神权的政治斗争在意识形态领域的产物。在前资本主义时代，个人不得不隶属于、依附于某种社会集团，缔结起“人的依赖关系”或“直接的统治和服从关系”。启蒙运动及其推动的资本主义发展，使人们的生产能力快速提高，形成普遍的物质交换和深度交往，人们的自主实践能力凸显出来，由此便摆脱了传统人身依附关系的束缚，至少是获得了“以物的依赖性为基础的人的独立性”。[7]

当然，上述启蒙运动的局限性也是很明显的。

启蒙运动在抬高理性的同时，也形成了“理性的自负”甚至“理性的极权”。理性主义者宣称“把一切都拉到理性的法庭面前接受审判”，却唯独忽视了对理性自身的审视。它在实践中一味追求生产效率、规模扩张与整体秩序，却忽视了人的个性和情感；同时，它还带来社会生活中的享乐主义和道德沦丧，这也是人们难以接受的。

作为浪漫主义鼻祖的卢梭注意到这一点。卢梭明确表示对理性独断论的怀疑，主张在道德良知和自然情感的基础上重建宗教信仰，从而掀起了 19 世纪风靡欧洲的浪漫主义运动和宗教复兴。但是，浪漫主义运动对宗教的回归并不符合时代潮流，除道德呼吁以外，它也缺少切实可行的政治主张，因此其影响力更多地体现在文学艺术层面，或是催动激进暴力的社会运动，很难转变为常态性、制度化的政治实践。

启蒙运动给人们描绘了一幅和平、繁荣与人性解放的美好愿景，客观现实却是周期性的资本主义经济危机、对殖民地的残酷压迫和列强之间无休止的战争。尤其是资本主义进入垄断阶段之后，导致了20世纪上半叶的两场世界大战；20世纪中叶开始在资本主义国家陆续出现的滞胀现象，更是不断消磨人们对未来的期望，人们再次深深陷入异化状态难以自拔。在这种背景下，后现代主义思潮应运而生。后现代主义激烈地反对现代性，主张抛弃一切启蒙遗产，解构由理性构筑起来的“宏大叙事”，反对一切正统和权威，怀疑一切永恒价值，提倡非中心主义、多样性和差异性。后现代主义思潮迎合了边缘群体、青年群体以及处境鲜有改善的普罗大众的萎靡情绪，一度十分流行。但滑向怀疑主义、虚无主义或者一味地反对和破坏，显然也不是出路。

上述自文艺复兴开端至18世纪而达顶峰的启蒙运动，也难以掩饰其阶级特性。显然，这场启蒙运动“本质上是属于贵族、资产阶级和知识分子的”。[8] 当启蒙运动站在新兴资产阶级立场上反对罗马教会的封建专制和宗教迷信时，它体现出的是时代先进性；但是，当它作为与资本主义的私有制经济形态相配套的思想和价值形态，面对风起云涌的无产阶级反抗时，其所提倡的民主、自由、法治等理念则表现出很大的局限性甚至虚伪性。冷战期间和冷战结束以来，自由、民主、人权等理念更是被美国当作对其他国家实施舆论打压、社会渗透、制度改造和全面控制的外交政策工具。

就此而言，在19世纪的工人运动中不断发展完善的马克思主义思想，既是启蒙运动的一部分，也是对这种以论证资本主义合理性为目标的启蒙运动的巨大超越，更为人类社会在进入21世纪之后掀起全球新一轮思想启蒙埋下了理论的火种。

中国的思维方式与文化气质

美国著名哲学家和历史学家杜兰特夫妇[9]将其洋洋洒洒超过数百万字的十一卷《文明的故事》第一卷命名为“东方的遗产”，以表明东方文明对世界进步的贡献及他们夫妇二人对东方文明的敬重。如今，西方文明引领世界现代化进程几百年后，其局限性逐步显现，到了东方文明再次发挥引领作用的时候。中国人特有的思维方式和文化气质，也将随之具有越来越大的世界意义。

中国人思维方式的起点是“道”，是对规律的尊崇和敬畏。中国的儒家、道家甚至佛家学说中，有不少关于“道”的论述。可以说，中国各哲学流派中，无论是本体论、认识论还是伦理学，其逻辑起点都是“道”。儒家倡导的生生不息、蓬勃向上、以仁为尊的生存状态和行为准则，道家的恬淡宁静、心照万物、无为无不为的修身之道，佛教自传入中土并以中土成为“正法”传承者以来，“凡所有相，皆是虚妄”的认识方法，“众生平等”的伦理信念，以及劝诫人们积德行善的行动主张，都让人感觉到“道”的存在和主宰。

“道”很玄妙。它生生不息、绵绵不绝，难以名状、无法捕捉，同时又无处不在、不可违背。古人对“道”的讨论，大多通过文学渲染的方式，不同层次的境界，只留给读者自己品味。不同年龄、不同心境、不同际遇之下，往往体会出不同的韵味。若仅从字面品读，则可能索然无味，变成一般的景物描写和情景叙事，绝难体会出其中的意境和智慧。尤其是其中包含的解构表象而又不落入虚无、收纳宇宙于方寸之间的哲学智慧，唯有到一定境界方能领悟，或者自始至终只能体会关于“道”的某个具体方面。

关于道如何生出万物，老子在《道德经》中只给出了非常抽象的描述。例如，“道生一，一生二，二生三，三生万物”，似乎很难理解和把握。为避免争议，中国文化中对宇宙如何生成的本体论问题常常存而不论，但宇宙万物都依“道”或者说依“规律”而行，这是绝大多数人都深信不疑的。

由“道”而生出的“理”，是万物运行遵守的基本原理。人们对原理的掌握，构成了人的知识。就此而言，“道”也是人们认识世界的基本方法。人们循着规律去认识万物，万物才是可知的，否则外部世界就只是德国近代哲学家康德所说的“感性杂多”，毫无头绪而言。

同时，“道”还内在地蕴含着伦理色彩。由道而生出的“德”，是关于社会伦理纲常的规定，即人们立身行事、治国理政的基本遵循。只有顺应天道、替天行道，才能获得政治合法性。

万物和人心都相通于道、统一于道，所以万物与人心之间也是相通的。于是，便有了古人“窗含西岭千秋雪，门泊东吴万里船”的感慨。即便是一扇小小的窗，也足以纳入“千秋雪”；即便是一扇小小的门，也足以装下“万里船”。人心与万物内在一致，方寸之间足以容下万丈乾坤。眼大如天，心大如天，是完全可能的。在中国哲学和中国文化中，关于世界起源的本体论，关于人心构造的认识论，关于修身治国的方法论，关于社会交往的伦理学，都由一以贯之的“道”来统辖，都由客观规律来驱动。

既然万物之间以及万物与人心之间皆相通于道、统一于道，即相通和统一于规律性，那么，相信事物之间的普遍联系、相互平等和对立统一，就成为中国文化和中国思维方式的基本特征。从中华文明的发端处一直到中国共产党领导下的社会主义中国，这一思维特征没有本质变化，是一脉相承和一以贯之的。

中国古代文化尤其是佛家文化还十分强调“因”“果”，中国人日常生活中常常使用“缘分”来解释偶然中的必然，马克思主义学说也早将普遍联系作为客观世界的基本规律。这是就中国思维方式中的普遍联系这一特征而言的。

就相互平等而言，其论据同样俯拾皆是。儒家的“民贵君轻”思想，佛家的“众生平等”思想，以及对阶级对立予以高度关注的马克思主义学说，都认为人与人之间的政治和经济地位应趋于平等，都内在地蕴含着“以人民为中心”的权利观、发展观和国家治理观。

关于事物之间的对立统一，人们则可以从中国文化中普遍存在的对“阴”与“阳”、“善”与“恶”、“福”与“祸”、“危”与“机”的辩证阐释中体会出来。“阴在阳之内，不在阳之对”；“反者道之动，弱者道之用”。事物怎样才能生生不息地动起来，而不至于陷入“热寂”状态呢？唯有依靠矛盾。彼此纠缠、相克相生的矛盾，是推动事物发展的不竭动力。

如果换个方式来概括中国人的这一思维特征，那就是坚持历史唯物主义和辩证唯物主义。

道并不是玄妙到不可认知的东西，道就是规律，就是必然性，就是客观世界的存在状态和基本原理。人必须坚持唯物主义，不能主观臆断、固执己见，而应对外部世界和客观规律予以足够尊重；必须将事物放在尽可能宽广的历史长河和时代背景中加以观察，以精准地确定它的时空坐标，认清它的发展阶段和发展状态；必须在与它有关的内外各种因素的深度纠缠互动中，探寻其演进的内部动力学和未来方向，并找到与它打交道的恰当方法。

正是由于这些自觉或者不自觉的思维特征，我们在分析问题时往往要努力探寻本质和深层规律性，而不是仅仅满足于去描述那些纷繁复杂、变动不居的表象，因为我们深信“总是规律在起作用”。既然事物不断发展变化，就要动态地看待问题，而不是刻舟求剑、故步自封；既然事物普遍联系，就要考虑大局、全局和长远，而不是囿于“一城一地”或者“一时一事”；既然万物同源、众生平等，就要换位思考、推己及人、克己复礼，而不是追求唯我独尊、我赢你输，进行自身权利的不合理申诉。中国人的思维方式甚至还强调，不要过分囿于人类自身。人类在自强不息的同时，也要学会谦卑与敬畏，“顺天应时”“以身体道”“天人合一”，是人类应该追求的更高境界。

担当新的启蒙使命

出于对“道”的尊重，中国人还怀有这样的思想信念，那就是：作为一个崇高的人，虽然首先要为供养自身而去谋求功利，并有权追求生理和心理层面的愉悦，但绝不能因此陷入对财富、权力与声色的痴迷。比“利”具有更高优先性的是“理”，也就是“人间正道”或“公平正义”；更高层次的愉悦，乃是超越生理和个人心理局限而具有利他色彩的“积德行善”，也就是“义”，即公共产品的供给和公共福利的增益。无论如何，所有的“小道理”都要被“大道理”管着。尽管这些“大道理”听起来具有明显的理想主义色彩甚至说教意味，但当人们解构自身的迷惑状态，达于清澈空灵的人生境界时，人们便会心悦诚服地接受道德约束与义务约束，自然而然地生发出悲天悯人的济世情怀。

中国人的这些文化特征和思维方法，很大程度上决定了中国国家治理和对外战略的气质。

气质之一是“抓总”。外国人与中国打交道时，常常感觉中国人有比较强的战略把握能力，在面对具体问题时往往先提原则和目标，从宏观上把握问题，而后才开始行动。这不是空洞或委蛇，而是基于中国思维方式而展现出的“抓总”气质。

中国历代治国理政的基本方略，就是将各种问题与矛盾分清主次和因果，抓住关键、纲举目张，而后统筹兼顾、全面照应。当年毛主席与尼克松这两个大国领导人见面，毛主席要和尼克松谈的不是两国如何“破冰”、建交等具体问题，而是哲学。在当今的全球治理领域，中国既积极参与涉恐（反恐）、涉扩（防扩散）、涉病（大规模流行性疾病）、涉气（全球气候变暖）等具体议题的处理，也积极推动全球治理体系的整体性变革，就是在“抓总”。由于这种“抓总”气质，中国在遇到具体问题时，往往不是头痛医头、脚痛医脚，首先寻求用锤子解决问题，而是更注重源头治理与综合治理。中国在新时代制定的“五位一体”总体布局和“四个全面”战略布局，也是典型的“抓总”。

气质之二是“自信”。即便深处危机之中，我们也笃信事情总会发生变化，只要恪守正道，世界就会眷顾我们，其他国家就会支持我们，时间和运势就在我们一边，再苦再难也会有出头之日。当我们身处困顿之时，我们便跳到外线、长期打算，利用事物的普遍联系和相互作用，找到更大的腾挪空间。出于矛盾对立统一的信念，我们总是在“危”中寻“机”，把坏事变好事，把压力化作奋起的动力，把苦难当作走向辉煌的不可缺少的前奏。特朗普政府上台后，中美爆发贸易摩擦，美国对华极限施压，但中国的反应是不卑不亢，始终保持战略定力。“经历了 5 000 年风风雨雨的中华文明，什么样的阵势没见过？”这样的豪言壮语，不是随便说出来的。当然，自信不等于盲目乐观。中国在推进国家治理和对外战略时，也总是怀有审慎心态和忧患意识。

气质之三是强烈的“使命感”。万物皆有道统，必然内在向善，世界秩序理应向更加有序公正的方向发展。事物普遍联系的特性，又必然衍生出彼此之间的休戚与共和责任担当。因此，“天下兴亡，匹夫有责”，“先天下之忧而忧”，谋求“天下大同”，建立“大同世界”，便成为中国历代仁人志士关于世界秩序的终极梦想和关于自身使命的深层认定。

20 世纪 20 年代，中国积贫积弱、饱受欺凌之时，孙中山先生就在《三民主义》一书中讲道，待“中国到了头一个地位”，也要“济弱扶倾……对于世界负一个大责任……尽我们民族的天职”，“对于弱小民族要扶持他，对于世界的列强要抵抗他……便是我们民族的真精神”。[10] 新中国成立后，尽管自身国力羸弱，但并未独善其身，而是对亚非拉各国人民的命运展现出深深关切，积极支持他们的民族解放事业。1955 年，毛主席向新华社发出号召——“把地球管起来”，更是体现出大国领袖的宽广眼界与豪迈担当。习近平主席在庆祝改革开放 40 周年讲话中说，我们这么大一个国家，就应该有雄心壮志。[11] 新时代以来，人们越来越能感受到，中国共产党人已将“为人民谋幸福”“为民族谋复兴”“为世界谋大同”这三个目标作为未来几十年全力奋斗的目标和使命。[12]

气质之四是坚定的行为准则。“万物平等”“众生平等”的哲学信念，在外交上则转化为主权平等、相互尊重、合作共赢的行动主张。与国强必霸的权力政治不同，日益强大的中国向国际社会明确做出“不称霸”“不扩张”“不干涉别国内政”的庄严承诺。百余年前，中国是弱者，曾要求其他人公平正义地对待我们，但不可得；现在中国变强大了，我们不是要报仇雪恨、以怨报怨，我们做的仍是要求别人公平正义地对待我们，并且我们还要更加公平正义地对待别人。与独善其身、我赢你输的传统逻辑不同，面对全球经济、政治和安全乱象，中国提出以“共同、综合、合作、可持续”为原则的新安全观，以“合作共赢”为主线的新发展观，以“共商共建共享”为特征的“新全球治理观”，并通过经验交流、政策协调和战略对接带领各国共同发展，以润物无声的教化引导和示范性力量，带着大家一起去看更好的风景。

如今，百年未有之大变局全面开启并加速展开，正是需要中国有所担当的时候。引领全球新一轮思想启蒙，积极传播以公平正义为核心的新型价值形态，是其中的一项重要任务。中国将以其独特的思维方式、文化气质、政治智慧和国际地位，不事张扬地发挥不可替代的特殊重要作用。

第六篇 博弈背景下的中美关系

导读

本篇将聚焦于未来几十年的中美关系。内容有四：一是对作为现代国家的中美两国在过去百余年里的互动进行了梳理，找出决定两国关系的若干要素；二是指出中美关系在百年变局中必将经历深刻复杂的调整，美国对华政策将更趋激进，双方博弈底线可能不断下移；三是回应对中国的各种猜测与担忧，就未来30年中国的大战略到底是什么进行论述，并分析中国未来可能面临的制约和中国未来的行为特点，这种分析将有助于我们理解中国未来的对美战略；四是就中美博弈的前景进行展望，认为中美战略博弈将是21世纪上半叶国际政治发展的主轴和决定性要素，若得到恰当引导，两国博弈将有助于纠正国际秩序失衡，实现中美两国及世界各国的共同演进。

第十五章　百年历史中的艰难磨合

中国和美国是世界现代化进程中一东一西、一南一北、一后一前地寻求实现现代化的两个世界级大国。这种巨大的政治性、经济性和方位性的国家属性差异，是我们分析中美关系的逻辑基础。这种差异始终贯穿着中美关系的发展，时而成为两国相互靠近与合作的动力，时而又成为彼此疏远和冲突的缘由。其到底发挥什么作用，乃是由现代国际秩序的阶段性特征和中美两国在特定阶段的国家转型需求决定的。

由世界化大生产和相应的国际政治安排组成的现代国际秩序，总是在“失衡—危机—纠偏—平衡”的周期循环中不断扩展升级，这种发展演进对中美两国和中美关系而言是只能顺应、不可抗拒的大趋势，是中美关系的决定性要素。同时，中美两国为维护各自主权、安全和发展利益，总是针对不断变换的内外形势，有针对性地谋求国家形态和国家战略的转型调整，使中美关系在不同时空环境中呈现出不同面貌。由于世界现代化进程使各国紧紧连在一起，世界其他国家尤其是主要大国则构成了中美关系中难以回避的“第三方因素”。其他各国的行动以及彼此的分化组合，难免对中美两国和中美关系产生重大影响。同时，中美关系中的诸多历史遗留问题也不容忽视，它们从一个时期延宕至另一个时期，有时成为两国关系稳步向前的支柱，有时因得到有效管理而淡出视线，有时则引发两国关系的颠簸震荡。

过去百余年来，上述“国家内在属性的差异”“现代国际秩序的特征”“两国国家转型的需求”“第三方因素的作用”“两国关系中的历史遗产”等诸因素相互叠加、深度纠缠，使百年间的中美关系明显划分成各具特色的三个阶段。

不平等的协同

以不平等的协同关系为主要特征的第一阶段，指的是 20 世纪初到 40 年代末这段时间。中美关系的开端源自中国的清政府时期，但直至辛亥革命爆发，中国摆脱封建帝制建立共和政体，才标志着中国作为现代主权国家登上世界舞台，具有现代意义的中美关系正式展开。这一时间节点成为中美关系第一阶段的开端。

这一阶段国际秩序的突出特征是：资本主义从自由竞争和国家垄断发展到帝国主义阶段，资本主义内部矛盾异常尖锐，帝国主义列强加速海外扩张，各种不可调和的经济矛盾与政治矛盾、国内矛盾与国际矛盾，通过两次世界大战才得以实现危机出清，将世界各国统统裹挟进去，中美两国也深深卷入其中。在此过程中，受到殖民压迫和战争蹂躏的后发国家的民族自决和主权意识日益觉醒，积极反抗外来侵略，谋求建立现代国家，中国是其中一员。资本活动的世界化、难以遏止的各种国际危机以及战争的巨大破坏性，客观上要求建立更为完善的国际秩序，这构成了中美两国的潜在共同利益。

这一阶段中美两国的转型需求或者说发展需求虽很不相同，两国地位也很不平等，但两国诉求有一定的相容性。20世纪初的美国已在经济实力上全球居首，在政治上却未得到相应认可。美国国内资本急需寻找海外机会，但美国在对外殖民方面远远落后。此时的美国必须在欧洲列强的纷争过程中寻找战略机遇，实现从国内发展向海外发展、从“后进强国”向“平等强国”的转型。这就推动美国在远东和太平洋这一列强殖民“薄弱地带”寻找机会，通过倡导“门户开放”政策，以维护中国主权为名，排挤老牌列强在华特权，争取美国“机会均等”和“地位平等”，同时推动形成相应的国际政治安排，以便将美国的权益加以制度化。而对刚刚推翻封建帝制的中国而言，此时则需要努力摆脱半殖民地半封建状态，转型成为真正的主权独立国家，战略手段之一是借美国之力抑制外来国家（主要是日本）的在华扩张。

日本是此阶段中美关系最大的“第三方因素”。一战后，英国、德国、法国等欧洲列强在华势力衰微，日本企图独霸中国，遭到中美共同反对。日本成为美国在远东争夺地区主导权的最主要对手，也是中国国家主权的最紧迫威胁。美日各自扶持中国代理势力进行间接斗争，并在二战中直接开战，中日之间也爆发了侵略与反侵略的残酷战争。

在此条件下，中美两国便形成了各自诉求不同却总体上相向而行的协同关系，这种协同是以不平等的依附为基础的。1918年美国总统威尔逊提出“十四点计划”，倡导维护民族自决和弱小国家权利，在巴黎和会上反对日本对中国山东的无理要求；1921 年美国主导的华盛顿会议签订《九国公约》，规定“尊重中国之主权与独立暨领土与行政之完整”，与中国诉求形成呼应；继续倡导“门户开放”“机会均等”政策，制衡日本在华特权尤其是日本提出的“二十一条”；支持国民党蒋介石政府“统一中国”，对日本占领中国东北奉行“不承认主义”（或称“史汀生主义”）；日本发动全面侵华战争后，中美两国正式结成反法西斯同盟，美国对中国抗战提供援助支持；二战后期，中美两国还联手推动创建联合国这一最重要的国际机制，对战后秩序做出安排，使现代国际秩序向前迈进了一大步。

然而，1945 年二战结束，日本这一共同威胁消失，削弱了中美协同的基础。《望厦条约》等历史问题表明中美长期以来就是不平等的。美国亦是列强之一，只不过是相较殖民资本主义而言的较新形态的资本主义而已。中美协同的过程中，始终伴随着美日妥协和对中国利益的伤害。二战胜利后，国民党政府选择继续对美依附道路，显然与中国人民寻求民族自决的渴望背道而驰，美国的扶蒋反共政策更加剧了其与中国人民的矛盾。待中国人民在中国共产党领导下建立人民民主专政的社会主义新中国，中美之间“一东一西”的政治矛盾骤然突出。中美关系必然从以不平等的协同为主要特征的第一阶段转向以对抗为主要特征的第二阶段。

兵戎相见后的长期对峙

以正面对峙为主要特征的第二阶段，是指20世纪40年代末到70年代这段时期。这一阶段的中美关系以非常激烈的方式开局，双方在朝鲜战场上兵戎相见。此后很长一段时期内，中美两国彼此高度敌视。20世纪70年代初两国关系开始解冻，直至1979年两国建交，对抗关系才告结束。

在这一时期的前半段，联合国等国际机制的创建为有效管理大国关系提供了必要的原则和框架，但美苏两大阵营在何种国家形态更为先进、第三世界国家的道路如何选择、建立怎样的国际秩序等问题上分歧严重。核武器的存在使双方不敢轻易发动战争，意识形态的敌对却难以避免。同时，资本主义发展失衡引发的各类矛盾和危机因两次世界大战得以出清，战争带来的巨大破坏为战后经济发展创造巨大空间。无论在资本主义阵营还是在社会主义阵营内部，包括中美两国在内的各国普遍迎来一段经济较快发展的时期。美国经济经历“战后繁荣”，中国的国民经济体系初步建立。这意味着，此时的美国和中国仅依靠自身潜力与各自阵营提供的发展空间就够了，在经济上对对方需求不大。

相较之下，中美两国更在意的是各自的政治安全以及来自对方的意识形态威胁。对美国而言，为巩固本国的资本主义制度，维系美国在西方世界的主导地位，积极塑造第三世界国家的道路选择，并实现美国从“西方领导者”向“世界领导者”的转型，美国强力打压国内亲共亲苏思潮，大肆渲染共产主义威胁，共产党领导下的中国自然是其重要的政治对手。而此时的中国为保全来之不易的主权独立，也极为重视自身政治安全和意识形态安全，清除国内带有资本主义色彩的生产和生活方式，回击任何来自美国的污蔑和威胁。中美两国在经历朝鲜战争的正面军事对抗后，又延续了相当长时期的意识形态对抗。

苏联毫无疑问是贯穿中美关系第二阶段的最大甚至是主导性的“第三方因素”。

“苏联因素”在中美关系第二阶段的前半段和后半段发挥的作用截然不同。中国当初为实现主权独立而“一边倒”地站在苏联一边，苏联因此成为中国社会主义建设初期的重要支持力量。但中国出于对国家主权的珍视，同样难以忍受苏联的“大国沙文主义”以及对中国提出的无理要求，转而对美国和苏联“两个拳头打人”。当苏联加大边境滋扰，对中国安全的威胁日益加重时，中国开始尝试改善与美关系以构建对苏制衡。此时的美国深陷越南战争难以脱身，急需拉近与中国的关系以重塑远东地区平衡。由此，从20世纪60年代末开始，中美关系因“一东一西”的属性差异而构成的矛盾开始下降，最终促成70年代初基辛格和尼克松访华。

与此同时，中美两国“一南一北”的属性差异开始悄然拉近中美关系。20世纪60年代中期开始，美国乃至整个西方世界的经济开始出现“滞胀”，衍生出一系列严重的政治和社会乱象。这表明西方发达经济体所乐享的战后红利已经出尽，资本主义阵营内部发展空间趋于饱和，需要开拓新的发展空间。在中国这边，

“自力更生”的发展路线遭遇挫折，由于技术和经验匮乏以及国际孤立处境，加之政策路线偏差，中国经济社会进步明显放缓，迫切需要改变发展模式，拓展外部合作。当然，在当时的情况下，中美之间这种潜在的相互需要关系是双方都不便明言甚至是没有明确意识到的。直到中国结束“文革”，果断转向“以经济建设为中心”并开启意义深远的改革开放，中美之间这种“一南一北”的属性差异所蕴藏的巨大合作潜力才一下子迸发出来。

改革开放与全方位合作

以全面合作为主要特征的第三阶段，指的是 1979 年后的近 40 年。1979 年中美正式建交，标志着中美关系以正面对峙为主要特征的第二阶段正式结束，以全面合作为主要特征的第三阶段拉开大幕。

在此阶段，国际秩序的总特征是国际政治矛盾显著下降，发展问题成为主线。中美建交后，随中美苏三角趋于均衡和苏联内外困境加剧，苏联对美和对华威胁明显下降，特别是在冷战结束、苏联解体后相当长的一段时期内，东西矛盾不再是国际政治的主要矛盾。相比之下，全球发展和各国发展的问题更为突出了。美国和西方国家内部经济发展持续乏力，面临“发展困境”；中国、第三世界国家以及从苏联阵营脱胎出来的转型国家，迫切需要改变贫穷、落后和混乱局面，也同样面临“发展困境”。国际政治矛盾的降温，为全球化深入推进创造了条件。这种情况下，中国和美国都选择了将强化国际合作作为化解国内发展困境的核心手段。美国对中国采取了以接触和融入为主的战略，将中国作为大幅推进产业转移的理想目标，支持中国加入世界贸易组织等一系列国际组织。中国为着手解决发展问题，在意识形态上采取“姓社姓资不争论”的态度，大胆尝试治理体制变革，对学习西方保持开放心态，积极引入本国迫切需要的资金、技术和经验。正因为中美两国在化解发展困境上互有所需，两国关系在苏联解体后仍延续合作势头并获长足发展。

过去40年来的中美合作体现在诸多领域，影响也至为深远。

在经济方面，中美作为最大发达国家和最大发展中国家的互补性合作，大大推进了经济全球化的深度和广度，中国加入世界贸易组织使世界经济体系更趋平衡，全球经济增长获得更强动力，全球通货膨胀得到有效平抑，两国在应对2008年金融危机方面的政策协调，更是世界经济稳定之锚，一时间甚至产生“两国集团”幻象。在政治方面，两国元首会晤的领航作用持续强化，各层级对话与合作机制逐步完善，从“战略经济对话”到“战略与经济对话机制”，再到涵盖经济、外交、安全和人文四大领域的对话机制，两国政策协调得到机制化保障，确保了合作关系的稳定性。在社会领域，地方交往和人文交流日益频繁，日益成为中美关系稳定的支柱。尤其是两国还在共同维护国际秩序方面携手合作，共同致力于反恐、防扩散和应对金融危机等工作，中国愿意为维护国际秩序而成为“负责任的利益攸关方”。

在大国合作氛围下，日本、俄罗斯等此前的“第三方因素”，与中美总体保持了良性互动；朝鲜、伊朗、苏丹、阿富汗等新的“第三方因素”，则成为中美合作的增长点。作为前阶段两国关系历史遗产的台湾问题和意识形态分歧，也在双方的重新磨合和战略默契之下得到有效管控。

当然，这一阶段的两国合作并非毫无阻力和暗礁。

东欧剧变、苏联解体曾给中美关系带来巨大波折；1995 年李登辉访美，美国国会抛出“考克斯报告”，以及“炸馆”“撞机”等事件，严重干扰中美合作。尤其是金融危机以来，中美合作障碍明显增多。金融危机暴露了全球金融治理体制的重大缺陷和世界经济结构的深层失衡，在各国引发广泛的政治危机和社会危机。各国在金融危机爆发之初尚能协力应对，但在各国处境分化后，国际合作明显失去动力，主要大国提供公共产品的意愿和能力显著下降。受此影响，中美合作逐步失去势头。

同时，中美两国均在全球化合作中积累了不少问题。美国的产业外包政策以及对金融资本的放松管制加剧了实体经济萎缩和“金融化”，社会贫富差距扩大引发 99% 与 1% 的高度对立，政治极化随之加剧。中国在快速发展中也出现经济失衡、贫富分化、官员腐败、环境污染等问题。而且，由于中国已具备局部发达特征并努力实现产业升级，两国“一南一北”的互补关系减弱、同质竞争增强，特朗普政府加大对华经济、科技打压。

中美关系中的东西差异也并未完全消失。中国提出坚持“四项基本原则”，实则为改革开放划定底线。美国企图对华实施“民主化战略”但最终希望落空，中国模式感召力日益增强，使美国不得不加强对华意识形态的攻势。中国经济实力“坐二望一”，还显著改变了中美关系“一前一后”的方位特征，奥巴马政府和特朗普政府相继推出“亚太再平衡战略”和“印太战略”，通过各类双多边协定重塑国际政经体系，对中国加紧打压。

凡此显示，中美建交后40多年间以全面合作为主要特征的中美关系已难以维系。由于国际秩序失衡加剧、两国内部挑战日积月累，两国合作的基础渐遭销蚀，国际秩序转型和中美各自转型箭在弦上，中美关系再次来到非变不可的关口。特朗普上任后，美国全球战略的重心从反恐转向大国，大国战略的重点从俄罗斯转向中国，对华战略的基调从合作转向竞争。2018年年初，特朗普政府发动规模空前的对华贸易摩擦，美国国内在对华认知方面也呈现府会合流、两党合流、政商合流特征。

这表明，中美关系脱离合作轨道而进入新阶段，具有必然性。

第十六章　百年变局中的颠簸震荡

当前全球主要大国之间愈演愈烈的经济纷争、地缘纷争和价值形态纷争，以及各国内部围绕国家发展方向爆发的激烈争论，标志着新一轮全方位大国博弈已经成为现实。这是不以人的意志为转移的。作为新兴国家之首的中国，毫无争议地成为新一轮大国博弈中的核心角色。百余年来，中国从一个被裹挟着卷入世界现代化进程，险些沦为西方殖民地的积贫积弱国家，经过艰苦卓绝的斗争，实现站起来、富起来进而强起来的伟大转变，终于被世界历史的大潮推到大国博弈前沿。从过去 500 多年的历史经验看，中国参与新一轮复杂、长期、激烈的大国博弈，乃势之必然。

博弈底线明显下移

世界经济体系的失衡不可持续，必须以这样或那样的方式予以纠正，这决定了国际秩序转型是不以人的意志为转移的客观进程。这意味着，未来相当长的一段时期内，各国特别是主要大国围绕国际秩序转型的竞争不可避免。既然世界经济短期内难以全面好转，那么对市场的争夺难免成为大国竞争的主要方面。各国可能会一方面加强保护本国市场，要求他国开放市场，拼命抢占国际发展空间并排挤其他竞争对手，甚至动用排他性措施“在不断缩小的蛋糕上尽量切下较大的一块”，另一方面在培育新一轮经济发展动力（如人工智能、自动制造、新型通信技术与生物技术等）方面展开白热化竞争。既然国际秩序的转型注定发生，那么各国会更加积极进取，努力在变局中挖掘机遇。转型到底体现谁的意志、维护谁的利益、按照谁提出的议程加以推进，成为大国竞争的另一焦点。更为深层的是价值形态之争。无论是对国际秩序转型的愿景设计还是具体的规则倡议，背后都有一套哲学和价值观支撑，国际秩序转型很可能触发冷战结束以来“尘封已久”的价值形态或者说意识形态纷争。

为消化本国在参与全球化过程中累积的内部问题、维护战略自主性并提升国家竞争力，中美都将建立更加平衡的经济结构、更加广泛的政治共识、更加健康的社会结构和更加有利的外部环境作为新一轮国家转型的目标，从而力争校准本国在外部世界的关系，确保国家可持续发展，更好地维护本国长远利益。与过去几十年两国都乐于奉行“国际主义”原则不同，两国以及各国的此轮国家转型均不同程度地体现出“国家主义”特征，对经济自主、政治安全以及社会稳定予以更高关注。

在美国，“美国优先”口号虽因带有民粹色彩而遭到广泛批评，但实则折射出十分广泛的民意倾向，反映出民众对美国在全球化过程中可能走得过远的深层焦虑。美国要实现新一轮转型，必须调整经济结构、维持科技优势、做大“美国制造”，从而维持高额利润、拉动本土就业。这种转变使美国对双边贸易逆差、人民币汇率问题、中国科技政策以及所谓中国央企“不公平竞争优势”的抱怨迅速增加。美国对自身经济安全尤其是产业链安全的担忧，使美国对中国输美科技设备与对美科技投资更加警惕和抵制。以往运行顺畅的中美人文交流与科研合作，也被怀疑是“干涉美国内政”和“非法窃密”。在美国决策圈和战略界，长期以来奉行的通过推动中美合作扩大共同利益的政策取向面临更大的压力，通过对华竞争更好地维护本国国家利益的做法获得更大的势头。美国在国家转型中的意见分歧和政治斗争，可能随时波及中国，使美国在处理对华关系时呈现出较大的波折反复和矛盾性。

在以往力推改革开放、聚焦经济发展的基础上，中国在此轮转型中将建设更加成熟完备和更具竞争力的现代国家形态作为重点。为此，过去几年来中国大力强化党的权威，为反腐（政治）、转型（经济）、脱贫（社会）、治污（生态）、正心（文化）、拓展（对外合作）提供强有力的支撑，提出“总体国家安全观”，推动相关立法和政策，设立相应机构机制，将维护国家安全作为重要战略事项，力争更好地统筹安全和发展及各领域事务。这导致美国对中国发展方向的疑虑加重，并感受到切实冲击。随着中国资金和技术逐步充裕及本土企业竞争力增强，中国开始寻求向产业链高端转型升级，更注重自主创新和产业安全，过去几十年来西方企业在华的超国民待遇和高额垄断利润已经越发难以维系。中国依法加强社会管理，一些在华活动的美国非政府组织亦抱怨行动自由大不如前。着眼未来，中国在过去 40 多年基础上开启新的改革开放，更明确宣称“不该改的坚决不改”，为国家形态演进设定前提，更加重了美国的不适。

过去百余年来，中美关系中的第三方因素仅限于日本、苏联及其他少数几个国家，而在新阶段，由于美国固有的全球大国地位以及中国快速拓展的全球合作网络，中美关系中的第三方因素几乎涵盖了全球绝大多数国家。由于中俄全面战略协作伙伴关系的长期持续以及美俄关系的微妙性质，“俄罗斯因素”对中美关系的走向影响巨大。“五眼联盟”及欧洲等美国传统盟友在美国地位松动的背景下如何摆正自己的位置，是观察中美关系的重要指标；以“金砖国家”为代表的新兴国家群体如何强化与中国的战略合作，亦是美国高度关注的议题。非洲、拉丁美洲、南太平洋、东南欧等地区各国作为中美关系的“中间地带”，其内部政治生态和对外政策走向将时刻牵动中美两国的神经。此前的朝鲜、伊朗、阿富汗等传统第三方因素，也还在阶段性地牵扯两国的精力。

作为中美关系第三方因素的诸多国家，其内部状况千差万别，但大体上都面临着与中美两国类似的转型挑战。它们与中美两国的传统联系各不相同，在国际秩序转型中的利益诉求差异很大，但都认为中美关系非常重要，并希望在能力范围内将中美关系引向对己有利的轨道。它们之中，有的可能希望中美维系合作以保全现有国际和平稳定，有的可能试图与中国或美国发展更紧密关系以获取更多实利或让大国为其遮风挡雨（获得安全保护），有的可能为避免“选边站队”压力而刻意游走于中美之间，有的可能因对中美两国的一方充满恐惧而向另一方积极贴靠，有的则可能为实现自身战略目的而有意识地刺激中美做出某种反应并造成

“尾巴摇狗”局面，甚至不乏企图从中美紧张关系中不当得利的居心叵测者。

所有这些第三方因素的行动，均可能带来全球战略平衡和地缘政治结构的微妙改变，引发复杂的连锁反应。这意味着更加多元复杂的第三方因素使中美关系远远超越双边层面，具有越来越强的全球性质。在国际秩序转型中，中美两国和为数众多的“第三方因素”构成极为复杂的利益纠葛和互动结构，中美关系成为牵动全球政治格局走向的主线。换言之，新阶段管控中美关系“第三方因素”的难度极大。

必须承认，中美两国之间有共生关系。这种共生关系至少有几方面来源。首先是两个世界大国在过去40年全面合作过程中形成的千丝万缕的双边和全球联系。无论是在经济还是在安全领域，无论是在地缘还是在网络空间，无论是在海洋还是在外层空间，双方都是“抬头不见低头见”，即便双方利益并不完全一致，也已深深镶嵌到一处，两国关系已“大到不能倒”。要实现“完全脱钩”，即便理论上尚存可能，实践上也难度极大，这可算是前阶段两国关系的重要正面遗产。无论两国关系坏到哪里，两国本质上都是在世界现代化进程所设定的国际体系内彼此互动。

其次，两国作为经济和安全大国所拥有的摧毁对方甚至摧毁世界的能力，是两国共生关系的又一基础。两国庞大的军事规模和战斗能力，核武器及其他大规模杀伤性武器的存在，对任何一方的激进行为和冒险冲动都构成强大抑制。共同毁灭的可能性反过来成为确保两国共同存在的理由。这就是两国要推进战略对话、军控措施和危机管控的原因。对潜在毁灭性前景的畏惧，逼迫双方更加理性地思考，并对对方生存和发展的权利予以必要的尊重。

最后，两国之间的巨大差异性仍然为未来的互利共赢合作提供了空间，这也是两国共生的基础之一。不管经贸关系如何颠簸，双方相互需要以及互利合作的基础仍在。此前是中方看重美方市场，未来几十年内则是美方越发依赖中国无与伦比的市场规模和消费潜力；此前是中方看重美方技术，未来几十年内不排除某些领域的尖端科技掌握在中国手中，而美方主动寻求与中国合作。尤其是面对当前世界经济体系失衡，中美两国以及其他主要大国还在培育新的全球消费能力方面拥有潜在共同利益，若能在此方面携手合作，各方都是赢家。对这种美好前景的憧憬使双方不会轻易放弃合作，两国内部总会存在对两国合作的积极倡导者。这为两国共生关系提供了非决定性的但十分必要的支撑。

但底线约束只是排除了中美两国中的一方彻底消灭另一方的最坏可能性。回想当年美苏争霸，虽有核武器相互威慑，但双方仍在正面战争外的各领域展开激烈竞争，并最终以苏联解体收场。

对中美关系而言，国际秩序演进异常复杂，而双方都对对方将要采取什么行动缺少百分百的把握，这可能迫使两国尤其是作为强势一方的美国采取防御性的先发制人举措，导致两国关系中的新老问题同时升温。以往的合作会被放在显微镜下严格审查，拷问合作到底使谁获益更多，如果不合作谁的损失更大。这必然会恶化两国关系的舆论氛围，加速宿怨累积和互信下降。两国难免要奉行反应性的强硬路线，在“受害者心态”驱使下采取针锋相对的反击措施，动用对外政策工具箱中的各种手段，使中美紧张关系进入螺旋升级的轨道和固化难解的境地。因此，新阶段中美关系的底线，绝不会止于过去 40 年两国关系中曾经出现的诸如台海危机、“撞机”、“炸馆”等事件发生时的状况。

上述几方面现实决定了，中美建交以来 40 年间形成的合作关系，注定要被高投入、高烈度、多领域、多形态的全面长期战略博弈取代。

之所以说“高投入”，是因为双方都将与对方的关系视为影响国家命运的最重大外部因素，是事关中国实现民族复兴以及美国维持全球领导地位的头等大事，双方必然为运筹与对方的关系投入巨大精力，甚至为此强化国家动员体系，调动更多国家资源为战略博弈服务。

之所以说“高烈度”，是因为双方可能都担心自我克制或放松警惕会使己方处于不利地位，因而采取主动行动，进而对对方构成进一步刺激。这种安全困境的结果，使双方战略博弈极易获得自我强化的势头。唯有博弈代价过于高昂以至一方难以承受时，才会构成博弈底线。

之所以说“多领域”，是因为两国将出于国内政治、国家利益、国际信誉等方面考虑，围绕国际秩序转型的方向、全球伙伴关系的塑造、未来发展空间的开拓、国家发展模式的优劣等根本性问题展开博弈，必然牵动国内和国际两个大局，波及政治、经济、社会和意识形态等诸领域。

之所以说“多形态”，指的是双方博弈可能包括从协作、合作到结盟，从竞争、斗争到战争，从对立、对抗到对决（极限对抗导致的战略摊牌）的各种形态。以2017年年底美国《国家安全战略报告》将中国确立为“战略竞争者”以及2018年发动规模空前的对华贸易摩擦为标志，中美关系已基本脱离第三阶段，全面长期战略博弈成为未来几十年中美关系的主要特征。

美国对华战略的新形态

过去几十年里，美国国内条件优越、全球一超独霸，虽然心态强势甚至盛气凌人，试图在全球推广美国模式和普世价值，但因看重与中国合作的现实收益，同时因反恐问题严重耗费精力，所以对华政策以接触合作为主，中美分歧的一面得到管控，共赢的一面更为突出。但当中美关系进入新阶段时，美国内外处境的恶化打击了美国的战略自信，削弱了美国涉华辩论的质量与涉华决策的科学化。在此背景下，美国对华政策竞争性、冒险性甚至破坏性的一面趋于上升，其对中美关系的影响是非常深远的。

博弈是一个多手段并用的过程。本书在这里集中于描述竞争和施压的一面，不意味着这是美国对华战略的全部。当然，可以预见的是，新阶段美国对华战略的竞争性色彩将明显超出对合作的寻求。2018年以来，美为配合对华贸易战而祭出的各类手段，业已演变为美国对华遏制打压的长期工具。

一是全面科技竞争。

中美两国都十分看重科技在经济发展中的决定性作用。此前中美合作顺畅时，美已留有后手，在对华科技出口方面施加严格管制。面对新阶段全球科技革命浪潮和中国科技创新的迅猛势头，美国更将维持自身科技优势、迟滞中国科技发展作为战略博弈的重要手段。一段时期以来，美国通过颁布《外国投资风险审查现代化法案》《出口管制改革法案》等法律并辅以各种行政手段，加大对中国对美科技投资的审查以及对中国与美科研交流的限制；为维护本国产业链安全，禁止进口中国企业生产的某些科技设备，并告诫美国企业和民众注重防范中国科技“窃密”，似乎有意打响中美“科技冷战”。[1] 由于相关法律一旦确定就很难更改，中美科技合作阻力骤然上升。同时，美国还极力干扰中国的科技创新进程。高调打压《中国制造 2025》的目的，就是打乱中国科技创新步伐。其以国内法对中兴、华为等中国企业实施严厉制裁的蛮横做法，未来可能被用到更多中国高科技企业身上。

二是全球发展竞争。

在中国与各国互联互通和发展战略对接日益成势的背景下，反制中国的“一带一路”，削弱中国的发展合作优势，与中国展开全球发展竞争，亦是美国对华博弈的重要手段之一。为此，美国制定《2018 年善用投资引导开发法案》（BUILD），将海外私人投资公司和美国国际开发署所属的发展信贷管理局合并，创建“美国国际开发金融公司”，综合运用多种手段调动民间资本，积极借重欧洲、日本、澳大利亚等盟友之力，力争形成官民并举、覆盖全球的对华发展竞争模式，为亚非拉国家提供“其他选择”，削弱中国发展合作和发展援助的吸引力，增加中国推进发展合作的阻力和成本。[2]美国还可能利用《反海外腐败法》《反洗钱法》《全球马格尼茨基人权问责法》等国内法，对中国对外合作中的所谓“不规范行为”进行更多“长臂管辖”，甚至动用国际非政府组织和不为人知的隐蔽力量实施干扰破坏活动。

三是范围更广的地缘牵制。

在此方面，既有台湾、朝鲜半岛和南海等“旧抓手”，也可能有涉及印太、中亚以及非洲、拉丁美洲的“新抓手”。台湾长期以来是美国在亚太地缘布局的重要一环。在中美博弈背景下，美国不断提高与中国台湾军事合作和人员往来的层级，对两岸和平统一施加更大成本，使美国与台湾地区关系成为对华地缘牵制的重要一招。半岛形势时缓时急，美国政策时紧时松，将中国深深卷入其中，牵动东北亚各国关系复杂嬗变，朝鲜半岛生战生乱的可能性对中国始终构成不得不防的“地缘陷阱”。在南海，美国以“航行自由”为名持续进行挑衅，分化中国与其他声索方的关系。在奥巴马政府“亚太再平衡战略”的基础上，特朗普政府又推出“印太战略”，将南亚和印度洋纳入统一的战略运筹，增大对中国地缘牵制的覆盖面，特别是利用澳大利亚、印度等地区大国对中国的恐惧，对冲中国在南亚次大陆、印度洋以及南太岛国的地缘拓展。中亚形势总体可控，但不排除美国在中亚制造麻烦，暗中破坏中俄互信，刺激中俄在中亚形成地缘竞争。另外，在美国影响力相对更强的拉丁美洲和中国影响力快速拓展的非洲，中美地缘碰撞似乎也不可避免。

四是量身打造的规则约束。

具体手法包括：第一，利用两国之间的价值观差异，在中国的价值理念尚未被全球广泛接受之际，借“宗教自由”“女性权益”等所谓“人权问题”，对中国的内外政策施加约束和干预；第二，利用两国之间的政策性差异，以更加严格的劳工标准、环保标准和知识产权保护标准，对中国的对外商业活动采取更多歧视性措施；第三，利用中国发展的阶段性特征，在中国还是不是“发展中国家”的问题上做文章，取消此前曾经给予中国的各项“优惠”待遇，以发达国家标准要求中国在国际义务方面做出更多承诺；第四，利用中美之间的体制性差异，重点瞄准中国政府在经济活动中造成的所谓“市场扭曲”，以及中国国企的所谓“不公平竞争优势”，团结其他发达国家一同对中国实施规则约束。特朗普政府上台后，强迫中国产业政策做出调整，试图将《美墨加协定》中有关市场经济地位的排他性“毒丸条款”加以推广，有意构筑新的国际贸易体系，使中国面临“二次入世”风险。

五是构筑新型安全威慑。

利用遍布全球的军事力量，维系同盟国家对美国的安全依赖以及美国对敌对国家的安全威慑，是美国全球战略的重要组成部分。长期以来，美国在东北亚、东南亚、南亚等中国周边地区维系立体化军事布局，对中国形成强大的军事威慑。在战略博弈阶段，美国必然会顺应中美实力变化有针对性地调整军事布局，以维系这种威慑。值得强调的是，在战略博弈阶段，美国对中国的安全威慑，将既基于两国之间长期存在的实力不对称性，确保美国在两国“硬碰硬”的较量中取胜，也会最大限度地利用两国不对称的相互依赖关系，基于中国的短板或弱项构筑新的安全威慑。换言之，曾经作为两国共生基础的相互依赖，现在则可能被美国用作威慑中国的手段。可能出现的情况是：美国利用中国对国际金融公共产品的依赖，利用中国对部分外来技术装备的依赖，利用中国国内基础设施的广泛联通性，针对中国国内核心数据依然缺乏保护的状况，在金融安全、科技安全、网络与信息安全、基础设施安全、生物安全等方面寻找漏洞短板，甚至储备新型战争手段，对中国构筑更广泛、更隐蔽、更致命的安全威慑。

六是强迫各国选边站队。

同盟体系和伙伴网络作为美国的重要战略资源，也将在美对华博弈中发挥至关重要的作用。可能出现的情形是：美国通过构筑和推广“西方与非西方”“守成国与修正国”“民主与非民主”“市场经济与非市场经济”两极对立、水火不容的叙事话语和评判标准，以传统文化纽带强化西方国家的身份认同，以维护既得利益为名团结其他发达国家，在政治制度和经济模式方面强迫转型国家做出非此即彼的选择；美国将中国和俄罗斯塑造成国际社会的“另类”与“他者”，给学习“中国模式”或追随中俄的国家施以高压和孤立。此外，以军事捆绑、经济援助、政治渗透等传统手段拉动其他国家向美国靠拢，也是美国对外政策工具箱中的常用手段。

七是发动意识形态攻势。

加大对苏联和社会主义制度的妖魔化宣传，是冷战时期美国的重要政策工具，为美国赢得冷战发挥了特殊作用。奥巴马执政后期以及特朗普上台后，美国以反制中俄所谓“虚假宣传”为借口，推动制定《波特曼－墨菲反宣传法案》，加大政治宣传机器的马力，在国内外加强对中国的批评和抹黑，掀起前所未有的反华浪潮。主要“攻击点”有：针对党和国家体制机制改革以及加强社会治理若干举措，批评中国“改革停滞”；在美国国内加强对社会主义制度的攻击，试图唤醒美国民众对共产主义的恐惧；[3] 针对中国加强与周边合作和必要的军事部署，污蔑中国要将南海变成“内湖”，试图建立扩大版“朝贡体系”，破坏地区互信与合作；围绕中国“一带一路”倡议高调渲染“债务陷阱”，将“数字丝绸之路”描绘成“数字威权主义”；将中国说成“修正主义国家”，认为中国有一个秘而不宣的、旨在取代美国成为全球霸权的“百年马拉松战略”。美国还在司法部制订“中国倡议”计划，对中国所谓的“网络窃密”进行点名羞辱。这些批评和做法已具有典型的意识形态色彩。尤其是随着中美博弈的升级，特朗普政府的一些官员越来越肆无忌惮地污蔑和抹黑中国共产党的国内外形象，意识形态攻势变得越来越赤裸裸。

八是美国国内“反渗透”。

美方一些人担心，在对中国施加影响的同时，自己国内也受到来自中国的“侵蚀”。尽管美国长期以来并未完全断定中国在美国国内的活动到底是“干涉”（interference）还是“影响”（influence），但在特朗普政府上台后，美国国内实实在在地掀起一股所谓中国干涉美国内政的恐慌浪潮。美国时任副总统彭斯的“哈得孙演讲”，其核心内容就是指责中国干涉美国选举和美国政治。[4]与此相应，美国政府在各个领域陆续推出限制中国影响力的举措。例如，将中国新闻机构注册为“外国代理人”，对其活动予以严格限制；质疑中国在美设立的孔子学院对美国学术独立性的侵害，通过立法手段限制中美之间部分科技合作和人文交流项目；提醒国内学校和企业防范“中国渗透”，甚至利用签证问题限制两国正常学术和社会联络等。美国决策者企图以这种“中国威胁”凝聚国内人心、重塑政治共识，为推进内外战略寻求更大的合法性。

缺乏底气的蛮横与绵里藏针的回应

中美战略博弈显然将是一个长达几十年的长期过程。在两国战略博弈的初期阶段，美国将明显处于优势地位，中国处境相对被动。而从长期来看，美国则面临不小劣势，中国的潜在优势将逐步显现。

美国的短期优势如下。

一是国际金融体系的垄断优势。美国国内金融体系不仅支撑着全球金融的顺畅运作，而且美国近年来通过反洗钱、打击恐怖融资等国际合作，对全球其他金融机构保持了较大掌控。加之美元作为全球最主要储备货币在权利和义务方面的严重不对等，使美国拥有“嚣张的特权”，不仅可借复杂金融运作向外分摊成本甚至转嫁危机，而且还能以金融制裁大棒要挟其他国家的内外政策。

二是国际政治体系的“在位优势”。美国在建立战后国际体系方面贡献最多，在诸多国际组织中处于实际主导地位。在调用国际法和国际机构为本国国家利益服务方面，美国可谓驾轻就熟。

三是全球科技水平的领先优势。美国目前仍是大国之中科技创新能力最强、科技水平最为综合全面的国家，不仅以此维系高额利润，而且通过大规模设备推广和海外战略布局，获得对全球局势动向的精准掌握以及对其他国家的隐性控制。

四是全球伙伴关系的数量优势。美国在冷战期间建立的盟友体系在冷战结束后并未解体，而是以维系西方主导、防范其他大国、打击恐怖主义为名得以延续，美国通过装备整合、联演联训、情报合作甚至制造矛盾等方式长期维系与盟友的合作。尤其是备受关注的“五眼联盟”，乃是西方国家战略利益深度捆绑的产物，具有历史悠久、根基深厚、利益趋同、运行顺畅、隐蔽秘密等特点，是美国展开战略竞争的重要帮手。

五是国际权力斗争的经验优势。美国文化基因中的斗争意识本就强烈，对外政策工具箱里手段丰富，又在过去几十年内连续经历二战、冷战与中东、南亚几场较量和战争，为维护霸权利益不惜与多国公开交恶，长期以来一直身处国际权力斗争的旋涡中心，保持着良好的“战斗状态”。

相比之下，中国在中美博弈初期明显处于下风。

一是金融科技受制于人。中国对美国金融公共产品的依赖短期难以摆脱，人民币国际化道路仍很漫长；自身金融体系不完备、金融运作经验缺乏，地方债等国内问题导致系统性金融风险上升，金融短板容易成为外部恶意攻击的目标。而且，中国长期处于全球产业分工中低端，尖端技术研发全面突破尚待时日，各种重要资源数据急需加强保护。

二是指得上的朋友有限。中国广结善缘，合作伙伴很多，但中国奉行“不结盟”政策，与其他国家合作主要聚焦经济层面，战略安全领域合作有限。除巴基斯坦等极少数国家被认为能够“全天候”支持中国，俄罗斯与中国维持高质量全面战略协作之外，其他国家之中迄今鲜有能为中国这么大体量的国家提供实质性帮助者。

三是思想准备不足。长时间以来，中国作为全球化的受益者，以融入世界为目标，以和平发展为战略，以合作共赢为路线，以“负责任的利益攸关方”定位自我，在评判自己是否已经成为世界强国的问题上持谨慎态度，更愿意强调自身仍有很多不足，对自身超大规模和快速崛起给别国造成的心理冲击缺乏足够的换位思考。这使得中国（无论是精英层还是普通民众）对如何与别国合作思考较多，对如何与别国竞争思考较少。

四是能力储备不足。迄今仍存在国家治理能力强而全球治理能力相对较弱、经济影响力强而其他方面影响较弱、对外合作能力强而制衡他国的能力相对较弱的状况。在知识储备、物质保障、体制机制等方面，还未形成与强国地位相匹配的引导塑造力。尤其是与中国快速拓展的海外利益相比，相应的海外利益保护体系仍不完备。

五是转型阵痛有待消化。相比美国动用强刺激手段维持经济的繁荣表象，中国选择了更为痛苦的“三去一降一补”结构性改革。鉴于产业转型升级需要时间，也有一定的难度，中国看起来处境相对不利。

但美国的短期优势背后也有隐忧，在动用这些优势资源开展对华博弈时面临重大制约。

一是金融工具滥用的隐忧。只有当他国依赖美国提供的金融服务时，金融制裁手段才能发挥作用。如果美国利用其对国际金融体系的垄断而频繁或过度要挟他国，将迫使他国独辟蹊径，寻求绕开美国金融体系自立门户。目前俄罗斯和欧洲一些国家在这方面的愿望已很明显。尽管另建国际金融体系难度很大，但若形成势头，美国的国际金融地位将严重松动，美国霸权的重要支柱可能坍塌。

二是科技自绝于人的隐忧。如果美国决意与中国展开“科技冷战”，大幅限制与中国科研的交流合作，或许会在一定时期内拉大两国科技差距，但可能出现的负面效应是：一方面，美方也难以分享中国科研机构与科研人员的最新成果，由此意识到中方的科研合作及其对全球科技创新的贡献实则不可或缺；另一方面，美国科研产品也将失去全球最为重要的消费市场，新型科技产品的高额利润将无从实现。

三是盟友分化的隐忧。欧洲诸国各有各的想法，在对华态度上与美国并不一致，尤其是中东欧和南欧各国与美国温差明显；日本挟美自重的同时也注意拿捏对华关系分寸，充分重视中日两国利益深度捆绑的客观现实。即便是对华战略趋同性更高的“五眼联盟”国家，各自的安全脆弱性也参差不齐，其经济繁荣和国家安全也在一定程度上取决于与中国的关系。

四是信誉损耗的隐忧。特朗普政府在全球经济刚有起色的时刻执意发起贸易摩擦，在需要各国携手应对气候变化等全球难题时频繁“退群”“退约”，为减轻自身财政负担而要求盟友多多出钱出力。作为全球首要超级大国却不能做到“大有大的样子”，到处强调“美国优先”，置国际公益和国际公义于不顾。美国赖以维持全球领导地位的国家信誉，正遭受前所未有的损耗。

五是内斗的牵制。尽管美国府会、两党、政商各界在涉华问题上存在一定共识，但“民粹派”与“建制派”、“国家优先派”与“国际主义者”在国家发展方向上的分歧，以及特朗普的支持者与反特朗普群体之间水火不容的斗争，都将严重消耗美国国内的政治能量。

从中方看，虽然短期内处境相对被动，但并非毫无招架之功。

新时代以来，经过全面从严治党，以前所未有的果敢和勇气严惩腐败，以更加严明的党纪党规涤荡党内浊气暮气与不作为，党的面貌焕然一新，民众满意度显著上升，党的政治合法性大大增强。党中央以中华民族伟大复兴的“中国梦”凝聚人心，激励人们“撸起袖子加油干”，全党和全国思想认识更加统一，精神状态更加向上，行动更加团结一致。这为中国更快更好地适应外部环境变化提供了重要的精神基础。

新时代以来，中国提出“总体国家安全观”，修订《国家安全法》并推出一系列相关立法，设立国家安全委员会，推出《国家安全战略纲要》及各领域政策与具体运行机制，坚定推进经济体制改革、政府机构改革、军队改革以及政法系统改革，国家治理体系的运作更具效率和协同性，相当于确立了新的国家动员体系，为更好地统筹当前与长远、安全与发展、国内和国际，统筹既定战略的推进与重大危机的应对，提供了重要的组织保障。

新时代以来，“中国特色大国外交”取得重要成绩，与全球主要力量的关系平稳健康发展。“一带一路”倡议将中国与各国发展战略深度对接，周边安全形势出现难得的稳定有利态势，半岛形势在中国斡旋下向好发展，中俄关系日趋成熟，中印关系相对可控，中日关系总体稳定，为中国处理对美关系营造了良性的地缘环境。

特别是从中长期看，美国还有不小劣势，而中国的潜在优势将逐步显现。

美国的长期劣势表现为以下几点。

一是“东升西降”“南升北降”的世界大势对美国不利。很多国际机构预测，在世界范围内，新兴经济体和发展中国家的整体经济规模将持续扩大，西方发达经济体的整体经济规模将相对缩小，前者规模将很快实现对后者的超越。相应地，世界范围内的政治版图也将深刻重塑。中美作为一东一西、一南一北的两个典型国家，依托的世界大势截然不同。美国将不得不面临为数众多的新兴国家群体性崛起。

二是美国与其他国家的利益越来越不兼容，这对美国非常不利。美国经济的“金融化”使国际金融垄断资本获得畸形能量，加剧了世界经济的不平衡不稳定，对世界各国和广大劳动者构成隐蔽而严重的剥削关系。为维持这种对自己有利的“赢利模式”和秩序安排，美国必然强化对其他国家的打压、分化和干预，甚至为此制造更多动荡。美国曾在国力上升阶段为国际秩序演进做出贡献，如今却与大多数国家形成利益上的冲突关系。国际社会对此认识将日趋明晰，更多不满和反制将随之而来。

三是美国国内分权制衡体制日趋失灵，这是美国面临的又一根本挑战。以历史眼光看，美国近年来讨论颇多的“否决政治”和“政治衰败”，绝非简单的周期性现象，而是美国必须正视的阶段性特征和结构性缺陷。美国开国者当年践行的分权制衡体制，与欧洲的封建王权制度相比是巨大进步，并因顺应资本主义快速发展的需求而成就了美国霸业。但当国家经济形态从自由竞争向高度垄断过渡时，当现代国家内部逐步形成政府、市场与社会三种力量相生相克的复杂关系时，尤其是面对社会诉求极为复杂多元、市场力量又强大到可能对政府形成俘获的情况，就需要有协调性的而不是竞争性的国家治理体制。如果仍然固守分权体制，任凭利益集团无序竞争，特定党派上台后只顾维护局部利益而不顾国家整体长远发展，那么完全可以说，这种体制是出了问题的。在中美战略博弈中，美国是否拥有体制优势，是一个值得好好探究的重大问题。

四是从长期看，各国终将在中美间做出理性的选择。对绝大多数国家和民众而言，中美两国都很重要，而且由于中美“一东一西”“一南一北”的巨大差异，两国在世界事务中发挥的作用是无法相互替代的。随着时间的推移，两国与世界各国的关系会趋于均衡，美国盟友多的优势会逐步削弱，中国与各国的合作关系则会越来越紧密。

五是若美国长期仅仅聚焦于中国挑战，必定犯下重大战略失误。大国注定“多怨多患”。[5]美国与俄罗斯有百年宿怨，苏联解体之辱作为俄罗斯人的全民记忆，确定了美俄关系的底色与基调，对美国而言，俄罗斯不得不防；由于美国因阿以问题、反恐战争和民主化改造而与中东各国结怨，中东乱局将始终牵扯美国的精力；美国还将逐步意识到，人口日益老化的西方国家如何处理与人口持续快速增长的伊斯兰世界之间的关系，或许是令其更头疼的事。

中国潜在的长期优势有如下几点。

一是中国励精图治进行结构性改革，必将获得巨大回报。各国均在金融危机后试图推进结构性改革、谋求实现国家转型，中国的改革和转型在诸国之中是最主动和最全面彻底的。党的十八大报告、十九大报告对改革和转型进行了系统规划，各项举措已有序付诸实施。中国改革开放在经历 40 年巨大成功后重新出发，在科学运筹下，外部挑战和压力有可能被精巧地转化为破解利益固化、提升体制效能、释放发展潜力的推动因素。

二是中国的博弈意识和博弈能力将在外部刺激下得到强化。中国人民一向善于审时度势、危中寻机，愈挫愈勇、越压越强是中国文化的精髓所在。中国五千年文明绵延不绝、生生不息，自有其内在原因。中美战略博弈虽迫使中国走出“舒适区”，但危机感的强化并非坏事，“生于忧患”的道理中国人都懂。通过在战略博弈中努力改进自身不足，中国将实现国家能力全面跃升，为中国未来几十年实现从“富起来”到“强起来”的伟大转变，找到最为浑厚的动力源泉。

三是中国的国际信誉可能在与其他国家的合作共赢中得到显著强化。随着中国通过“一带一路”倡议与各国谋求战略对接，通过扩大开放深化与各国互利共赢，通过主动承担国际责任为全球提供更多公共产品，通过自身示范为全球提供模式借鉴和理念引领，中国将以实际行动证明什么是“大有大的样子”，国际社会对中国的很多误解和偏见将不攻自破，各国对中国的认可和尊重将逐步深化。从长期来看，中国不断强化的国际信誉，乃是中国运筹对外战略时可资借重的最宝贵资源。

基于上述对中美博弈优劣势的综合分析，可以预见：美国作为占优一方，短期内可能咄咄逼人、谋求“速胜”，中国可能避其锋芒、忍辱负重甚至委曲求全，但美国面临的隐性制约使其对华难以全面发力，其在“运”“势”“利”“义”等方面的长期劣势将逐步缩小中美差距。只要中国顶住短期压力，确保方寸不乱，随着时间的推移，双方势头将渐趋均衡，形成旗鼓相当的局面，并继续向对中国有利的方向发展。

第十七章　未来 30 年的中国大战略

党的十八大以来中国在国内治理和国际舞台上的奋发有为，以及党的十九大报告体现的高远志向和为未来 30 年制定的宏伟蓝图，给国际社会留下了极为深刻的印象。新时代的中国大战略到底是什么？中国将如何实现战略目标？中国与外部世界的关系将如何变化？未来中国将呈现何种状态？这些问题成为国际社会热议的焦点。只有把这些问题想透彻、讲清楚，才能避免舆论乱象、国际社会疑虑和中外恶性互动，确保中国现代化进程和世界持久和平稳定。本章将在回应一些对中国的担忧和质疑的基础上，运用历史和辩证的方法，聚焦于“民族复兴”“人类命运共同体”等概念的内涵及相互关系，对未来 30 年中国战略运筹的目标、布局、制约条件和由此形成的中国行为特征等问题进行探讨。

如何理解中国的“新时代”

新时代以来，关于中国的国家形态、战略目标和行为方式，国际舆论有如下几种偏颇观点。

一是“僵化论”，即批评中国日益变得封闭僵化。这种观点认为：近年来中国政府采取了大量“不公平”措施强力干预市场经济活动，导致严重“市场扭曲”；通过限制非政府组织、强化网络监控和舆论宣传等手段加强社会约束，阻碍社会进步；政治领域则通过强化党的权威以及推进党和国家机构改革为上述措施提供制度保障；如今中国似乎停止了走向经济自由和政治开放的步伐，大大削弱了中国的包容度和现代性；过去40年来中国奉行的改革开放战略或将遭到摒弃，未来中国很可能成为一个保守僵化的威权主义国家。

二是“谋霸论”，即怀疑中国试图在亚洲建立霸权。这种观点认为：中国倡导的“一带一路”是一项目标远大的战略，意在使中国成为欧亚区域体系中心并确立中国主导地位；同时，中国在行动上更加咄咄逼人，通过推进“军事化”使南海变成中国“内湖”，谋建一系列海外基地，针对美国的“反介入和区域拒止”能力已成气候，试图将美军驱离中国周边；中国正处心积虑地在经贸、地缘和军事方面强化自己的战略地位，彰显了中国“统治亚洲的决心”；亚洲已经呈现出越来越强的“中国化”特征，中国必将利用自身优势谋求成为新的地区霸权。

三是“渗透论”，即污蔑中国正对其他国家实施控制。这种观点认为，中国正在全球范围内借助“锐实力”强迫其他国家服从中国意志。对美国、澳大利亚、新西兰等西方国家，中国通过经济合作和社会交往等多种方式引导涉华舆论、美化中国形象并影响当地政策制定；对亚洲、非洲、拉丁美洲各国及大洋洲的太平洋岛国，则通过投资、援助、培训等方式，使这些国家或陷入“债务陷阱”而被迫听命于中国，或对中国提供的好处产生依赖，或潜移默化地认可中国模式和中国主张。总之，“渗透论”者认为，中国正通过经贸、教育、统战、外宣、情报等部门在全球范围内开展更加精巧、更加隐蔽和全方位的渗透活动，而且在这种对全球施加影响的“政治战”中，中国的势头已经超过西方国家。

四是“颠覆论”，即批评中国破坏现行国际秩序。这既体现为“中国道路”对西方模式的挑战，也体现为“中国规则”对现有规则的蚕食，更体现为“中国愿景”对现行秩序的否定。这种观点认为：中国和俄罗斯等“修正主义大国”正动摇战后国际秩序，对现有国际规则采取有条件、选择性的支持态度，向世界推广不同的规则体系和价值观，对当前“以自由、民主和人权为基础”的规则体系构成重大挑战；“中国梦”的本质就是收复丢失领土，建立“增强版的明朝模式”，在全球建立“朝贡体系”或“天下体制”，使其他国家都成为对中国叩首的朝贡国。

五是“取代论”，即断定中国将最终取代美国。这种观点认为，中国多年来一直在实施一项秘而不宣的“百年马拉松战略”，希望在新中国成立100周年时取代美国成为新的全球领导，为此中国一直通过各种谋略迷惑美国使其放松警惕。“取代论”者感到：金融危机给了中国“弯道超车”的机会，中国的国际竞争力进一步增强；如今中国已积累雄厚实力，有能力在经济、科技、政治、地缘、军事和意识形态等方面对美国构成全方位挑战，而党的十九大则是中国正式发起挑战的重要里程碑。

上述几种忧虑和质疑，在当前西方战略界和舆论界比较流行，由此勾勒出一个极具扩张性和破坏性的新时代的中国大战略与中国形象。

但这些观点显然有失偏颇。无论是对中国的国家形态、周边战略、全球战略、对美战略还是中国的行为方式，都产生了重大战略误判。究其原因，除中国国情高度复杂，近年来内外变化确实巨大，西方内部焦虑削弱了涉华辩论质量等客观因素以外，西方战略界和舆论界在认识论上的局限性，乃是误判新时代中国大战略的深层根源。

具体而言，这种局限性至少体现在三方面。

一是用现实主义的理论去揣测中国的战略意图。西方长期秉持的霸权政治与零和竞争的分析框架严重扭曲了对华战略判断。如果先天假定美国在亚洲的霸权地位具有道义合理性，而认为任何国家的实力增长都将破坏地区稳定并因此处于不义地位，如果先天假定中美在国际秩序主导权方面是一山二虎的互不相容关系，否认中美两国在一系列重大国际问题上拥有共同利益，无视新兴国家群体崛起的客观现实，那必然会把中国的一举一动视为威胁，将中国维护自身合法权益的行为视为侵略举动，对中国为世界和平与繁荣做出的贡献视而不见。正是理论前提的偏差导致了先入为主的偏见。由于高度复杂的地缘政治结构，中国根本不可能将“亚洲版门罗主义”作为周边战略目标；国际权力的日益扩散和碎片化趋势，也使中国不可能复制美国那样的霸权。

二是用线性思维的方法去推理中国的发展方向。认为中国加强国内治理就必然拒斥外部参与，认为中国自身强大就必然谋求霸权地位，认为中国自身发展就必然牺牲他国利益，认为中国与他国发展合作就必然对他国渗透控制，这都是非此即彼的线性思维逻辑在作怪，显然大大低估了中国的政治智慧。对中国而言，封闭僵化的老路、国强必霸的老路、我赢你输的老路、我主你从的老路都走不通，这是被正反两方面历史经验反复证明了的，中国对此有深刻认知。新时代的中国绝不可能遵循这些线性逻辑而重蹈其他崛起大国的覆辙。

三是用自我心理的投射去臆想中国的所作所为。西方一些人对中国所做的一些批评，其实恰恰是西方自身的真实写照。显而易见的事实是：最近几年来，反复强调“本国优先”、百般阻挠外资收购的不是中国，而是民粹政治笼罩下的部分西方国家；极端仇视自由贸易、公然抵制国际义务、在国际事务中不守规矩的不是中国，而是特朗普政府领导的美国；长期利用非政府组织在其他国家鼓噪街头运动、策动“颜色革命”的也不是中国，中国反而是这些渗透活动的受害者；21 世纪以来，动辄对其他国家动武或以武力相威胁的也不是中国。因而，与其说中国走向封闭，不如说西方某些国家自我封闭；与其说中国颠覆现行国际秩序，不如说西方某些国家亲手摧毁了它；[1] 与其说中国搞渗透，不如说惯于搞渗透的国家自己疑神疑鬼；与其说中国想搞地区和全球霸权，不如说某些西方政客对霸权地位仍很迷恋。

这些认识论局限，既折射出西方文化和世界观的固有缺陷，也是西方既得利益在其主观世界的自然反映，是很难有自我反省并主动做出调整的。由此产生对新时代中国大战略的误解，也就不难理解了。

如何理解中国的战略文化

对国家大战略的考察，不能基于抽象理论、局部现象和主观好恶，而必须重视这个国家的历史、哲学和现实状况对其战略文化的影响。中国作为寻求建立现代国家形态并融入世界现代化进程的东方文明古国和社会主义发展中大国，其战略文化的形成有独特历史背景并蕴含着丰富的辩证智慧和理想色彩。[2]

这种独特性源于中国作为东方古国的思想底蕴和后发国家的现实国情。主观方面，几千年的历史积淀和文化熏陶是全体中国人确认“我们是谁”的首要依据，是中国人优越心理的重要基础。这种与众不同的文化背景与群体心态使中国的执政者和辅政者在行动中绝不可能轻易放弃中国传统思维方式的加持，即便是面临西方强势冲击也仍坚持“中体西用”，努力探寻如何在借鉴吸收外来文化的同时保存自身特性。客观方面，后发国家的现实状况使得中国不可能像欧美国家那样完全拥抱资本主义或者走争霸侵略的老路，只能“独辟蹊径”拥抱马克思主义学说，选择一条与当时大多数国家不同的社会主义道路。尤其是最近几十年中国发展成就斐然，中国对坚持自身独特文化和独特道路的信心比以往更足了。

中国战略文化中的辩证性特征源于中国哲学中对世界万物永恒运动、“阴阳”“虚实”“正反”“强弱”之间相互转化、个体存在与外部世界之间深度关联的体认与思考。由于中西文化差异和西方话语的强势地位，长期以来对中国战略文化的考察往往对此未予重视。这种哲学思考凝结在对作为中国哲学基本概念的“道”的普遍性与绝对性的阐释上，主张任何变化都遵循内在规律、唯有相互转化才能实现融合，并认为这是宇宙万物和人类社会的普遍特征。近百年来对马克思主义哲学的引入和遵循，则进一步强化了中国文化内在固有的辩证精神。这种辩证性使中国的执政者和辅政者以更加灵活、更加开明和更加中庸的眼光看待世界，对事物的内在规律和发展趋势怀有坚定信念，并总是设法在困顿中发现出路，在挑战中挖掘机遇，在割裂中建立联系，在对立中实现调和。

中国战略文化的理想性特征则源于中国文化中的“天下”情结。[3]虽然中国的战略传统一直立足现实条件并有明确的现实目的，甚至不乏对战争的思考和运筹，但其理想主义的一面同样不容忽视。“匹夫有责”的使命意识与“兼济天下”的宏大志向，“内圣外王”的修养方式与“世界大同”的美好愿景，不仅是个人的立身处世之道，而且被奉为经邦治国的要领精髓，使中国战略文化带有明显的“价值优先”和“道德主义”倾向。[4]这种理想性使中国的战略传统中总有一种由己及人的济世情怀，既对本国的未来满怀期待，也希望增进全体人类福祉，建立更高形态的世界秩序，更希望自己在此过程中有所担当。

在过去的上千年历史中，这种战略文化始终是中国处理内部事务和对外关系的指导原则。近代以来，中国顺应世界潮流，将建设现代国家、融入世界现代化进程作为孜孜以求的目标。从救亡图存到新民主主义革命，从建立社会主义中国到推行改革开放，近200年来中国发展的历史轨迹始终围绕着这个一以贯之的目标展开。尤其是最近几十年来，中国在国内大胆推进改革，以发展为第一要务，既坚持社会主义又拥抱市场经济，确立了独特的中国特色社会主义道路，对外大幅推进开放，以融合为重要目标，通过和平发展和合作共赢逐步确立世界大国地位，从而基本形成中国大战略在内外两条线上的目标、布局以及内外两个大局的辩证统一，并同时体现出中国战略文化的独特性、辩证性和理想性特点。

2012年党的十八大召开，标志着中国特色社会主义昂首迈入新时代。党的十九大报告则更为系统地勾勒出未来30年继续推进中国特色社会主义的宏伟蓝图，是阐释新时代中国大战略的纲领性文件，也是理解未来30年中国向何处去的最重要依据。新时代的中国大战略，既延续了过去40年中国大战略的基本特征，也体现出与时俱进的崭新面貌。其继承延续的一面主要体现在：新时代的中国仍然将现代化作为基本目标，仍将发展作为第一要务，仍将和平发展和合作共赢作为基本路径。其与时俱进的一面则体现为目标定位上的三个重大转变：一是从注重经济发展转变为更注重全面发展，二是从专注于自我发展转变为更强调共同发展，三是从注重融入国际社会转变为对其更加积极地引导塑造。追求全面发展，意味着在经济、政治、社会、文化、生态方面和国际地位的全面进步，从而最终实现“中华民族伟大复兴”；追求共同发展和引导塑造，则意味着中国决心为全球进步做出更大贡献，尝试对国际秩序安排提出新的倡议，其最终目标是构建“人类命运共同体”。由此，在过去几十年乃至上百年努力的基础上，新时代的中国站在了新的历史起点。实现“中华民族伟大复兴”和构建“人类命运共同体”，成为新时代中国大战略的骨干灵魂。

实现中华民族伟大复兴，是新时代中国大战略在国内层面的目标设定。

这一目标设定的必然性在于：中国本就是大国，广阔幅员、丰富资源、超大人口规模等自然禀赋以及对辉煌历史、灿烂文明的共同记忆决定了，恢复本应具有的大国风范是每个国民的本能愿望；改革开放以来国家建设取得的重大成就（经济规模全球第二、全球增长贡献第一以及其他多项有说服力的国力指标）使中国实现从崛起到复兴的跃升完全具备客观基础；全球化、多极化、信息化等时代趋势以及全球战略重心东移等格局变化，又使中国成为连接东与西、南与北的不可或缺的新兴国家之首，为中国复兴创造了难得的战略机遇；而新时代“人民日益增长的美好生活需要”与“不平衡不充分的发展”之间的矛盾，[5]则为中国复兴进程提供了强大动力，中国共产党亦将解决这一矛盾作为凝聚共识、形成合力并长期执政的合法性源泉。为实现这一目标，党的十八大以来中国共产党确立了包括物质文明、政治文明、精神文明、社会文明和生态文明在内的“五位一体”总体布局和包括全面建成小康社会、全面深化改革、全面依法治国和全面从严治党在内的“四位一体”战略布局，从领导力量、体制机制、方式方法、实施重点等各方面为未来30年制订了周密的行动计划。中华民族伟大复兴的表现形态，乃是中国真正成为“富强民主文明和谐美丽的社会主义现代化强国”。[6]这将是一种更为先进的现代国家形态。

构建人类命运共同体，则是新时代中国大战略在对外层面的目标设定。

这一目标设定的必然性可从三方面理解。

一是世界之“势”。世界现代化进程推进至21世纪，带来程度更深、范围更广的全球生产一体化，必然要求在全球政治的组织方式上做相应调整，世界各国日益结成休戚相依的共同体乃是不可抵挡的客观趋势。唯有通过共同体理顺主权国家之间的关系，才能消除因国家间竞争而引发的“和平赤字”，形成21世纪不同国家、不同文明之间的长期良性共处之道，塑造更为合理的新型国际关系，避免战争祸患涂炭生灵。多年来中国对“全球化”的反复强调，表明中国对此是有深入思考的。

二是各国之“利”。发展的不平衡不充分不仅是新时代中国社会的主要矛盾，而且在绝大多数国家内部和全球范围内也是亟待解决的重大问题。在共同体框架下创造更多发展机遇、尽量降低发展成本、合理分配发展成果，消除当前各国普遍存在的“发展赤字”，乃是符合各国根本和长远利益的合理选择，中国也将成为这一进程的受益者。

三是中国之“责”。作为有志于“维护世界和平和促进共同发展”“为解决人类问题贡献中国智慧和中国方案”的全球重要政治力量，中国共产党誓言“大就要有大的样子”，表明中国共产党领导下的中国有意在参与引领全球治理、构建新型国际关系方面投入更多精力，为消除全球“治理赤字”贡献更多力量。与社会主义现代化强国是一种更为先进的现代国家形态一样，“人类命运共同体”则代表着中国对更为高级的国际秩序形态的愿景设想。

实现“中华民族伟大复兴”与构建“人类命运共同体”，作为新时代中国大战略的两大核心目标，两者之间还内在地构成一种相互促进的关系。

这一方面体现在前者对后者的推动作用上，另一方面体现在后者对前者的支撑作用上。自现代国家产生至今几百年来，每一阶段的国际秩序演进和人类社会发展都有某个或一些特定国家发挥着引领和推动作用，历史总是以它“看不见的手”在激励主权国家实现自身利益的同时推动着世界整体进步。“中华民族伟大复兴”作为21世纪世界现代化进程的重要组成部分，不仅是后发国家成功实现现代化的典型代表，而且对其他后发国家形成强大示范和带动效应，“为那些既希望加快发展又希望保持自身独立性的国家和民族提供了全新选择”。[7]中国的“一带一路”倡议对沿线国家经济发展和社会进步的促进作用，就是中国复兴进程助推“人类命运共同体”建设的明证。同时，显而易见的是，中国对

“人类命运共同体”建设进程的深度全面参与，也将给中国提供更为广阔的战略空间和更加丰富的战略资源，为复兴进程创造更为有利的外部环境。

这种以实现“中华民族伟大复兴”和构建“人类命运共同体”为目标，并使二者相互促进的新时代中国大战略，作为改革开放以来中国大战略的延续和发展，更加鲜明地体现出中国战略文化中一贯的独特性、辩证性和理想性特征。

这种大战略设计的首要特征是辩证性。它巧妙地将国内战略设计与对外战略设计结合在一起，避免了当前许多国家存在的民粹情绪困扰国内施政、资源不足制约对外战略转型、内外大局相互牵扯的“两张皮”状况，从而实现内政与外交的同步转型和相互促进；它巧妙地将履行时代责任的客观要求和拓展本国利益的主观需求结合在一起，避免了因拒绝承担大国责任而遭受国际指摘或因承担国际责任而面临国内质疑的两难局面，从而实现“道义”与“利益”的兼得和平衡；它还巧妙地将本国长远发展与各国长远发展结合在一起，在共同发展的旗帜下与各方实现发展战略对接、利益深度捆绑，为建立相互尊重、公平正义、合作共赢的新型国际关系和全球伙伴关系网络创造了良好条件，从而实现本国现代化进程与世界现代化进程的协同演进。就此而言，未来30年的中国不可能成为封闭僵化、独善其身、“本国优先”的国家，深化改革、扩大开放、内外统筹乃是中国实现复兴目标的基本法门。在此过程中，各国利益确实将日益相互渗透，但与其说这将强化中国对他国的控制，不如说这将进一步强化各国之间的交融、互补和相互依赖。

这种大战略设计尤其是构建“人类命运共同体”的美好愿景，其理想性和独特性也是显而易见的。

金融危机爆发十多年来，各国普遍自顾内顾，多边合作陷入困境，全球治理真空凸显，全球主要大国中唯有中国坚定捍卫和推进国际多边合作，在应对气候变化和推动全球可持续发展方面勇于担责，主动提供多种类型的国际公共产品。这种行为已完全超越短期功利。就此而言，那种认为中国将颠覆和破坏国际秩序或意在取代美国成为新霸权的观点均严重缺乏事实根据和道义基础，用功利主义和权力政治的“小算盘”根本无法对中国的气度做出准确衡量。

同时，恰恰是这种气度决定了新时代中国大战略的独特性。尽管过去几百年来新兴大国崛起多数情况下带来了冲突和战争，但具备了更强实力的中国决意以其特有的东方智慧走出一条不冲突不对抗的新型大国关系之路；尽管中国在过去百余年里历经屈辱，但富起来之后的中国并未伺机复仇或得意忘形，而是将屈辱记忆转变为对其他后进国家的换位思考和带动各国共同发展的大国责任，选择了一条合作共赢而不是冲突对抗、政治平等而不是军事霸权、成果分享而不是赢者通吃的崭新道路。

中国未来的行为特征

任何国家大战略的实施，都是主观设想与客观世界的深度磨合，并非一厢情愿执意推进就能成功的。现实状况下国家大战略的实施不得不面临诸多制约，这种制约因素与大战略内在的原初取向相互作用，将决定这个国家的实际面貌。未来 30 年是国际局势深刻巨变、中国国内深刻转型、中国与世界关系深刻重塑的大变局时期，民族复兴和人类命运共同体建设也将是中国原初的战略设计与客观世界的制约条件共同塑造的结果，遭遇各种波折挑战在所难免。

概言之，新时代中国大战略面临的潜在制约主要有四个方面。

一是能力不足。实现中华民族伟大复兴和构建人类命运共同体的双重目标是一项艰巨卓绝的伟大事业，在国家治理和全球治理方面对中国提出了极高的能力要求，一时难以适应是必然的。着眼未来 30 年，中国必须强化战略落实能力，善于在变化的内外形势中保持战略动能和战略定力，确保宏大战略转变为切实可行的实际政策，避免大战略停留于官样文章或在实施过程中失了方向变了模样；必须强化战略感知能力，对全球范围内的形势变化及其与中国国内的联动有精准的判断能力和敏锐的前瞻能力；必须强化战略塑造能力，学会对外部形势施以更加积极主动的引导，更加精巧有效地做好战略预置，改变以往顺势而为、见招拆招的被动状态；必须强化危机管控能力，对各种可能发生的极端和重大事态做好心理准备与行动预案。这就需要有系统完备的专业知识、全球领先的科学技术和高度敬业的人才队伍做支撑，特别是要有中国共产党的长期执政能力做基础。在这些方面，作为后发国家的中国还有很大的进步空间。

二是利益纠葛。这种利益纠葛既存在于中国与西方国家之间，也可能存在于中国与发展中国家之间。中国在全球产业链中地位上升，使中国与西方发达国家长期维系的“互补性合作”关系弱化，同质性竞争凸显。近年来美欧国家对中国投资的限制和产业规划的打压，充分折射出双方矛盾的尖锐性。随着中国本土产业竞争力的上升，不仅会在中国国内对外资和外企形成排挤，而且会在西方国家内部和全球市场抢占更大份额，冲击西方国家的既得利益，由此引发制度模式与意识形态摩擦、国家之间的恶性竞争以及社会舆论的公然对立。同时，由于中国“发展中国家”属性逐步弱化，中国与广大发展中国家和其他新兴经济体的利益差异也越发拉大。这种差异性虽不致引发双方利益竞争，但对于合作成果如何分享才算公平公正，不同国家恐怕各有主张。如果处置不当，也易造成合作受阻和情绪对立。这显然不利于中国实现民族复兴，也不利于构建人类命运共同体。

三是体制束缚。二战后建立的以联合国为核心的全球治理体系运行至今，已出现严重问题：虽然联合国仍是最具合法性的治理平台，但因其官僚机构属性和各国利益高度分化，正饱受效率赤字困扰；世界银行、国际货币基金组织等治理机构长期由西方国家把持并体现西方国家意志，与新兴国家群体崛起的客观现实严重不符，其等级性和排他性的制度安排使其难以在应对全球性议题上发挥应有作用。中国作为联合国安理会五大常任理事国之一、新兴大国之首和缺乏强大同盟体系的社会主义国家，必须注重维护和依托于联合国体制开展国际合作，因此成为联合国效力赤字和其他治理机构排他性制度安排的主要受害者。同时，中国国内治理体制与全球治理体制、中国国内法与国际法之间也未完全实现对接，这也在一定程度上束缚了中国的国际感召力和行动力。

四是大国制衡。尽管新时代中国大战略的主观目的不是取代美国成为新的地区和全球霸权，但“中华民族伟大复兴”很可能内在地蕴含着综合实力的世界领先地位，“人类命运共同体”构想也难免对美国“嚣张的特权”构成削弱。特朗普政府上台后将中国定为“头号战略对手”并全面遏制打压，这表明美国对华战略和中美关系已进入新阶段。美国必然要趁中国将强未强之际施以重手从而阻断中国复兴进程，或强行将中国拉入两极对立的“新冷战”。

过去几十年、近百年甚至上千年的历史表明，中国一向善于审时度势、灵活调整，在与客观现实的调适互动中谋得自我保全、探索发展道路和实现自身目标。未来 30 年中国为实现其大战略目标，也会因应客观现实而持续做出调整革新。就此而言，在上述外在制约因素与内在战略取向的共同作用下，未来 30 年中国在实现大战略过程中很可能呈现出如下行为特征。

一是积极进取。为应对国家治理和全球治理能力不足对大战略的制约，未来 30 年的中国必然会在执政党的建设、现代国家建设以及海外战略布局方面奋发有为，努力弥补各方面差距。过去几年来，无论是加强党的建设以及推进党和国家机构改革，还是在经济和社会管理方面加大管理力度，抑或是积极拓展周边和全球战略布局，主动提供理念引领、模式借鉴和公共产品，均是在过去近40年发展成果基础上进一步深化改革、扩大开放的长远布局，这不会造成“市场扭曲”、社会停滞和国家自我封闭，而是对政府、市场和社会三者关系，安全与发展关系以及中国与世界关系的理顺优化，是在为新时代中国内外战略构建新的四梁八柱。这是着眼于建设更为先进的现代国家形态和推进更加公平正义的现代国际秩序必须做的准备工作，是实现复兴愿景、履行时代责任理应具有的精神状态和行动特征。由于这些举措不可能一蹴而就、一劳永逸，因此积极进取的态势未来很可能持续下去。

二是深度融合。为应对国际层面的利益纠葛对大战略实施的制约，未来30年的中国将不断加大本国与外部世界在经济、政治、社会、文化、安全等领域的全面融合。诚如前文所述，过去一段时间以来中国确实加大了与其他国家在政治交往、经济合作以及社会人文交流方面的力度，但这并非用“锐实力”搞渗透控制、谋求地区霸权或恢复朝贡体制，而是利用自身连接东与西、南与北的独特优势努力推动国际融合，通过内外联通、深度交融、做大蛋糕、以政促经的方式破除利益固化的藩篱和恶性竞争的怪圈。未来30年的中国势必进一步推动这种深度融合的国际关系结构向更加全面的方向发展，通过官方互动与民间交往并重、治国经验交流与宏观政策协调并重、“请进来”与“走出去”并重等手段，推动各国之间战略相互对接、模式相互兼容、成果相互分享、文化相互理解、社会相互亲近、安全相互照应，为构建“人类命运共同体”做出扎扎实实的努力。

三是力推变革。针对全球治理体系的不合理之处及其对中国大战略的束缚，中国将在维护国际秩序总体稳定的同时，努力谋求变革或营造有利于变革的环境。近年来，中国顶住“修正主义”的舆论压力，为应对各类全球议题积极提供“中国智慧”“中国方案”，意在通过变革巩固和优化现有全球治理体系；顶住“模式输出”的舆论压力，堂堂正正地为他国提供榜样的力量，帮助其提升国家治理能力，强化其参与全球治理的信心；顶住“另起炉灶”的舆论压力，推进“一带一路”以及上海合作组织、金砖国家等其他多边合作机制，作为既有全球治理体制的补充和支撑，并努力争取国内治理体制与全球治理体制全面对接。为建立更加优化的国家治理体系和全球治理体系并确保二者良性互动，未来 30 年中国力推变革的行动还将进一步向纵深发展。

四是敢于斗争。主权国家之间利益的差异性决定了竞争乃是国际政治常态，捍卫本国利益是每个国家不可剥夺的基本权利。中国在实力不足时尚且在捍卫本国利益时意志坚决，更何况新时代的中国已不是昔日的贫穷落后状态。中国在维护南海主权、维护政治安全与社会安全以及维护长远发展利益方面的坚定态度和实际动作，表明中国是敢于斗争的，未因“和平发展”的承诺而自缚手脚，未因“对外开放”的惯性而失了底线，也未因“战狼外交”的指责而畏首畏尾。着眼未来，中国追求的民族复兴并非对不起别人的错事坏事，而是主权国家基本权利的合理推论。通过包括斗争在内的各种手段维护、拓展本国利益，是中国实现复兴目标的题中应有之意。特别是，“人类命运共同体”是符合人类社会发展规律的更高层次的国际秩序形态，是确保 21 世纪世界总体和平与共同繁荣的正确道路，为此目标而进行具有许多新的历史特点的伟大斗争，必然得道多助。

注 释

第一篇 总是规律在起作用

第一章 世界现代化进程中的大国博弈

1 孙来斌:《马克思世界市场思想概述》,《当代世界与社会主义》(双月刊),2006 年第 4 期,第 39 页。

2 杨圣明、王茜:《马克思世界市场理论及其现实意义——兼论“逆全球化”思潮的谬误》,《经济研究》,2018 年第 6 期,第 55—56 页。

3 马克思:《资本论》,第一卷,中共中央马克思恩格斯列宁斯大林著作编译局译,北京:人民出版社,1975 年,第 819 页。

4 [美]伊曼纽尔·沃勒斯坦:《现代世界体系》,第二卷,郭方等译,北京:社会科学文献出版社,2013 年,“2011 年英文版第二卷序言”,第 11—12 页。

5 马克思、恩格斯:《马克思恩格斯全集》,第三卷,中共中央马克思恩格斯列宁斯大林著作编译局编译,北京:人民出版社,1972 年,第 433 页。

6 关于“霸权周期论”,可参见陈晓晨:《国际政治长周期与体系进化——莫德尔斯基长周期理论再解读》,《现代国际关系》,2004 年第 12 期,第 56—61 页;李小华:《国际体系变迁的长期波动:理论及比较》,《世界经济与政治》,1999 年第 7 期,第 42—46 页。

7 钱乘旦:《世界现代化历程》,南京:江苏人民出版社,2015 年,第 123 页。

第二章　贯穿其中的历史规律

1　[美] 伊曼纽尔 · 沃勒斯坦:《现代世界体系》，第二卷，第 12 页。

2　[法] 雅克 · 米斯特拉尔:《货币的战争与和平》，王晶译，上海：华东师范大学出版社，2016 年，第 38 页。

第三章　新一轮大国博弈的焦点问题

1　Oliver Tonby, Jonathan Woetzel, etc: "Asia's Future is Now", Mckinsey Global Institute, July, 2019, https://www.mckinsey.com/~/media/McKinsey/Featured%20Insights/Asia%20Pacific/Asias%20future%20is%20now/Asias-future-is-now-final.ashx.

第二篇　国际金融秩序的变革

第四章　五百年金融兴替

1　张宇燕、高程:《美洲金银和西方世界的兴起》,《社会科学战线》，2004 年第 1 期，第 47 页。

2　[美] 伊曼纽尔 · 沃勒斯坦:《现代世界体系》，第二卷，吕丹等译，北京：高等教育出版社，1998 年，第 60—62 页。

3　[美] 让玛 · 瓦苏德万:《国际金融体系的历史演进与当前国际金融危机——基于马克思货币理论的分析》，贺钦译,《国外理论动态》，2010 年第 6 期，第 4 页。

4　聂庆平、蔡笑:《金融创新、金融力量与大国崛起——基于荷兰、英国和美国的分析》,《财贸经济》，2008 年第 5 期，第 40 页。

5　杨玲:《英镑国际化的历程与历史经验》,《南京政治学院学报》，2017 年第 2 期，第 72—78 页。

6 也有观点认为曾作为主导国的荷兰开启了世界历史中的第一次全球化进程。有关“第一次全球化”的更多论述，可参见 [法] 雅克 · 米斯特拉尔：《货币的战争与和平》，第 44—51 页。

7 [法] 雅克 · 米斯特拉尔：《货币的战争与和平》，第 37—38 页。

8 王绳祖：《国际关系史（第三卷）：1871—1918》，北京：世界知识出版社，1995 年，第 284 页。

9 阎彬：《金融外交与货币国际化：美元国际化的经验与启示》，《国际论坛》，2017 年第 3 期，第 55 页。

10 徐振伟：《英美博弈与英国回归金本位》，《历史教学》，2012 年第 4 期，第 53—56 页。

11 [美] 迈克尔 · 赫德森：《金融帝国：美国金融霸权的来源和基础》，嵇飞等译，北京：中央编译出版社，2008 年，第 57 页。

12 鲁世巍：《美元霸权与国际货币格局》，北京：中国经济出版社，2006 年，第 22—23 页。

13 宋效峰、黄家亮：《国际金融视角下的英美权力转移及其启示》，《江南社会学院学报》，2018 年第 3 期，第 56 页；金卫星：《马歇尔计划和美元霸权的确立》，《史学集刊》，2008 年第 6 期，第 70—76 页。

14 [美] 迈克尔 · 赫德森：《金融帝国：美国金融霸权的来源和基础》，第 144—157 页。

15 李向阳：《布雷顿森林体系的演变与美元霸权》，《世界经济与政治》，2005 年第 10 期，第 15 页。

16 [美] 罗伯特 · 特里芬：《黄金与美元危机——自由兑换的未来》，陈尚森、雷达译，北京：商务印书馆，1997 年，第 1 页。

17 舒建中：《试论美国与布雷顿森林体系的解体》，《西南大学学报》，2017 年第 3 期，第 175—177 页。

18 R. Gilpin: *The Political Economy of International Relations,* Princeton: Princeton University Press, 1987, p.164, 328-330. 转引自任东波、李忠远：《从“广场协议”到“卢浮宫协议”：美国敲打日本的历史透视与启

示》，《当代经济研究》，2015 年第 6 期，第 89 页。

19 李晓耕：《布雷顿森林体系的解体与演变分析——基于美元霸权的视角》，《北京航空航天大学学报》（社会科学版），2015 年第 1 期，第 106 页。

20 [美] 比伦特·格卡伊、达雷尔·惠特曼：《战后国际金融体系演变三个阶段和全球经济危机》，房广顺、车艳秋译，《国外理论动态》，2011 年第 1 期，第 17—18 页。

21 关于这一点，本书对“政治战”的相关分析中亦有提及。

22 李向阳：《布雷顿森林体系的演变与美元霸权》，第 18—19 页。

23 徐涛、王亚亚：《解读当今国际货币秩序的新范式——复活的布雷顿森林体系论述评》，《国际金融研究》，2011 年第 2 期，第 72—79 页；白晓燕：《复活的布雷顿森林体系：国际争论与现实冲击》，《世界经济研究》，2008 年第 5 期，第 44—50 页。

24 关于“美元化”的问题，可参见张宇燕：《美元化：现实、理论及政策含义》，《世界经济》，1999 年第 9 期，第 17—24 页。

25 余志森主编：《美国通史第 4 卷：崛起和扩张的年代（1898—1929）》，北京：人民出版社，2002 年，第 104 页。

26 李俊久、姜默竹：《美元本位制下的货币 - 金融依附》，《世界经济研究》，2011 年第 6 期，第 12—13 页。

27 项卫星、刘晓星：《美元本位制的问题及其可持续性》，《国际金融研究》，2009 年第 4 期，第 32—33 页。

第五章　维系“嚣张的特权”

1 潘锐：《美国次贷危机的成因及其对国际金融秩序的影响》，《东北亚论坛》，2009 年第 1 期，第 3—4 页。

2 雷良海、魏遥：《美国次贷危机的传导机制》，《世界经济研究》，2009 年第 1 期，第 30—31 页。

3 铁锈带在美国是指那些经历辉煌后陷入衰退的老工业区，主要位于东北部和五大湖区周围，包括威斯康星州、密歇根州、宾夕法尼亚州、俄亥俄州、伊利诺伊州、印第安纳州和纽约州，底特律、匹兹堡、克利夫兰和芝加哥等地。在最鼎盛的20世纪50年代，这里一度占据美国45%以上的经济总量，吸纳了50%以上的产业工人，但之后逐渐衰败，工厂大量倒闭，闲置的厂房设备锈迹斑斑，因而被称为“铁锈带”。“铁锈带”目前只占全美经济总量的约25%。

4 田凯、邵建国：《美国TPP经贸战略中的日本要素》，《国际论坛》，2013年第1期，第19页。

5 USTR: “Trans-Pacific Partnership Agreement (full Text)” , Oct. 15, 2015, http://ustr.gov/trade-agreements/free-trade-agreement/trans-pacific-partnership/tpp-full-text. 转引自王恩学、王旎：《TPP和TTIP的战略思考》，《印度洋经济体研究》，2016年第3期，第50—51页。

6 赵晨：《走向“贸易新世界”的美欧关系——“跨大西洋贸易与投资伙伴关系协定”的政治经济学分析》，《美国研究》，2016年第5期，第52页。

7 谢文泽：《美国的“两圈战略”与美拉整体合作》，《美国研究》，2016年第4期，第132页。

8 这14个经济体央行分别是澳大利亚储备银行、巴西中央银行、加拿大银行、丹麦国家银行、英格兰银行、欧洲中央银行、日本银行、韩国银行、墨西哥银行、新西兰储备银行、挪威中央银行、新加坡货币管理局、瑞典国家银行和瑞士国家银行。这一临时协定于2010年到期，由于当时国际金融市场已基本恢复稳定，该协定到期后就没有续签。

9 徐明棋：《央行货币互换：对国际货币体系的影响》，《社会科学》，2016年第3期，第59页。

10 刘玮、邱晨曦：《霸权利益与国际公共产品供给形式的转换——美联储货币互换协定兴起的政治逻辑》，《国际政治研究》（双月刊），2015年第3期，第95—96页。

11 李巍：《中美金融外交中的国际制度竞争》，《世界经济与政治》，2016年第4期，第128—129页。

12 徐超：《金砖国家的金融合作：动因、影响及前景》，《国外理论动态》，2015 年第 12 期，第 17 页。

13 王欢星：《美国金融监管改革对金融稳定有效性研究——以〈多德－弗兰克法〉为中心》，《经济论坛》，2018 年第 9 期，第 112—113 页。

14 李英东：《简评奥巴马“中产阶级经济学”》，《南方论刊》，2017 年第 5 期，第 20—22 页。

15 林慧玲：《美国特朗普政府税制改革分析》，《上海对外经贸大学学报》，2018 年第 2 期，第 17 页。

第六章　开创新的国际金融秩序

1 羌建新：《金融全球化、全球金融治理改革与国际金融安全》，《国际安全研究》，2015 年第 6 期，第 43—49 页。

2 Maurice Obstfeld and Alan M. Taylor: “Globalization and Capital Markets”, NBER Working Paper, No.8846, http://www.nber.org/papers/w8846.pdf.

3 刘明礼：《论欧洲的“去美元化”》，《现代国际关系》，2016 年第 1 期，第 49—55 页。

4 “贸易交换支持工具”的实体机构设在巴黎，法国、德国、英国是股东，监事会由三国外交部各派一名高级官员加入。在这一机制的实施初期，欧盟和伊朗仅进行食品、药品等部分贸易。

5 李巍、苏晗：《从体系依赖者到体系改革者——中国参与国际货币体系的角色转变》，《国际展望》，2015 年第 3 期，第 44 页。

6 “五通”分别是政策沟通、设施联通、贸易畅通、资金融通、民心相通。

7 杨毅：《复活的布雷顿森林体系下的中国金融外交》，《上海交通大学学报》，2016 年第 3 期，第 92—93 页。

8 李巍、朱艺泓：《货币盟友与人民币的国际化》，《世界经济与政治》，2014 年第 2 期，第 146—153 页。

9 徐明棋:《央行货币互换:对国际货币体系的影响》，第 61 页。

10 李巍、苏晗:《从体系依赖者到体系改革者——中国参与国际货币体系的角色转变》，第 54—56 页。

第三篇 亚洲地缘秩序的重塑

第七章 亚洲的光明前景与隐忧

1 中国现代国际关系研究院:《太平洋足够宽广——亚太格局与跨太秩序》，北京:时事出版社，2016 年，第 3—6 页。

2 关于欧洲和亚洲国家发展势头的分化，《大分流》一书进行了非常精彩的分析。参见 [美] 彭慕兰:《大分流:欧洲、中国及现代世界经济的发展》，史建云译，南京:江苏人民出版社，2003 年。

3 Asian Development Bank: *Asia 2050: Realizing the Asian Century,* 2011, pp.15-17.

4 引自联合国网站 https://www.un.org/zh/sections/issues-depth/population/。

5 不同机构界定中产阶层的标准不同，此处的标准是按 2005 年购买力平价计算，每人日均开支为 10~100 美元的家庭。

6 Peter Wong: “Made in Asia for Asia: How the rise of its middle class is remaking the world economy” , *South China Morning Post*, https://www.scmp.com/comment/insight-opinion/article/2087687/made-asia-asia-how-rise-its-middle-class-remaking-world; Lee Jong-Wha: “The Bright Future of Asia’s Middle Class”, March. 24, 2015, https://www.huffpost.com/entry/future-asia-middle-class_b_6928250

7 关于“东方化”或者“亚洲化”的更详细观点，可参见 Gideon Rachman: *Easternization: Asia's Rise and America's Decline—From Obama to Trump and Beyond*, New York: Other Press, 2016；Parag Khanna:

The Future is Asian: Commerce, Conflict, and Culture in the 21st Century, New York: Simon & Schuster, 2019。

8 [英] 保罗·莫兰:《人口浪潮:人口变迁如何塑造现代世界》,李果译,北京:中信出版社,2019年,第240—241页。

9 UN HABITAT: *State of The Urban Youth, India 2012: Employment, Livelihoods, Skills*, http://www.academia.edu/3280639/State_of_Urban_Youth_India_Report_2013_by_UN_HABITAT.

10 The Established Post: *Is there a looming Indonesia jobs crisis*? http://www.establishmentpost.com/is-there-a-looming-indonesia-jobs-crisis/.

11 [英] 保罗·莫兰《人口浪潮:人口变迁如何塑造现代世界》,第267—268页。

12 张宇燕:《理解百年未有之大变局》,《国际经济评论》,2019年第5期,第9—19页。

13 娄春杰:《中产阶级、政治民主与经济增长:一个文献综述》,《社会主义研究》,2014年第1期,第167—172页。

14 李强:《关于中产阶级的理论与现状》,《社会》,2005年第1期,第28—42页;周晓虹:《中产阶级:何以可能与何以可为?》,《江苏社会科学》,2002年第2期,第37—46页。

15 [美] 塞缪尔·亨廷顿:《第三波——二十世纪末的民主化浪潮》,刘军宁译,上海:上海三联书店,1998年。

16 John West: *Asian Century... on a Knife-edge: A 360 Degree Analysis of Asia's Recent Economic Development*, Springer eBook Collection: Political Science and International Studies, 2018, Singapore: Palgrave Macmillan; Michael R. Auslin: *The End of the Asian Century: War, Stagnation, and the Risks to the World's Most Dynamic Region*, New Haven & London: Yale University Press, 2017.

17 关于后发国家面临的治理难题,可参见拙著《世界趋势2050》,北京:中信出版社,2018年,第185—206页。

18 黄凤志、孙国强：《试析美国与中日钓鱼岛争端》，《太平洋学报》，2013年第8期，第47—56页。

19 习近平：《决胜全面建成小康社会，夺取新时代中国特色社会主义伟大胜利——在中国共产党第十九次全国代表大会上的报告》，北京：人民出版社，2017年，第71页。

20 孙亚夫：《在中华民族伟大复兴进程中完成祖国统一大业》，《台海研究》，2018年第9期，第1—2页。

21 刘阿明：《南海问题的实质演变及其未来发展》，《国际观察》，2013年第5期，第51—57页。

22 杨震、周云亨、朱漪：《论后冷战时代中美海权矛盾中的南海问题》，《太平洋学报》，2015年第4期，第35—45页。

23 林民旺：《印巴，一对"天生"的对手？》，《世界知识》，2019年第6期，第74页。

24 林民旺：《超越洞朗对峙：中印关系的"重启"及前景》，《太平洋学报》，2019年第6期，第42—51页。

25 王京烈：《伊朗核问题与中东地缘政治》，《阿拉伯世界研究》，2009年第4期，第3—10页。

26 熊坤新、马守途：《阿以冲突的历史由来及对人们的启示》，《世界民族》，2005年第2期，第26—34页。

27 孙必干：《中东问题的历史困境与中国的中东政策》，《中国浦东干部学院学报》，2010年第4期，第5—8页。

28 关于各方内部强硬派的深度分析，可参见陈天社、彭超：《试析哈马斯、真主党、"基地"组织的异同及其关系》，《西亚非洲》，2015年第1期，第21—36页；汪波：《美国基督教右翼对美中东政策的影响》，《国际观察》，2009年第2期，第38—42页；冯基华：《以色列右翼势力及对中东和平进程的影响》，《西亚非洲》，2008年第10期，第36—40页。

29 姚惠娜：《论巴勒斯坦建国困境形成的因素》，《郑州大学学报》（哲学社会科学版），2017年第4期，第130—137页。

第八章　主要大国的秩序愿景

1 毕洪业：《俄罗斯地缘政治思想的演变及影响》，《俄罗斯研究》，2018 年第 2 期，第 23—24 页。

2 关于“俄罗斯世界”的深度分析，可参见冯绍雷：《大历史中的新定位——俄罗斯在叙事-话语建构领域的进展与问题》，《俄罗斯研究》，2017 年第 4 期，第 19—25 页。

3 李自国：《大欧亚伙伴关系：重塑欧亚新秩序？》，《国际问题研究》，2017 年第 1 期，第 74—88 页。

4 该文原文发表于 2015 年 8 月的《全球政治中的俄罗斯》（*Russia in Global Affairs*）刊物上，其中文译文被授权发布在《俄罗斯研究》2017 年第 6 期上。

5 冯绍雷：《大历史中的新定位——俄罗斯在叙事－话语建构领域的进展与问题》，第 3—33 页。

6 [俄]С.Ю. 格拉季耶夫：《落实大欧亚伙伴关系思想的建设性构想》，李新译，《俄罗斯学刊》，2019 年第 2 期，第 59—86 页。

7 有关俄罗斯对自身国家定位的深度阐释，可参见庞大鹏：《俄罗斯的外交决策：人格特质与战略文化》，《俄罗斯学刊》，2019 年第 2 期，第 5—22 页。

8 李新、胡贝贝：《欧亚全面伙伴关系：起源与路径》，《俄罗斯东欧中亚研究》，2017 年第 6 期，第 58—75 页。

9 冯绍雷：《大历史中的新定位——俄罗斯在叙事－话语建构领域的进展与问题》，第 3—33 页。

10 张昊琦：《中心和边缘：理解“大欧亚”》，《俄罗斯学刊》，2017 年第 2 期，第 18—26 页。

11 冯绍雷：《大历史中的新定位——俄罗斯在叙事－话语建构领域的进展与问题》，第 3—33 页。

12 赵华胜：《中国与大欧亚伙伴关系》，《国际问题研究》，2017 年第 6 期，第 14—27 页。

13 [美] 亨利 · 基辛格:《世界秩序》,胡利平等译,北京:中信出版社,2015 年,第 175—176 页。

14 任飞:《印度战略文化对国家安全战略的影响》,《南亚研究》,2009 年第 2 期,第 13—22 页。

15 [美] 亨利 · 基辛格:《世界秩序》,第 174 页。

16 [印] 贾瓦哈拉尔 · 尼赫鲁:《印度的发现》,北京:世界知识出版社,1956 年,第 57 页。

17 张文木:《印度与印度洋——基于中国地缘政治视角》,北京:中国社会科学出版社,2015 年,第 111 页。

18 [美] 亨利 · 基辛格:《世界秩序》,第 173—174 页。

19 陈平生主编:《印度军事思想研究》,北京:军事科学出版社,1992 年版,第 2 页。

20 任飞:《印度战略文化对国家安全战略的影响》,第 20 页。

21 杜晓军:《印度莫迪政府周边外交政策评析》,《东南亚南亚研究》,2015 年第 2 期,第 12—13 页。

22 蓝建学:《印度"西联"战略:缘起、进展与前景》,《国际问题研究》,2019 年第 3 期,第 63—80 页。

23 王晓文:《印度莫迪政府的大国战略评析》,《现代国际关系》,2017 年第 3 期,第 34 页。

24 关于印度海洋战略的更深入分析,可参见李红梅:《印度海洋战略的发展历程、现状特征与未来展望》,《南亚研究季刊》,2018 年第 4 期,第 9—15 页;胡娟:《印度的印度洋战略及其对中国的影响》,《东南亚南亚研究》,2012 年第 2 期,第 6—10 页;马加力、徐俊:《印度的海洋观及其海洋战略》,《亚非纵横》,2009 年第 2 期,第 47—52 页;刘红良、吴波:《印度作为净安全提供者的观念、现实及制约》,《南亚研究》,2017 年第 2 期,第 73—94 页;陈菲:《"一带一路"与印度"季风计划"的战略对接研究》,《国际展望》,2015 年第 6 期,第 15—32 页;曾祥裕、杜宏:《印度海上合作新倡议的内涵、影响与对策》,《南亚研究季刊》,2016 年第 3 期,第 17—25 页。
25 李莉:《印度偏离不结盟及其动因分析》,《国际政治科学》,2017 年第 1 期,第 1—35 页。
26 胡仕胜:《洞朗对峙危机与中印关系的未来》,《现代国际关系》,2017 年第 11 期,第 20 页,第 22 页。
27 有关“红星照耀太平洋”这一提法及其反映出的美国对中国海上力量的担忧,可参见 [美] 吉原恒淑、詹姆斯 · 霍姆斯:《红星照耀太平洋:中国崛起与美国海上战略》,钟飞腾、李志斐、黄杨海译,北京:社会科学文献出版社,2014 年。
28 陈弈平:《从奥巴马到特朗普:美国东南亚政策的走势》,《东南亚研究》,2017 年第 1 期,第 106—114 页。
29 关于《亚洲再保证倡议法案》的更深入分析,可参见刘琳:《美国〈亚洲再保证倡议法案〉勾勒“印太战略”框架》,《世界知识》,2019 年第 3 期,第 45—47 页。
30 耶斯尔:《论美国的“新丝绸之路”战略》,《新疆大学学报》(哲学 · 人文社会科学版),2015 年第 1 期,第 85—90 页。
31 张锐:《美国推动中亚南亚能源互联互通的实际作为和真实意图》,《南亚研究》,2018 年第 2 期,第 73—88 页。
32 苏长和:《大陆与海洋视野下的亚洲秩序》,《人民论坛 · 学术前沿》,2012 年第 13 期,第 23 页。

第四篇　构建更先进的现代国家形态

第十章　变局中的困顿与求索

1 [美] 弗朗西斯 · 福山:《政治秩序与政治衰败:从工业革命到民主化》,毛俊杰译,桂林:广西师范大学出版社,2015 年,第 19—20 页。

2 同上，第 21 页。

3 Francis Fukuyama: “The End of History?”，*The National Interest*, No. 16 (Summer 1989), pp. 3-18.

4 [美] 弗朗西斯 · 福山:《历史的终结与最后的人》，陈高华译，桂林：广西师范大学出版社，2014 年，第 XI 页。

5 [美] 弗朗西斯 · 福山:《政治秩序与政治衰败：从工业革命到民主化》，第 420 页。

6 同上，第 23 页。

7 同上，第 30 页。

8 同上，第 30 页，第 498 页。

9 参见 [美] 伯尼 · 桑德斯:《我们的革命：西方的体制困境和美国的社会危机》，钟舒婷、周紫君译，南京：江苏凤凰文艺出版社，2018 年。

10 李兴耕:《关于俄罗斯“可控民主”的若干思考》,《俄罗斯中亚东欧研究》，2004 年第 5 期，第 2—5 页。

11 郭丽双:《俄罗斯主流社会价值观的重建及其困境》,《马克思主义与现实》，2015 年第 1 期，第 149 页。

12 [俄] 多博林科夫:《俄罗斯意识形态发展走向何方》，徐海燕译,《社会科学报》，2007 年 3 月 8 日。

13 过去近千年间，东正教曾是俄国国教，在民族认同的形成与维系方面发挥特殊作用。苏联时期东正教受到压制，20 世纪 50 年代中期，苏联共产党放宽宗教政策，东正教渐趋活跃；80 年代中期，戈尔巴乔夫鼓励东正教发展，东正教快速崛起并开始参与政治事务，对民众思想影响很大。

14 [美] 格奥吉 · 杰尔卢吉扬、伊曼纽尔 · 沃勒斯坦:《世界体系视角下的俄罗斯》，王娜娜译,《史学集刊》，2016 年第 3 期，第 6—11 页。

15 这套封建色彩浓重的等级化社会安排，将民众划分为婆罗门、刹帝利、吠舍和首陀罗四个等级，并赋予相应的权力、地位和职业规划。同时，还有完全被排斥于种姓体系之外的贱民阶层，他们处于社会底层，与其他四个阶层有极为严苛的尊卑安排。

16 朱明忠：《现代印度教种姓关系的变化》，《南亚研究》，2011 年第 3 期，第 150—160 页。

17 印度首任总理、国大党主席尼赫鲁根据印度建国时的国内外形势，将民族主义、议会民主、社会主义和世俗主义确定为“建国四原则”。

18 毛克疾：《莫迪的“印度梦”：印度国家能力建设的三重任务》，《文化纵横》，2019 年第 1 期，第 69 页。

19 赵鸣歧：《印度独立以来在现代化进程中的抉择与实践》，《上海财经大学学报》，2007 年第 6 期，第 25—27 页。

20 印度教教徒约占印度总人口的 80%。引自刘秧：《莫迪政府对宗教少数派的政策及实践研究》，《南亚研究季刊》，2018 年第 2 期。

21 毛克疾：《莫迪的“印度梦”：印度国家能力建设的三重任务》，第 67—68 页。

22 刘秧：《莫迪政府对宗教少数派的政策及实践研究》，第 66 页。

23 牛是印度教圣物，必须加以保护，但牛肉和牛的相关制品加工是印度的穆斯林、基督徒等宗教少数团体的主要食物和经济收入来源。暴力“护牛运动”就是印度教教徒与穆斯林团体在“护牛”还是“宰牛”“吃牛”问题上爆发的冲突。

24 该法案规定：2014 年 12 月 31 日前因受宗教迫害逃离巴基斯坦、孟加拉国和阿富汗来到印度的信仰 6 种宗教的少数族裔，如在印居留时间超过 5 年，即可申请加入印度国籍。这一法案将相关穆斯林群体排除在受惠范围之外，被认为是对穆斯林的歧视。

25 李艳芳：《印度莫迪政府经济发展战略转型的实施、成效与前景》，《南亚研究》，2016 年第 2 期，第 92 页；陈金英：《莫迪执政以来印度的政治经济改革》，《国际观察》，2016 年第 2 期，第 119—120 页。

第十一章　美国对苏“政治战”的警示

1 这种“政治战”的定义是本书作者总结出来的，有兴趣对此进一步研究的读者可在互联网上搜索更多资料。其中，美国兰德公司在 2018 年推出的研究报告是本书重点参考的文本，参见 Linda Robinson Todd C. Helmus, Raphael S. Cohen, Alireza Nader, Andrew Radin, Madeline Magnuson, Katya Migacheva: *"Modern Political Warfare: Current Practices and Possible Responses"*, Rand Corporation, 2018, https://www.rand.org/pubs/research_reports/RR1772.html。

2 Linda Robinson Todd C. Helmus, Raphael S. Cohen, Alireza Nader, Andrew Radin, Madeline Magnuson, Katya Migacheva: *"Modern Political Warfare: Current Practices and Possible Responses"*, p. 171.

3 T. S. Allen and A. J. Moore: "Victory without Casualties: Russia's Information Operations", *Parameters*, 48(1), Spring 2018, pp.59-71.

4 Linda Robinson Todd C. Helmus, Raphael S. Cohen, Alireza Nader, Andrew Radin, Madeline Magnuson, Katya Migacheva: "*Modern Political Warfare: Current Practices and Possible Responses"*, p. 3.

5 20 世纪八九十年代之交，推动民主化一度成为美国对中东、北非政策的主要目标。在美国的压力下，一些地区国家进行了有限程度的政治与经济变革。1988 年，在阿尔巴尼亚长期执政的民族解放阵线放弃政治权力垄断，1989 年颁布新宪法，实行三权分立和多党竞争的新型政治体制；也门、埃及、黎巴嫩、约旦甚至沙特阿拉伯和科威特等国也实行了一定程度的民主改革，采取了扩大政治参与、减少经济干预、推动私有化、开放经济环境等带有"新自由主义"色彩的制度改革。但民主化可能意味着伊斯兰化的这一可怕前景吓阻了美国在中东推进政治变革的热情。伊斯兰组织成为中东国家政治改革的重要受益者，其中引人注目的是阿尔及利亚"伊斯兰拯救阵线"，其在 1990 年的地方和市政选举中赢得 55% 的选票，而长期执政的民族解放阵线仅获得 32% 的选票。这预示着美国推动的中东民主化进程很可能激发当地反世俗、反西方的极端宗教力量的抬头。参见东方晓：《中东民主变革与美国的大中东倡议》，《西亚非洲》，2004 年第 6 期，第 6—11 页。

6 Paul A. Smith, Jr: *On Political War*, Washington D.C.: National Defense University Press, 1989, p.3.

7 因篇幅有限，本书很难就“战略传播”和“战略欺骗”做详细论述，有兴趣的读者可上网搜索相关内容，也可参阅已有的一些中文文献，例如李健、张程远主编：《战略传播：美国实现国家安全与军事战略的重要手段》，北京：航空工业出版社，2015 年；[美] 唐纳德·丹尼尔、凯瑟琳·赫伯格主编：《战略欺骗》，徐晓军、扈新生译，北京：军事科学出版社，1991 年。

8 Benjamin Jensen: “The Cyber Character of Political Warfare” , *Brown Journal of World Affairs,* Fall/Winter, 2017, pp.159-171; Alina Polyakova and Spencer P. Boyer: *“The Future of Political Warfare: Russia, the West, and the Coming Age of Global Digital Competition”*, Brookings Institution, March 2018, https://www.brookings.edu/research/the-future-of-political-warfare-russia-the-west-and-the-coming-age-of-global-digital-competition/.

9 Linda Robinson Todd C. Helmus, Raphael S. Cohen, Alireza Nader, Andrew Radin, Madeline Magnuson, Katya Migacheva: *“Modern Political Warfare: Current Practices and Possible Responses”,* p. 3, ;Jeffrey V.Dickey, Thomas B.Everett, Zane M.Galvach,Matthew J.Mesko, Anton V.Soltis: “Russian Political Warfare: Origin, Evolution, and Application, Monterey”, California: Naval Postgraduate School, June, 2015, https://calhoun.nps.edu/bitstream/handle/10945/45838/15Jun_Dickey_Everett_Galvach_Mesko_Soltis.pdf?sequence=1&isAllowed=y.

10 Linda Robinson Todd C. Helmus, Raphael S. Cohen, Alireza Nader, Andrew Radin, Madeline Magnuson, Katya Migacheva: *“Modern Political Warfare: Current Practices and Possible Responses”*, pp. 240-241.

11 Peter Schweizer: Victory: The Reagan Asministration’s Secret Strategy That Hastened the Collapse of the Soviet Union, New York: the Atlantic

Monthly Press, 1994, p. xiii. 中文版见 [美] 彼得 · 施魏策尔:《里根政府是如何搞垮苏联的》, 殷雄译, 北京: 新华出版社, 2001 年。

12 [美] 彼得 · 施魏策尔:《里根政府是如何搞垮苏联的》, 第 4 页。

13 同上, 第 7 页。

14 限于篇幅, 这里不可能事无巨细一一介绍, 只能择其精要, 有兴趣的读者可找到此书进一步挖掘。

15 本节对美苏"政治战"的勾勒, 还参考了其他公开文献, 恕不一一罗列。

16 [美] 彼得 · 施魏策尔:《里根政府是如何搞垮苏联的》, 第 120—123 页。

17 同上, 第 153 页。

18 同上, 第 213—214 页。

19 波兰的"团结工会"成立于 1980 年, 是波兰经济严重困难、社会矛盾高度激化背景下成立的旨在"维护工人阶级利益、监督政府工作、消除社会弊端、实行工人自治和地方自治"的独立工会组织, 是东欧社会主义国家的第一个独立工会组织。在被波兰最高法院准予正式登记时, 其会员数量已达 800 万, 几乎占波兰成年人口的 1/3, 此后人数进一步增多, 是当时波兰规模最大的群众团体, 其本质是波兰最大的政治反对派。冷战背景下,"团结工会"被苏联视为重大威胁, 但受到西方国家支持, 是西方推动波兰和苏东社会主义阵营"和平演变"的重要抓手。

20 以"钋行动"为代号颇有深意: 钋 (Po) 元素是波兰籍科学家居里夫人在 1898 年发现的新元素, 能够在黑暗中发光,"Po"也正是命名自居里夫人的祖国波兰 (拉丁文 Polonia)。该计划的核心是扶持波兰反对派, 迫使波兰政府在人权问题上让步, 推动波兰的民主化进程与"和平演变"。引自宋超的博士论文《美国对波兰剧变、转轨与发展的影响研究》, 中共中央党校国际战略研究院, 2017 年, 第 46 页。

21 [美] 彼得 · 施魏策尔:《里根政府是如何搞垮苏联的》, 第 279 页。

22 同上, 第 11 页。

23 同上, 第 218 页。

24 同上, 第 269—270 页。

25 同上，第 312 页。

26 Linda Robinson Todd C. Helmus, Raphael S. Cohen, Alireza Nader, Andrew Radin, Madeline Magnuson, Katya Migacheva: *"Modern Political Warfare: Current Practices and Possible Responses"*, p. 29.

27 [美] 兹比格纽 · 布热津斯基:《大棋局——美国的首要地位及其地缘战略》，中国国际问题研究所译，上海：上海人民出版社，1998 年，第 117—118 页。

28 庞大鹏:《叶利钦时代美国对俄罗斯政治的影响》,《俄罗斯中亚东欧研究》，2005 年第 6 期，第 9—18 页。

29 文丰:《"大中亚"计划与美国国际非政府组织》,《新疆社会科学》，2007 年第 6 期，第 58—63 页。

30 杨玲:《美式民主掀起的"颜色革命"及其警示》,《求索》，2009 年第 5 期，第 56—58 页。

31 蒋莉:《俄罗斯防范"颜色革命"的主要做法》,《江南社会学院学报》，2015 年第 2 期，第 12—15 页。

32 "human right groups face global crackdown not seen in a generation", Aug. 26, 2015, https://www.theguardian.com/law/2015/aug/26/ngos-face-restrictions-laws-human-rights-generation.

第十二章　中国治理体系的现代化变革

1 "标准操作模式"是"决策模式"相关研究中的概念，指的是官僚机构按照既定规则体系和自身特有的组织架构，对多样化的外部事件做出的模式化反应，英文是 Standard Operational Procedure，简称 SOP。

2 1985—1986 年，里根政府违反国会禁令，秘密向伊朗出售武器作为伊朗释放美国人质的交易，并将部分所得款项秘密援助尼加拉瓜反政府武装，该事件的披露使里根政府陷入严重政治危机，被外界称为"伊朗门事件"。

3 习近平:《坚持和完善中国特色社会主义制度、推进国家治理体系和治理能力现代化》，《求是》，2020 年第 1 期，第 12 页。

4 习近平：《坚持、完善和发展中国特色社会主义国家制度和法律制度》，《求是》，2019 年第 23 期，第 7 页。

5 习近平：《坚持和完善中国特色社会主义制度、推进国家治理体系和治理能力现代化》，第 4 页，第 8 页。

6 同上。

7 《求是》编辑部：《人类制度文明史上的伟大创造》，《求是》，2019 年第 23 期，第 13—14 页。

8 郑科扬：《坚决维护党的核心和中央权威是强党兴国的要中之要》，《求是》，2019 年第 15 期，第 35 页。

9 逄先知：《没有核心，共产党就不能取得胜利》，《求是》，2019 年第 15 期，第 32—34 页。

10 习近平：《增强推进党的政治建设的自觉性和坚定性》，《求是》，2019 年第 14 期，第 4—9 页。

11 陈希：《培养选拔干部必须突出政治标准》，载《党的十九大报告辅导读本》，北京：人民出版社，2017 年，第 449—454 页。

12 王毅：《谱写中国特色大国外交的时代华章》，《人民日报》，2019 年 9 月 23 日。

13 同上。

14 同上。

15 参见中华人民共和国国务院新闻办公室：《新时代的中国国防》，北京：人民出版社，2019 年，第 20 页。

第五篇　探寻新的国际主流价值形态

第十三章　公平正义作为新的价值追求

1 参见高振强：《论公平正义的观念与现实》，《学术交流》，2009 年第 1 期，第 24—28 页。

2 近年来关于经济不平等的研究很多，此处引用 2018 年 1 月“国际乐施会”题为《请回报劳动，不要酬谢财富》的报告中的一些数据来说明相关状况：1988—2013 年，全球财富不平等越发凸显，财富流向严重失衡，世界底层 10% 人口的人均收入仅增加 217 美元，顶层 10% 人口的人均收入则增加 4 887 美元。2006—2015 年，普通工人收入年均增长 2%，亿万富豪收入年均增长 13%，顶层 1% 富豪拥有的财富超过其余所有人口财富总和。全球经济的不平等水平被大幅低估。以国民经济核算方法估算，多国不平等估值将大幅上升，如 2014 年墨西哥基尼系数将由 0.49 升至 0.69，印度尼西亚基尼系数将由 0.38 升至 0.64；如按税务记录等数据估算顶层 1% 人口收入，1980—2016 年财富顶层 1% 人口获得世界收入增长总额的 27%，收入底层 50% 人口仅获 12%。全球极端贫困人口数量尤为惊人。世界银行近期将较低收入和中上收入国家贫困线标准由原来统一的 1.9 美元分别上调至 3.2 美元和 5.5 美元，据此计算全球极端贫困人口由 7.89 亿升至 24 亿。而这其中还充斥着严重的性别不平等，女性拥有土地、股份等资产远少于男性，如塞内加尔只有 5% 的女性享有土地独立产权，男性则为 22%，美国女性只能获得同工男性薪酬的 79%，有色人种女性所得更少；多国女性不能和男性享有同等继承权；女性无报酬家务劳动所做贡献也被严重忽视。参见 Oxfam International, “Reward work, not wealth”, https://www.oxfam.org/en/research/reward-work-not-wealth。

3 [巴西] 特奥托尼奥 · 多斯桑托斯：《帝国主义与依附》，杨衍永等译，北京：社会科学文献出版社，1999 年，第 302 页。

4 杨承训：《“虚拟 – 泡沫王国”：国际超级金融垄断资本——现代资本主义阶段性特征》，《思想理论教育导刊》，2009 年第 2 期，第 59—65 页。

5 [英] 阿代尔 · 特纳：《债务与魔鬼：货币、信贷和全球金融系重建》，王胜邦等译，北京：中信出版社，2016 年，第 22 页，第 156 页。

6 李晓、丁一兵：《世界经济长期增长困境与中国经济增长转型》，《东北亚论坛》，2017 年第 4 期，第 3—16 页；考斯达斯 · 拉帕维查斯：《金融化了的资本主义：危机和金融掠夺》，《政治经济学评论》，2009 年第 1 辑，第 30—57 页。

7 关于全球治理赤字的更多论述，可参见拙文：《中国参与全球治理：新时代的机遇与方向》，《外交评论》，2017 年第 6 期，第 1—21 页。

8 刘少杰：《当代中国意识形态变迁》，北京：中央编译出版社，2012 年，第 5 页。

9 刘迎秋等：《国际金融危机与新自由主义的理论反思》，《经济研究》，2009 年第 11 期，第 12—21 页；杨斌：《"新自由主义"的泛滥及其危害》，《探索》，2005 年第 4 期，第 144—148 页，第 126 页；于同申：《20 世纪末新自由主义经济思潮的沉浮》，《中国人民大学学报》，2003 年第 5 期，第 140—147 页；徐坡岭、贾春梅：《俄罗斯经济转型：新自由主义的失败与社会市场经济模式的探索》，《俄罗斯东欧中亚研究》，2017 年第 3 期，第 1—20 页；张世鹏：《关于新自由主义研究的几个问题》，《当代世界与社会主义》(双月刊)，2003 年第 6 期，第 25—29 页。

第十四章　引领新一轮全球思想启蒙

1 [德] 伊曼纽尔 · 康德：《历史理性批判文集》，北京：商务印书馆，1990 年，第 22 页。

2 赵林：《理性与信仰在西方启蒙运动中的张力》，《社会科学战线》，2011 年第 9 期，第 7—8 页。

3 万斌、金利安：《马克思恩格斯对资本主义兴起于宗教改革互动关系的基本论述》，《浙江社会科学》，2006 年第 1 期，第 134 页。

4 刘丹忱：《试论欧洲文艺复兴与宗教改革运动的关系和特点》，《辽宁大学学报》，2009 年第 6 期，第 75 页。

5 中共中央马克思恩格斯列宁斯大林著作编译局：《马克思恩格斯选集》，第一卷，北京：人民出版社，1995 年版，第 10 页。

6 赵林：《理性与信仰在西方启蒙运动中的张力》，第9页。

7 孟广林：《从中世纪向近代过渡时期的思想启蒙》，《学海》，2011年第1期，第165—166页。

8 陈锐：《略论欧洲启蒙运动的历史和本质》，《杭州师范学院学报》（社会科学版），2008年第1期，第68页。

9 杜兰特夫妇是指威尔·杜兰特和阿里尔·杜兰特，他们笔耕不辍完成的十一卷《文明的故事》（旧译《世界文明史》）堪称巨制。若是各位读者难有大块时间阅读，建议翻翻他们二人所著的《历史的教训》（中国方正出版社，2014年）。这是一本难得的好书，篇幅不长，很容易读完，而且处处充满真知灼见。

10 孙中山：《三民主义》，长沙：岳麓书社，2000年，第68页。

11 习近平：《我们这么大一个国家，就应该有雄心壮志》，http://m.people.cn/n4/2018/1218/c205024-12061399.html.

12 中共中央宣传部：《习近平新时代中国特色社会主义思想学习纲要》，北京：学习出版社、人民出版社，2019年，第10页。

第六篇　博弈背景下的中美关系

第十六章　百年变局中的颠簸震荡

1 Raymond Zhong and Paul Mozur: "For the U.S. and China, a Technology Cold War That's Freezing Over", *The New York Times*, Mar. 23, 2018, https://www.nytimes.com/2018/03/23/technology/trump-china-tariffs-tech-cold-war.html；Adam Segal: "Year in Review: Huawei and the Technology Cold War", https://www.cfr.org/blog/year-review-huawei-and-technology-cold-war.

2 Daniel Runde, Romina Bandura: "The BUILD Act Has Passed: What's Next?", Oct. 12, 2018, https://www.csis.org/analysis/build-act-has-

passed-whats-next.

3 "The Opportunity Costs of Socialism", The Council of Economic Advisers, Oct. 2018, https://www.whitehouse.gov/wp-content/uploads/2018/10/The-Opportunity-Costs-of-Socialism.pdf.

4 "Vice President Mike Pence's Remarks on the Administration's Policy towards China", Oct. 4, 2018, The Hudson Institute, https://www.hudson.org/events/1610-vice-president-mike-pence-s-remarks-on-the-administration-s-policy-towards-china102018.

5 陆玖译注:《吕氏春秋》，北京：中华书局，2011 年，第 465 页。

第十七章　未来 30 年的中国大战略

1 G. John Ikenberry: "The Plot Against American Foreign Policy: Can the Liberal Order Survive?", *Foreign Affairs,* May/June 2017, pp.1-7.

2 战略文化是非常复杂的概念，尤其是中国战略文化博大精深，全面准确概括殊为不易，常受意识形态取向、研究方法偏好、阶段性议程牵引等因素的影响。对于中国战略文化的内涵、基础、特征及其与现当代中国对外战略关系的研究，国内外目前已有一些成果，例如：Alastair Iain Johnston: *Cultural Realism*, Princeton, NJ.: Princeton University Press,1995；宫玉振：《中国战略文化解析》，北京：军事科学出版社，2002 年；秦亚青：《国家身份、战略文化和安全利益——关于中国与国际社会关系的三个假设》，《世界经济与政治》，2003 年第 1 期，第 10—15 页；时殷弘：《武装的中国：千年战略传统及其外交意蕴》，《世界经济与政治》，2011 年第 6 期，第 4—33 页。全面准确阐释中国战略文化对理解新时代中国内外战略非常重要，但迄今在此方面的研究尚处初步阶段，仍有很大的探索空间。

3 以赵汀阳的《天下体系：世界制度哲学导论》（中国人民大学出版社，2011 年）为标志，近十几年来国内外学界对中国"天下"观念的研究已有很多。尽管重点不同、褒贬不一，但均承认“天下”观念对中国战略传统与当前对外战略的重要性，并试图从“天下体系”的角度为阐释中国的战略方向和国际秩序的未来提供理论与方法支撑。

4 宫玉振:《中国战略文化解析》，第 103 页。

5 习近平:《决胜全面建成小康社会，夺取新时代中国特色社会主义伟大胜利——在中国共产党第十九次全国代表大会上的报告》，第 11 页。

6 同上，第 29 页。

7 同上，第 10 页。